신제품 마케팅을 위한

Small Data

박소윤

학현사 HAKHYUNSA

Prologue

BBC에서 브랜드 미래학자(Brand Futurist)라고 칭한, 세계에서 영향력 있는 100인으로 선정된 마틴 린드스트롬은 한국 마케터들이 가장 만나보고 싶어 하는 사람 중 한 사람이기도 합니다. 그가 뉴욕에서 3,000명의 임원을 대상으로 강연을 했을 때, 참석한 임원들에게 한 가지 질문을 던졌습니다.

'지난 1년 동안 적어도 하루 동안 고객의 집을 방문한 사람이 있습니까?'

이 질문에 3,000명 중에서 몇 명 정도가 손을 들었을까요? 적어도 10%는 되지 않았을까요?

놀랍게도 아닙니다! 손을 든 사람은 고작 두 명뿐이었다고 하죠.

실망스러운 결과에 마틴 린드스트롬은 다음과 같이 열변을 토합니다.

'현재 비즈니스 세계에서는 소비자들을 이해하려면 데이터에 의존해야 한다는 통념이 있지만, 거의 모든 혁신적인 제품이나 서비스는 소비자와의 가까운 스킨십을 통해 시작되었다.'

그는 다음의 말을 덧붙이며 자신의 논지를 더욱 강화합니다.

'대부분의 서비스와 제품은 빅데이터를 기반으로 한 실험실에서 만들어지지 않는다. 정보의 대칭화 시대에서 많은 사람은 같은 데이터에 접속되고, 같은 분석 소프트웨어를 사용한다. 그 결과 전문가들조차 보통 사람들과 똑같은 결론을 내놓는다. 남들과 다른 결론을 통해 나만의 비즈니스 기회를 찾기 위해서는 소비자들이 사는 동네를 방문해 그들과 대화해야 한다. 이런 식으로 경영문화는 변화해야 한다. 글로벌 기업에서 임원들이 고용된 이유는 데이터를 수집하고 분석하는 능력 때문이 아니라, 그들이 지닌 직관의 가치 때문이다.'

다음은 구글의 이야기입니다.

'소프트웨어는 사용자가 대문자로 입력하는 방식 및 오타 수에 근거해서 70%의 정확도로 사람들이 어떤 감정 상태인지 평가할 수 있고 사용자가 대문자로 입력하는 정도에 따라 79%의 정밀도로 사용자의 신뢰도 수준을 판단할 수 있다. 하지만 이러한 놀랄 만한 수치에도 불구하고, 우리는 소비자들에 대해 아는 것이 별로 없다. 그리고 어떤 것들이 진정으로 사람들을 움직이는지에 대해 전혀 모른다는 것을 깨달았다. 그래서 구글은 스몰데이터 전문 컨설턴트를 채용하고 있다. 구글 경영진이 빅데이터로 무엇을 해야 할지 모르는 사실을 깨달은 후에 무엇이 올지 찾고 있다. 그 대답은 스몰데이터이다.'

저는 이들의 주장에 매우 공감합니다. 모든 임원과 마케터, 스타트업 창업자들은 물론이고 신제품 마케팅 전략을 세우고자 하는 사람들은 반드시 직접 소비자와 대화해야 합니다. 제가 마케팅 분야에서 20년 이상 일한 결과, 진짜 현실 속에서 소비자와 부대끼면서 키운 직관은 남과 다른 새로운 기회를 포착하는 데 많은 도움을 주었습니다. 이는 당신만의 동물적 직관을 키우고 차별화된 전략을 수립하는 데 있어 최고의 방법입니다.

어쩌면 이는 매우 당연한 이야기가 아닌가요! 당신의 제품과 서비스를 구입하는 주체인 소비자에 대해 '1도 모르는 자'와 '1,000 이상만큼 공감하는(Empathy) 자'가 수립하는 전략은 당연히 다를 수밖에 없으니까요. 아는 만큼 이기는 것이지요.

그런데 어떤 방법으로 아실 것인가요!

남들과 같은 데이터에 접속하실 것인가요, 아니면 정성들여 직접 만나서 그들과 공감하실 것인가요. 빅데이터가 말해 주는 소비자에 대한 정보는 극히 제한되어 있습니다. 또한 검색엔진을 통한 빅데이터는 인과론과는 거리가 먼 상관관계만을 도출할 뿐이라고 많은 전문가들이 말합니다.

이 세상에는 완벽한 방법이란 존재하지 않습니다.

남들도 구할 수 있는 데이터에 당신이 직접 체험한 데이터를 접목시킨다면 그 시너지는 어떻게 될까요!

저는 개인적으로 어느 한 가지 프레임만의 편향된 사고를 가장 경계합니다.

'Small'도 'Big'도 모두 나름의 존재 이유가 있고, 좋은 전략을 위한 자료로서 각자의 역할이 미묘하게 다릅니다. 그러므로 스몰데이터와 빅데이터의 연결을 통한 균형감각이야말로 가장 거대하고 위대한 데이터가 아닐까요.

바로 이 책은 스몰데이터를 도출하는 다양한 방법론을 구체적으로 소개합니다.

우리는 시대적 흐름 즉 맥락(Context)을 고려하면서 가장 모호하고 추상적인 인간의 '욕망'을 찾아내야만 성공할 수 있습니다. 스몰데이터는 이를 지원해 줍니다. 이 책의 존재 이유입니다.

'넷플릭스하다.'라는 말이 있습니다. 〈하우스 오브 카드〉는 넷플릭스의 대표작이며, 현재 넷플릭스의 위상에 많은 기여를 한 걸작이라는 평가를 받습니다. 이를 제작할 때 가입자의 취향을 분석해 이를 기반으로 제작했다는 이야기가 한창 회자된 적이 있었습니다.

그 내용을 정리하면 다음과 같습니다.

넷플릭스의 〈하우스 오브 카드〉는 빅데이터를 분석해서 반영한 첫 번째 제작물이자, 역사상 최초다. 이용자들의 선호도를 분석해서 원하는 드라마와 원하는 배우와 감독, 원하는 스토리를 찾아냈다.

그 결론은 1990년에 방영된 영국 BBC의 〈하우스 오브 카드〉를 리메이크 하는 것이다.

그런데 이를 제작한 MRC의 드라마 제작 총괄 조 힙스 부사장이 'DICON 2014 국제 콘텐츠 컨퍼런스'에서 위의 기사에 대해 다소 뜨뜻 미지근한 반응을 보였다고 합니다.

'가입자의 인적 상황, 시청 패턴 등을 분석한 빅 데이터는 이의 배급 과정에 도움을 준 것은 맞다. 하지만 창작 과정에 도움을 준 것은 아니다. 〈하우스 오브 카드〉가 성공한 이유는 데이터가 먼저 온 것이 아니라 스토리가 먼저이다.'라고.

이를 신제품 마케팅과 연결시켜 보자면, 스토리는 제품 그 자체가 될 수 있습니다. 〈하우스 오브 카드〉가 최상의 배급 전략을 수립했다고 하더라도 그 스토리 자체가 탄탄하지 않았다면 큰 성공을 할 수 있었을까요. 여기서 '스토리는 제품 컨셉'입니다. 매력적인 스토리를 지닌 제품은 빅 데이터만으로 절대 완성될 수 없습니다.

그런데 소비자와 직접 대화하라고! 그것이 과연 소용이 있을까! 하면서 반문하시는 분도 계실 듯 합니다. 이러한 반문 이해합니다.

제가 너무 존경하는 스티브 잡스가 다음의 어록을 남기셨습니다.

'소비자에게 묻지 마라. 소비자들은 당신이 그들에게 직접 어떤 것을 보여주기 전까지는 그들이 원하는 것을 알지 못한다. 이것이 내가 마케팅 연구에 의존하지 않는 이유이다. 우리의 일은 아직까지 겉으로 드러나지 않은 그러나

소비자들이 원하는 것을 파악하는 것이다. 알렉산더 그레이엄 벨이 소비자에게 물어보고 전화를 발명했나!'

맞습니다. 만약 당신이 스티브 잡스와 같은 천재성이 다분하다면 소비자와 직접 대화하지 않아도 됩니다. 하지만 우리 모두가 그와 같은 동물적 직관력을 지니고 있지 않다는 것이 바로 우리의 발목을 잡습니다. 또한 지금처럼 불확실한 격동(Turbulence)의 시대에서는 소수의 천재성에 의존하기 더욱 힘듭니다. 점성가처럼 하늘에 있는 별의 움직임을 보면서 우주의 모든 법칙을 절대 예측할 수 없습니다. 그래서 저는 더욱 더 우리의 제품과 서비스를 사용하는 주체와 더 많이 대화해야 한다고 강조합니다.

그런데 또 이런 일이 있습니다.

소니의 창업자인 모리타 아키오는

'고객에게 묻지 마라! 워크맨의 출시를 앞두고 실시한 조사에서 대다수의 응답자들은 길거리를 다니면서 음악을 들은 일이 있겠는가' 하면서 부정적인 의견을 표시했습니다. 그러나 워크맨은 성공하였습니다. 그러니 묻지 마라!

맞습니다. 어느 정도 공감합니다. 당신이 소비자와 대화하는 방법이 잘못되거나 혹은 소비자들의 숨은 행태를 잘못 해석하면 현실 마케팅 세계에서 이런 일은 꽤 존재할 수밖에 없습니다.

그래서 이 책에서는 스몰데이터의 숨은 묘미를 다각도에서 접근한 매우 정교하고 다양한 방법론을 제시합니다. 스몰데이터는 '글' 혹은 '입'을 통해 소비자들의 마음과 행동을 단편적으로 이해하는 것이 전부가 아니기 때문입니다. 당신이 이 책에 제시된 다양한 방법론을 통해 소비자와 오감으로 공감하고자 노력하면 결국, 당신은 소위 육감(A sixth sense)을 넘어선 차별화된 직관력, 통찰력을 지닐 수 있을 것입니다.

결국은 본능적인 직관력이 있는 자가 남다른 곳에 도달할 수 있습니다. 스몰데이터라는 방법론을 통해서 소비자의 깊은 내면을 따라가다 보면, 언젠가는 데이터 그 자체가 아닌 이에 대한 당신만의 해석이 중요해지는 '해석의 순간'을 만납니다. 여기서 남다른 직관이 결과물의 'Good' 혹은 'Great'를 결정합니다. 그리고 이 남다른 직관은 스몰데이터를 통한 연습이 성장시켜 줍니다.

이 책에서 소개한 스몰데이터는 신제품 마케팅에 있어서 새로운 컨셉을 도출할 때 가장 적합합니다. 그래서 스몰데이터와 관련된 다양한 방법론을 제시한 후, 마지막 챕터에서는 신제품 컨셉 작성법을 정리했습니다. 소위 Marketing 4P 방향성 수립에 있어서 'Product'와의 적합성이 가장 높을 수 있지만, 신제품 런칭을 위한 나머지 3P(Promotion, Place, Price) 방향성 수립에도 유용한 방법론입니다. 이를 당신이 보유한 빅데이터와 연결해서 이해하면 당신이 수립해야 할 신제품 마케팅 전략 수립에 있어 막강한 지원군을 보유하게 되는 셈입니다.

이 책은 아카데믹한 부분과 실무적 방법론 사이에서 유연한 밸런스를 유지하고자 했습니다. 그리고 실제 사례를 통해서 원론적인 이야기를 좀 더 쉽게 전개하여 학습자의 이해를 도모하고자 합니다.

이 책의 내용은 특히 다음에 해당하는 분들께 많은 도움이 될 것입니다.

첫째, 마케팅 전공 학생들이 사회에서 마케터로 첫발을 디딜 때, 이 책의 내용을 숙지한다면 현실감이 농후한 새내기로서 차별화된 포지셔닝을 점할 수 있을 것입니다.

둘째, 또한 질적 방법론을 통해 학술 논문을 작성하고자 하는 석박사에게 실질적인 가이드라인이 되어 줄 것입니다. 본 내용을 바탕으로 논문 주제에 적합한 기존 석학자들의 이론적 지식을 결합하여 연구자로서의 블록 조각을 새롭게 맞춰 가면 됩니다.

셋째, 초기에 일당백을 해야 하는 스타트업 창업자가 신규 제품/서비스로 시장에 런칭하는 시점에서 A/B Test를 할 때 유용합니다. 예를 들어 이들은 어떤 식으로 인터뷰해야 해야 유용한 자료를 얻을 수 있는가 하는 구체적인 방법이 천개의 이론보다 중요한 실전 전쟁터에 있기 때문입니다.

넷째, 현재 실무에 종사 중인 마케터입니다. 특히, 마케팅 관련 에이전시를 두기 힘든 회사를 위해 좋은 콘텐츠가 될 것을 장담합니다. 스스로 자립할 수 있는 방법론입니다. 물론, 에이전시와 함께 협업하는 마케터, 브랜드 매니저, 상품 기획 담당자들에게도 도움이 될 것입니다. 그냥 의뢰하는 것과 브랜드 담당자가 어느 정도 알고 의뢰하는 이 미묘한 차이는 생각보다 꽤 크기 때문이죠.

번벅(Bernbach)이라는 유명한 광고인이 이런 말을 했습니다.
'작가는 그 글에 무엇을 담아 넣을 것인가에 골몰하는 반면,
커뮤니케이터는 그 글로부터 사람들이 얻어 낼 그 무엇에 골몰한다.'

저는 글을 쓰는 사람이 아닌
가르치는 자 그리고 커뮤니케이터로서의 관점으로 이 책을 집필했습니다.
즉 이 책을 읽는 사람이 무엇을 얻어갈 것인가!

탈무드에 이런 문장이 있습니다.

'배운 것을 복습하는 것은 외우기 위함이 아니라, 몇 번이고 복습하면 새로운 발견이 있기 때문이다.'

이 책의 소중한 내용, 당신에게 '새로운 발견'으로 가는 도구가 되길 바랍니다.

이 책에서의 스몰데이터의 정의

스몰데이터[Small Data]

스몰데이터는 미국의 브랜딩 전문가인 마틴 린드스트롬(Martin Lindstrom)이 제시한 개념으로, 개인의 취향과 라이프스타일 등 사소한 행동 등에서 나오는 개인화된 데이터를 의미한다.

[네이버 지식백과] 스몰데이터 [Small Data] (매일경제, 매경닷컴)

반면 빅데이터는 컴퓨터 및 처리기술이 발달함에 따라 디지털 환경에서 생성되는 데이터로, 초대용량의 데이터 양(volume) → 다양한 형태(variety) → 빠른 생성 속도(velocity) 등을 특징으로 한다. 빅데이터가 특정 집단의 공통적인 특징을 구분해 내는 데 유리하다면, 스몰데이터는 이용자 개개인의 취향 · 소비성향 · 기호 등을 세부적으로 파악하는 차이가 있다. 즉, 스몰데이터는 공통적인 성향이 아니라 개인의 차별화된 특성을 파악하는 데 유리하다.
이처럼 스몰데이터는 빅데이터가 포착하지 못하는 개인의 세세한 부분을 추출해 낼 수 있기 때문에, 이를 마케팅 등에 활용하면 고객의 니즈를 거의 충족시킬 수 있다는 장점이 있어 빅데이터의 보완재로 제시되고 있다. 특히 제품이나 서비스 가격과 상관없이 소비를 통해 얻게 되는 만족에 초점을 맞춘 '나심비'가 새로운 소비 행태로 부상하면서 스몰데이터의 중요성은 더욱 높아지고 있다.

[네이버 지식백과] 스몰 데이터 (시사상식사전, pmg 지식엔진연구소)

* 마틴 린드스트롬(Martin Lindstrom) _ 세계적으로 가장 존경받는 브랜딩의 권위자이자 브랜드 미래학자이다. 브리티시 텔레콤과 룩스마트의 글로벌 COO를 지내고, 세계적인 광고회사 BBDO 인터랙티브 유럽-아시아의 설립자이자 CEO로 일했다. 일년에 300일 정도를 전 세계로 출장을 다니면서 수많은 CEO와 유명인, 심지어 왕실을 위해 자신의 지식과 혁신적인 방법론을 많은 사람과 나누고 있다. 마틴 린드스트롬은 '월스트리트 저널', '뉴스위크', '타임스', '이코노미스트', '뉴욕 타임스', 'USA 투데이', '패스트컴퍼니', '포브스' 등 세계 유수의 언론에 칼럼을 기고하고, ABC 뉴스, CNN 머니, CBS, 블룸버그, 디스커버리 채널 등 방송 프로그램에 소비자 권익 전문가로서 출연하고 있다. 그의 저서 '오감 브랜딩(BRAND Sense)'은 '월스트리트 저널'로부터 '최고의 마케팅 도서 10'에 선정되었다. 또 '쇼핑학(Buyology)'은 '뉴욕 타임스'와 '월스트리트 저널' 베스트셀러에 올랐으며 'USA 투데이'의 '올해의 책'으로 선정되었다. 그가 쓴 다섯 권의 책들은 현재 40개 언어로 번역이 되었으며, 60여 개국에 출판되었다. 2009년 타임지는 신경과학과 브랜딩 분야에서의 획기적인 성과를 들어 마틴을 '세계에서 가장 영향력 있는 인물 100인'에 선정했다. 교보문고 저자 정의 기준

차례
contents

CHAPTER ONE
스몰데이터 방법론 첫째, 인터뷰 기술

CHAPTER TWO

스몰데이터 방법론 둘째, 그룹 인터뷰 기술(FGD)

CHAPTER THREE

스몰데이터 방법론 셋째, 에스노그래피 연구

CHAPTER FOUR

스몰데이터 방법론 넷째, Z-MET(Zaltman Metaphor Elicitation Technique) **-이미지와 은유의 결합**

CHAPTER Five

스몰데이터 방법론 다섯째, 스몰데이터를 통해 도출한 자료정리 방법 → 컨셉 작성 방법

Consumer Blind Spot, Small Data의 중요성

∴ 이 책의 본문에서 연구자, 마케터, 브랜드매니저는 동일한 역할을 하는 자를 의미한다.

Intro

Consumer Blind Spot, Small Data의 중요성

'마케팅 업계에 터진 코로나 같은 예기치 않은 사고'

이런 이야기가 있다. 들어본 적이 있는가? 마케팅 업계에 터진 체르노빌 사고. 요즘 같은 시기엔 코로나 19 같은 예기치 않은 힘든 상황으로 비유할 수 있다.

들어본 적이 없더라도 당신이 마케팅에 조금이라도 관심을 가지고 있다면 코카콜라 '뉴코크'의 전설적인 이야기는 아마 알 것이다. 이는 소비자 심리를 읽는 방법론과 매우 중요한 연관성을 지니기 때문에 좀 자세히 이 전설의 사건을 설명하고자 한다.

콜라를 모르거나 혹시 평생 한 번도 마셔보지 않은 사람은 없을 것이다. 그 옛날 1984년도에 코카콜라사는 많은 광고비 투입과 뛰어난 유통구조에도 불구하고 시장점유율이 계속 감소하자, 자사의 제품을 재검토하기 시작한다. 첫 번째 단계로 10개 주요 도시에서 약 2,000명을 대상으로 개별인터뷰를 실시하여 코카콜라 '맛 변화'에 대한 소비자의 반응을 파악하였다. 그랬더니, 코카콜라가 새롭게 만들고자 한 'New Coke'를 기꺼이 마시겠다는 반응이 도출된다. 이 세계적인 대단한 회사가 조사를 1회만 실시했을까? 당연히 아니다. 그리하여 두 번째 단계로 FGD라는 방법론(통계 처리를 하는 설문조사 방법이 아닌 정성조사의 대표적 방법)을 실시한다. 그런데, 2,000명 대상의 조사 결과와 다른 결과 즉, 부정적인 평가가 표출된다. 이에 코카콜라는 '왜 상반된 결과가 나올까' 하면서 돌다리도 두들기자 하는 마음으로 세 번째 소비자 조사를 실시한다. 거금 400만 달러(현재 한화 기준 약 43억 800만원 수준)를 투자하여 13개 이상의 도시에서 약 191,000명의 소비자를 대상으로 블라인드 테스트를 실시한 것이다. 어떤 결과가 나왔을까? 다음과 같다. 참가자의 55% 이상이 기존의 코카콜라나 펩시콜라보다 새롭게 맛을 변화시킨 'New coke'를 더 선호하는 것이다. 그래서 경영자들은 콜라의 맛을 바꾸고 기존의 '옛 Coke'를 시장에서 철수하기로 결정한다. 이러한 의사결정에 맞게 코카콜라사는 1985년 1월부터 4개월간 전 지역을 상대로 대대적인 광고를 실시한다. 1985년 4월 23일에는 링컨센터에서 약 200명의 신문, 잡지, TV기자들을 초청하여 기자 회담도 개최하는 등 말이다. 이러한 노력의 결실이 나타났다. 초기에 약 1억 5,000만 명이 'New Coke'를 마셨고, 그 당시 최근 5년간 중 가장 높은 시장점유율을 기록하였다. 그러나 승리의 기쁨도 잠시일 뿐. 스물스물 조금씩 언론매체가 'New Coke'에 대한 소수 소비자들의 부정적인 시각을 보도하기 시작했다. 그러자 갑자기 상황이 돌변하기 시작한다. 이에 'New Coke'의 선호도가 5월 30일 이전의 53%에서 6월에는 30%로 떨어졌다. 대응 순발력이 좋은 경영자들은 7월 4일에 새로운 행동을 취하였고 7월 11일에 '옛 Coke'인 'Coca-Cola Classic'과 'New Coke'를 동시에 출시한다. 그래서 이전의 전성기로 다시 컴백한다는 스토리다.

'억' 소리 나는 금액을 들여서 실시한 조사가 그 유명한 회사의 입지를 완전히 뒤흔들어 놓은 경우이다. 물론 이 사건을 마케팅 이론적 입장에서 분석하면 '지각된 품질(Perceived Quality)' 혹은 '브랜드 아이덴티티' 혹은 '충성도' 등의 관점으로도 설명이 가능하다. 하지만 여기서 이런 이야기는 일단 넘기고 방법론 그 자체의 보다 핵심적 이야기에 집중하고자 한다.

언뜻 생각해서 돈도 많이 투자하고 3단계에 걸쳐서 조사를 진행했고, 게다가 정말 많은 사람들에게 질문을 했다. 도대체 여기서 문제점이 무엇이란 말인가. 이럴 때를 대비해서 우리 선조들은 이미 예언하였다. '열 길 물 속은 알아도 한 길 사람 속은 모른다'고. 이런 식으로 '사람=소비자'의 마음은 헤아리기 힘들다. 그래서 보다 심층적으로 소위, 한층 더 깊이 파고들어 가지 못했기 때문에 발생한 것이라는 관점에서 설명할 수 있다. 즉, 상품명을 가리고 진행한 이 테스트에 참가한 소비자들을 통해 '어떤 맛이 좋아? 많이 마실 것 같아? 적게 마실 것 같아?'와 같은 것들은 당연히 통계적 수치로 확보했을 것이다. 하지만 이러한 통계 수치만으로는 브랜드와 얽혀 있는 소비자들의 '감정의 깊이'를 절대 알 수 없다. 안다고 해도 피상적 수준에서만 가능하다. 즉, 당시 코카콜라의 담당자들은 Coke가 지닌 전통성(Heritage) 즉, 미국 소비자들이 이 브랜드에 지닌 상징적 가치도 함께 염두에 두었어야 했다.

물론 정확히 이 사건을 계기로 이렇게 되었다고 말할 수는 없다. 하지만 이를 계기로 소비자 욕구를 파악하는 방법론 혹은 마케팅 전략 수립과 관련하여 '수치 중심의 정량적 접근 방법' 외 내면의 깊이를 탐구하는 방법론에 대한 중요성이 부각된 것은 어느 정도 사실이라고 할 수 있다.

코카콜라가 세 차례의 조사 중에서 마지막 단계에 사용한 방법론의 특징은 계량적이며, 통계적 유의성을 기초로 '얼마나 많이(How Many)'를 보다 더 중요시한다. 반면, 그들이 진행한 FGD와 같은 정성적 방법은 마케터가 알고 싶은 현안을 측정(Measurement)하기보다는 소비자에 대한 깊은 이해(Understanding)에 더 비중을 둔다.

모든 유형의 데이터와 그 데이터를 얻기 위한 방법론에 있어서 어느 한 방면의 데이터 혹은 방법론은 결코 우월하지 않다. 이들은 상호 보완적 특징을 지닌다. 그러므로 최종적 의사 결정에 있어서는 모든 것을 총체적 관점에서 고려하는 것이 가장 최선이다. 하지만 감히 이렇게 이야기할 수 있다. 풍부한 경험과 남과 다른 통찰력 혹은 직감을 지닌 연구자에 의해 얻어진 스몰데이터와 이에 대한 해석은 우리가 크다고 표현하고 가끔 근거없는 믿음(Myth)에 사로잡혀 있는 것을 능가할 수 있다. 왜냐면 필자는 직접 경험했고, 간접적으로도 체감했기 때문이다.

이 책의 주제인 스몰데이터는 앞서 정의한 내용을 기준으로 실제로 기업에서 가장 많이 사용하고 있는 FGD와 같은 정성조사와 에스노그라피 접근(실제로 마틴 린드스트롬이 가장 많이 사용하는 방법인 관찰을 기본으로 하는 방법론) 및 이미지와 은유를 통해 인간의 심층적 의식의 세계를 다루는 방법론을 구분해서 소개할 예정이다.

이러한 방법론은 빅데이터 혹은 광의의 의미에서 스몰데이터에 속할 수 있는 정량적(계량적) 방법론 대비 다음과 같은 매력을 지닌 것으로 간단히 정리될 수 있다.

1) 연구자와 브랜드 담당자, 마케터가 직접적(혹은 간접적)으로 소비자와 대면 접촉할 수 있다.

* 현안에 대한 현장에서의 즉각적 의사 결정이 가능하다. '백문이 불여일견!'

2) 마케터가 자유로운 분위기에서 소비자와 깊은 대화가 가능하다. 심층적으로 파고들 수 있다는 것이다. 그렇기 때문에 이성적 의견은 물론이고 감성적 느낌, 언어적인 것을 넘어선 비언어적 행동, 의식적인 것을 초월한 비의식적 차원의 것을 느낄 수 있다.

* 결국, How Many가 아닌 'Why', 'How', 'What'과 관련된 깊은 이해가 가능하다.

3) 사전에 설계된 구조화된 질문지를 사용하기는 하지만, 현장에서 발생하는 예상하지 못한 소비자의 행동 및 의견에 대한 깊은 캐묻기(Probing 혹은 Deep Dive)가 가능하다. 즉, 유연하고 역동적이다. 우리의 하루가 조용한 날도 있지만 예기치 못한 것이 발생하는 날도 있지 않은가. 마치 운수 좋은 날처럼.

* 마케터가 전혀 상상하지도 못했던 그래서 미래 계획에 필요한 결정적 단서(Que)를 얻을수도 있다.

4) 빅데이터 혹은 정량화된 수치가 보기 힘든 사각지대(Blind Spot) 즉, 당신의 제품과 서비스를 이용하는 소비자의 깊은 내면에 대한 접근을 가능하게 해준다. 수박을 겉으로 핥기만 하면 그 속의 진짜 맛을 알 수 없지 않는가.

CHAPTER

ONE

스몰데이터 방법론 첫째, 인터뷰 기술

스몰데이터 방법론
첫째,
인터뷰 기술

인터뷰 기술의 2대 원칙

1. Why와 4W 질문법, Why Not

1-1 Why의 힘

도요타 자동직기, 도요타 자동차의 전신 창업주인 도요타 사키치는 문제에 부딪치면 '왜 이 문제가 생겼는가?'라는 질문을 먼저 던졌다고 한다. 이어서 문제에 대한 원인이 나오면 '그 원인은 왜 발생했는가?'라고 다시 질문했다. 이와 같은 방식으로 연속해서 5번 정도 질문을 하면 궁극적인 원인에 근접하게 되고, 거기에서 해결책도 발견하게 된다는 것이다. 이것이 꽤 유명한 도요다 사키치가 지닌 문제 해결의 방식이다. 이를 아래의 사례를 통해서 구체화

01
첫 번째 질문
"왜 대리석이 빨리 부식될까요?"
답변
"대리석을 비눗물로 자주 씻기 때문에 부식이 발생합니다."

02
두 번째 질문
"왜 비눗물로 자주 씻나요?"
답변
"비둘기 배설물 때문에 비눗물로 자주 씻습니다."

03
세 번째 질문
"왜 비둘기들이 많이 오나요?"
답변
"비둘기의 먹이인 거미가 많이 오기 때문입니다."

04
네 번째 질문
"왜 거미들이 많이 오나요?"
답변
"거미들의 먹이인 나방이 몰려들기 때문입니다."

05
다섯 번째 질문
"왜 나방이 몰려드나요?"
답변
"황혼 무렵 점등되는 기념관 불빛이 원인입니다."

해보자. 미국의 제퍼슨 기념관은 제3대 대통령 토머스 제퍼슨을 기념해 수도 워싱턴 D.C.에 지은 건물이다. 이 유명한 기념관의 대리석이 부식되기 시작했다. 부식이 빠르게 진행되자 새로 부임한 기념관장은 직원들에게 물었다.

제퍼슨 기념관장은 5번에 걸쳐 위와 같이 Why를 활용한 질문을 던졌다. 그리고 도요타 사키치가 그랬던 것처럼 원인과 해결책을 찾아냈다. 즉, 제퍼슨 기념관 대리석 부식의 근본적 원인은 황혼 무렵 일찍 점등하는 등불의 주변에 나방이 몰려든 것이었다. 이후 기념관은 전등을 2시간 늦게 켜서 대리석 부식의 원인을 해결했다. 부식이 심하면 언뜻 비용이 많이 드는 대공사만을 해결책으로 떠올릴 수 있는데, 아주 단순하고도 영리한 해결책을 찾아낸 것이다. 5번에 걸친 Why의 힘을 이용한 것이다. 이를 일명 5Why라고 하는데, 7Why 9Why – 앞에 붙는 그 어떤 숫자도 상관이 없다. 이 사례에서는 5번이지만 이의 횟수가 중요한 것이 아니라 '왜'가 가진 힘을 통해서 당신이 알고 싶은 소비자의 진정한 니즈가 무엇인지 그리고 당신이 알고자 하는 것을 알아내는 것에 방점을 두고 접근해야 한다.

스몰데이터에서의 질문은 How many가 아닌 앞에서 언급한 Why와 더불어 How, What에 초점을 두고 대화를 이어 나가는 것이 가장 핵심이다. 특히, Why 질문은 이 책의 Z-MET 챕터에서 소개할 래더링(Laddering)기법과도 연관이 높은 바, 이에 대한 것은 해당 부분에서 더욱 심도 있게 다룰 예정이다.

1-2 4Why 질문법

Why가 지닌 힘을 앞서 언급했는데, 무조건적으로 'Why Why 왜/왜'라는 질문을 사용할 경우, 응답자 입장에서 취조를 당한다는 느낌이 들어 거부감이 들 수도 있다. 또한 질문자의 입장에서도 중구난방이 되기 쉽다. 이에 4W 질문법과 Why를 결합하여 인터뷰를 진행하는 것 또한 효율적이다. 물론 이러한 것들은 사전에 '질문지' 작성 단계에서 반영하고 완성되어야 한다. Why 질문법은 계속 소비자의 마음으로 파고드는 수직적인 관점이 강한 반면, 이에 4W를 붙여서 질문하면 수평적 관점으로도 파악이 가능하다. 결론적으로 보면 스몰데이터를 얻는 방법에서 Why라는 것은 당신이 알고 싶은 것을 얻을 때까지 사용해야 한다는 것과 동시에 질문의 어조와 태도(Tone & Manner)를 조절하기

그림 1 4W+Combine Why의 질문 예시

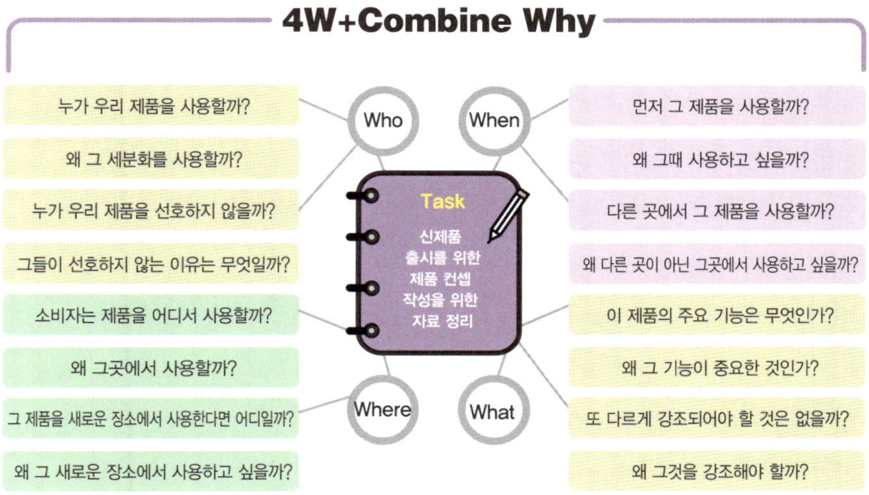

위한 하나의 방안으로 4W를 차용하는 것으로 이해하면 된다.

4W는 육하원칙 중 누가(Who), 언제(When), 어디서(Where), 무엇을(What)의 4가지를 의미한다. 4W에 Why를 붙여 질문하게 되면 결국 진짜로 중요한 '어떻게 해야 하는가'와 관련된 How에 대한 답에 도달할 수 있다.

위에 제시한 샘플을 참고로 당신만의 질문을 만들면 된다. 이러한 과정을 통해서 예를 들어, 컨셉 개발에 필요한 소비자 데이터를 정리하면 된다.

1-3 Why Not과 If 질문법

영어 표현에서 Why Not은 '안 될 게 뭐 있어?' 즉 '당연히 된다!'라는 의미이다. Not이라는 부정의 단어가 있지만 궁극적으로는 긍정의 표현법이라고 할 수 있다. 결국 Why를 통해 알고 싶은 것을 얻고자 할 때, 반대의 경우를 고려하여 생각의 프레임을 거꾸로 전환시키기 위한 방법이다. 반드시 소비자 인터뷰에만 사용되는 것이 아니다. 앞에 소개한 기술들은 자신의 가설을 스스로 검증하고 숙고하는 데 있어 필요한 절차이기 때문에 스스로 혹은 같이 일하는 동료나 팀원들과의 대화에서도 활용할 수 있다.

예를 들어보겠다.

왜 모바일쇼핑일까?
타깃인 MZ세대들인 많이 사용하는 쇼핑 플랫폼이니까.

왜 광고일까?
신제품을 알려야 소비자가 구입할 것이고, 단시간에 빨리 알릴 수 있으니까.

이러한 과정에 이번에는 Why에 Not을 붙여서 다시 질문을 해보자.

"왜 모바일 쇼핑이 안 될까?"
"왜 광고를 하면 안 될까?"라고 프레임을 전환하는 것이다.

이런 식으로 Why와 Why Not을 번갈아 하는 질문을 통해 당신이 고민하고 있는 각각의 이슈에 대한 본질에 더 용이하게 도달하게 된다. 즉 2개의 질문에 대한 답을 비교 평가하면서 당신이나 답변하는 소비자가 혹시라도 누락할 수 있는 것들을 놓치지 않을 수 있다.

2. 개방형 질문의 힘

소비자와의 Why에 대한 인터뷰를 잘 이어나가기 위해서 바탕이 되는 것은 바로 개방형 질문의 힘이다. 아래에 필자가 겪은 경험담은 우리가 일상 생활에서 개방형 질문이 아닌 나 자신의 생각이 중심이 되는 즉, 내가 생각하는 답을 무의식적으로 상대방에게 은근히 강요하는 인터뷰 혹은 질문 방식에 얼마나 무의식적으로 빠져 있는지를 알아차리게 해줄 것이다.

어느 날 오후, 스타벅스에서 노트북을 켠 채 자판을 신나게 두드리고 있었다. 옆자리에 오십 대 정도의 남자와 여대생으로 보이는 여자 둘이 앉아 있었는데, 그들의 대화 소리가 들려왔다. 의도적으로 들은 것은 아니었지만 다닥다닥 붙은 바로 옆자리라서 어쩔 수 없이 듣게 된 것이다. 오십 대 남자는 회사의 중역 같은 느낌이었다. 사업 아이디어에 대해서 두 여성에게 열심히 설명하는 걸 보니 아마도 새로운 사업 서비스 론칭을 준비하고 있는 듯했다. 거기까지는 좋았다. 하지만 계속 듣다 보니 안타까운 마음이 들었다. 왜냐하면, 그분은 자신의 이야기를 듣고 있는 여대생들에게 자신이 원하는 방향의 답변을 유도하고 있었기 때문이다. 이 부분이 내 목에 가시처럼 걸렸다. 아마 그분은 본인이 어떤 어조와 태도(Tone and Manner)로 질문하고 있는지 인지하지 못했을 가능성이 높다.

물론 그분의 아이디어가 본인이 유도한 대로 혹은 내심 원하는 대로 여대생 소비자들에게 긍정적인 피드백을 받는 경우라면 천만다행이다. 하지만 본인은 타겟 소비자의 의견이 본인의 가설과 유사하다는 확신으로 사업을 시도했는데, 만약 소비자의 답변이 유도된 결과라면? 복불복일 수도 있겠지만 나쁜 결과가 나올 확률도 존재한다. 그렇기 때문에 상대방에게 내가 원하는 답변을 유도해서는 안 된다. 사업이나 마케팅은 '답정너'가 아니기 때문이다. 결국 나의 일이 아닌 이상, 사람들은 영혼 없이 건성으로 응대한다는 것을 잊지 말자. 나의 일에 대해 본인만큼 진심으로 고민하고 좋은 의견을 내주는 소비자들은 많지 않다.

대부분 당신이 인터뷰하는 소비자들은 해당 서비스나 제품에 대한 관여도가 높지 않은 경우가 상대적으로 많은 편이다. 그렇기 때문에 대부분의 사람들은 당신의 질문에 깊게 생각하지 않고 답변할 가능성이 매우 높다. 만약, 질문자가 긍정적인 답변을 유도한다면 많은 소비자는 그저 질문자가 유도하는 방향으로 따라간다. 왜냐하면 그것이 본능적으로 편하기 때문이다. 극단적인 경우에는 실제로는 본인이 그렇게 생각하지 않으면서도 질문자의 의도대로 반응하기도 한다. 왜냐하면 귀찮으니까, 당신이 성공하고 싶은 마음만큼 그들은 간절하지 않으니까. 이렇게 되면 당신이 원하는 '소비자가 더 간절히 원하는 방향에서의 개선점'을 캐낼 기회는 날아가 버리고 만다. 필자가 유형화한 '답정너 유도 타입의 대화'는 대략 이런 패턴의 대화로 흘러간다.

Q

질문자

“저희는 A를 새롭게 준비하고 있습니다. A는 W보다 ‘이런 점’이 좋습니다. 어때요. 필요하지 않으세요?”
(A의 좋은 점을 W와 비교해서 장황하게 설명한다. 그런데 생각해 보라. 그 좋은 점은 당신이 좋다고 생각하는 것일 뿐, 소비자가 당신이 기대하는 만큼 좋다고 생각하지 않을 확률도 존재한다는 점을)

A

소비자

(망설이며, 실제는 좋지 않음) “아, 네. 좋아 보이네요.”

질문자

“그럼 구입하고 싶으시죠? 가격도 이 정도 수준이라서 부담이 없으실 것 같아요.”
(질문자가 예상하는 그 부담 없는 가격대는 소비자가 생각하고 있는 것과 다를 수 있다)

한국인인 우리는 특별히 더 유념해야 한다. 상대방에게 대놓고 싫은 소리를 잘 하지 않는 것이 민족의 특성이기 때문이다. 그렇기 때문에 더욱 더 질문은 열려야 한다. 사정이 이러하기 때문에 개방형 질문(Open-Ended Questions)의 형태를 적극적으로 활용해야 한다. 필자가 스타벅스에서 경험한 오십 대 남자는 단순히 본인 아이디어에 대한 확신을 얻기 위해서 ‘폐쇄형 질문’을 한 것이다. 폐쇄형 질문은 응답자가 Yes 혹은 No라는 답변만 할 수 있는 질문이다. 예를 들어, ‘이 아이디어는 **한 사람에게 굉장히 필요할 것 같지 않아요?’라는 질문을 던져보자. 소비자가 해당 분야에 많은 관심이 있지 않는 한, ‘아 그럴 것 같네요.’ 혹은 ‘글쎄, 잘 모르겠네요.’라는 식의 답변을 할 가능성이 상당히 높다. 물론 이런 형식의 답변은 소비자의 최종 의사 결정을 명확히 확인하는 단계에서는 힘을 발휘하기도 한다. 이런 답변을 토대로 당신의 생각을 최종 정리할 수 있는 일종의 가이드라인을 확보할 수 있기 때문이다.

하지만 질문의 시작 혹은 중간 단계에서는 정말 곤란하다. 그러므로 상대방이 자유롭게 생각할 수 있는 여지를 마련해주어야 한다는 사실을 잊지 말자.

소비자의 생각이 어떤 틀 안에서 제약받지 않도록 풀어주어야 한다. 유도하지 말고 시원하게 방목하자. 만약, 그 피드백이 자신이 원한 방향과 다르더라도 실망할 필요는 없다. 오히려 새로운 제품/서비스 출시 전에 그러한 부정적 피드백을 받고 당신이 다시 한 번 생각할 기회를 가질 수 있다면 그것은 정말 행운이다. 그 피드백에서 꼬리에 꼬리를 물고 다시 대화를 시작하면 된다. 왜 마음에 들지 않는지를 질문하면 된다. 이러한 과정 중에 당신은 소중한 유레카를 포착할 수 있을 것이다.

이를 다시 정리하자면 다음과 같다.

그림 2 개방형 질문과 폐쇄형 질문 예시

Open-Ended Question (개방형 질문)	이러한 방식에 대해 어떻게 생각하세요? 긍정, 부정 상관없이 말씀해주세요.
Close-Ended Question (폐쇄형 질문)	이러한 방식은 사용하실 때, 불편하지 않으세요? (혹은 편하지 않으세요?)
Open-Ended Question (개방형 질문)	이 기능을 선호하지 않는 이유가 무엇인지 말씀해주세요.
Close-Ended Question (폐쇄형 질문)	이 기능을 선호하지 않는 이유는 사용할 때 불편해서인가요?

위의 예시처럼 응답자가 질문자가 던진 단어에 앵커링(Anchoring)되어 예 혹은 아니오로 답변할 수밖에 없도록 만드는 것이 폐쇄형 질문(Close-Ended Question)이라면, 자신의 생각을 과감하게 서술적으로 답변하게 만드는 질문이 개방형 질문(Open-Ended Question)이다. 즉 폐쇄형 질문은 듣는 사람의 사고를 갇히게 만들어 응답자가 생각의 나래를 펼칠 수 있는 기회를 박탈한다. 예를 들어, '불편하지 않으세요(혹은 편하다)'라는 단어에 앵커링되어 평소에 편하게 제품을 사용했음에도 불구하고 불편한 쪽으로 생각을 급진전시켜 별로 불편하지 않은 점을 과장하여 답변할 수도 있다는 것이다. 그러므로 질문을 할 때는 인터뷰이가 특정 프레임에 갇히게 되는 질문을 하면 안 되며, 최대한 모든 가능성을 열어 두고 열린 사고를 할 수 있도록 최대한 중립적인 단어를 사용해야 한다.

그림 3 개방형 질문 예시

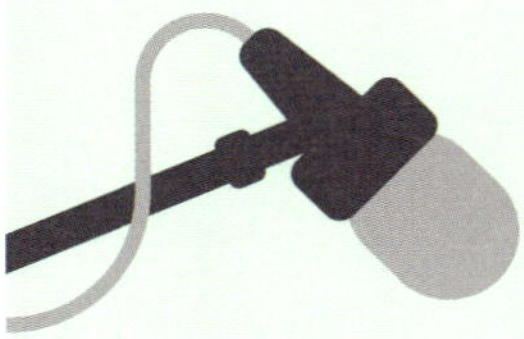

Interview Skills

Bad

Yes Or No를 피하라	Open Mind로 그들을 방목하라
이 아이디어가 좋다고 생각하세요? 이 제품이 당신에게 필요하지 않나요? 당신은 이 제품을 구입할 의향이 있으세요? 당신은 이 제품을 구입하기 위해 얼마를 지불할 용의가 있어요?	소비자에게 당신이 내심 원하는 것과 관련된 힌트도 주기 급한 마음에 암시적인 뉘앙스의 질문하기 한 번에 두 가지 질문을 한다 소비자의 침묵을 두려워 하기

Good

그런 것이 당신에게 어떤 의미가 있나요? → 정말 중요한지 그렇지 않은지를 확인 가능 그것이 왜 중요한가요? 왜 그것에 신경이 쓰이나요? → 진짜 문제를 발견하는 데 도움 그 일과 관련해서 가장 최근의 상황을 이야기 해주세요. → 가장 최근 기억의 소환 [신뢰도 확보] → 스토리를 통해 당신이 중요한 것과 그렇지 않은 것을 스크리닝 & 뜻밖의 것 발견 가능	단답형을 피하고 소비자의 경험에 집중하라 당신의 지닌 가설에서 잠시 벗어나서 편견을 두지 마라 오픈형 질문은 6하 원칙을 활용하라 소비자의 몸짓과 말투, 뉘앙스도 예민하게 캐치하라 → 이것이 당신에게 또 하나의 뜻밖의 발견을 준다 감정의 추이도 함께 바라보라 당신의 전문 언어가 아닌 소비자가 생활 속에서 사용하는 언어에 집중하라

소비자와 인터뷰할 때, 열린 마음으로 열린 질문을 할 때의 바람직한 것과 바람직하지 않은 것들을 표로 정리했으니, 실제 인터뷰 진행 때, 참고해 보길 바란다.

소비자 인터뷰 때 사용하면 좋은 다양한 기법들

1. 투사기법(Projective Technique)

Why에 대한 캐묻기(Probing) 및 개방형 질문과 함께 매우 유용한 인터뷰 기법 중의 하나가 바로 투사기법이다. 이는 개념적인 아이디어, 서비스, 브랜드, 혹은 소비자가 사용하는 여러 제품에 대한 느낌을 다른 자극물과의 연상에 의해서 설명하거나 표현하도록 하는 기법으로 정의할 수 있다. (이는 정신의학, 임상심리학에서 사용되는 것들의 변형으로 볼 수 있으며, 대부분 지역적, 문화적 상황에 맞게 수정되기 때문에 일부의 기법들은 혹 다른 이름으로 불릴 수 있으나, 보다 중요한 것은 이의 핵심을 스몰데이터를 도출하는 데 잘 활용하는 데 있으므로 부수적인 것들에 대한 언급은 여기서는 하지 않겠다)

투사기법의 특징 및 유용한 상황을 정리하면 다음과 같다.

① 소비자들이 새로운 것에 대한 자신의 느낌을 이야기하는 데 도움을 주기 위하여, 그들에게 다양한 자극물을 제시하거나 상황을 연상해서 이를 매개로 반응을 이끌어 내는 방법이다.

② 사람들은 일반적으로 사회적으로 혹은 문화적으로 쉽게 수용되기 어려운 태도나 행동에 대해 공개적으로 이야기하는 것을 어려워한다. 쉽게 표현하자면 남의 눈치와 이목을 따지느라, 자신이 생각하는 솔직한 속내를 편하게 표현하지 못하는 이슈를 파악하는 데 유용한 기법이다.

③ 소비자들이 어떤 문제에 대해 당연시하는 생각의 틀을 깨고 그 이면의 들여다 볼 필요가 있을 때, 보다 내면 깊은 곳에 있는 속내를 파악해야만 남과 다른 스몰데이터를 확보할 수 있다.

④ 인간이 어떤 태도나 행동을 할 때 우뇌와 좌뇌는 유기적으로 작동하는데, 언어적인 방법에만 의존해서 문제에 접근하면 논리적이고 이성적인 좌뇌만 자극하게 되므로 소위 반쪽짜리 의견만을 얻을 수 있음을 방지할 수 있다.

⑤ 소비자가 연구자의 질문에 표현할 적당한 단어를 찾기 어렵거나 평소에 또는 한번도 곰곰이 생각해본 적이 없는 것에 대해서는 답변을 하기 어렵다. 이런 경우에 보다 응답을 쉽게 할 수 있도록 도와주는 보조 기법이다.

더불어 투사기법은 자기 자신이 아닌 자신을 제3자에 투사하여, 이야기하기 어렵거나 생각하지 못했던 잠재적인 요소들을 이야기하도록 만드는 간접적 방법으로도 정의할 수 있다. 이와 관련된 다양한 기법을 적재적소에 잘 활용할 경우, 소비자들의 감춰진 혹은 직관적인 감정, 소망, 욕망, 태도 그리고 가치 등을 파악하는 데 매우 도움이 되는 기법이다.

그림 4 투사기법이 필요한 상황

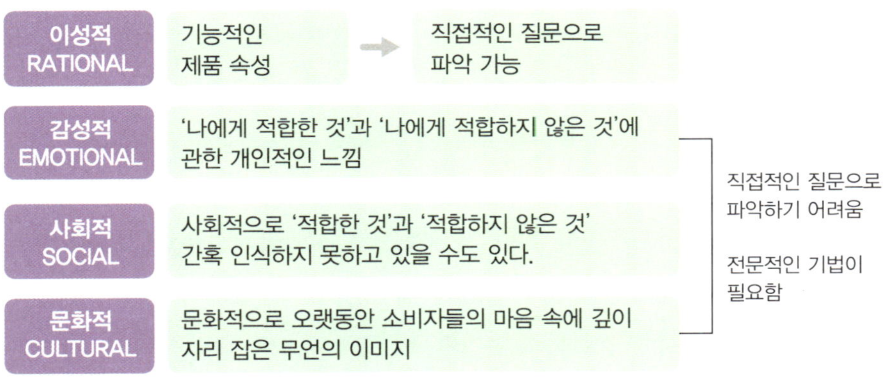

이 책에서는 총 6가지의 기법을 예시와 함께 소개할 예정이며, 연구자의 판단에 따라서 적절한 기법을 취사 선택해서 사용하면 소비자의 내면 세계를 이해하고 양질의 스몰데이터를 확보하는 데 매우 유용할 것이다.

2. 투사기법의 유형

2-1 의인화 기법

활용도가 매우 높은 기법으로 소비자에게 브랜드, 서비스, 제품 등을 사람으로 전환하여 설명하도록 유도하는 것이다. 소비자들이 브랜드, 서비스, 제품 등에 어떤 이미지를 지니고 있는지 더 세밀하고 구체적으로 알고 싶을 때, 경쟁사와 자사가 유사한 이미지를 지니고 있을 때, 보다 변별력 있는 내용을 도출하고자 할 때 활용도가 높다.

질문의 예시는 다음과 같다.

'자, 이 브랜드를 생각하시고, 이제 여러분 앞에서 이 브랜드가 사람으로 바뀌는 연상을 해주시기 바랍니다. 머리, 가슴, 팔, 다리 등이 생기고 이제는 옷을 하나씩 입혀주세요. 모자도 씌우고 가방도 들게 하고요. 이제 저에게 어떤 사람인지 말씀하여 주시기 바랍니다.

즉, *** 브랜드를 사람으로 표현해 봅시다. 연령, 성별, 가지고 다니는 차 종류, 직업, 사는 곳, 성격, 취미, 옷 입은 스타일은 어떨지 이야기해주세요. 주말에는 어떤 일을 하는 것을 좋아할까요? 선호하는 브랜드는 무엇일까요? 이들이 파티에 간다고 하면 어떤 모습을 하고 갈까요? 어떤 대화를 즐겨서 할까요?'라고 하면서 소비자가 해당 브랜드를 사람으로 인격화할 수 있는 실마리에 해당하는 질문을 지속적으로 하는 것이다.

이때, 비교 대상이 될 만한 경쟁 브랜드과 비교해서 질문을 해도 좋다. 위와 같은 질문을 한 후에는 소비자가 왜 그렇게 생각했는지 Why를 확인하여 도출된 내용을 구체화해야 한다. 이때 응답하는 소비자들이 의인화에 너무 치중하다가 정작 의인화의 대상이 되는 브랜드가 아닌 예를 들어 자신이 평소 좋아하는 이상형에 대한 이야기를 신나게 할 수 있으므로 중간중간에 이를 확인 후 저지하는 것이 바람직하다.

브랜드 의인화 Case ❶

"○○○브랜드가 사람이라면
어떤 사람일까요?
나이, 성별, 직업, 소득수준, 취미,
성격, 소유한 물건 등등……"

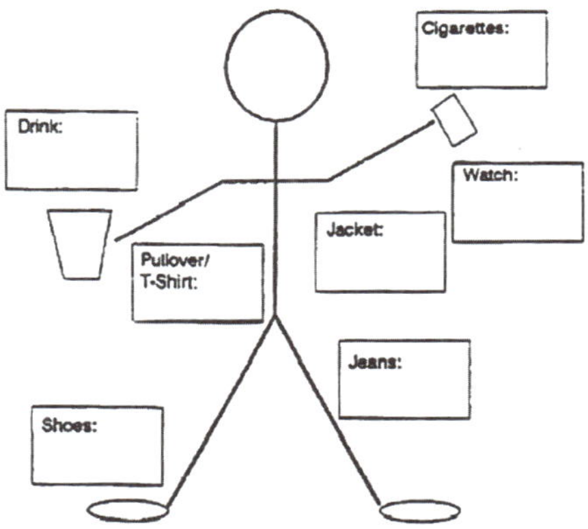

브랜드 의인화 Case ❷

요즘 딸리는 체력,
아침 조깅으로 외형을...
○○ 하나로 속 안을
채우는 진정한
웰빙족의 삶은 이것!

아직 한 피부/한 몸매
하지만 현재의 탱탱함을
유지하기 위해 노력하는
20대 후반 노처녀 Miss
바로 나! 이제 30대
두렵지 않아~

팀장님은 나한테만
또 일 주고,
실적은 안 나오고
아! 무기력해...
조금이라도 활력을
되찾고 싶어!

이 배, 몸무게 줄여야 하는데,
죽어도 고기는 못 끊겠고...
야채를 먹으면 조금이라도
나아질 거야.
(동맥경화, 고혈압, 중풍 다
육식파에 많다던데...)

비즈니스/여행/공부
하고 싶은 게 너무 많은 나.!
더 젊게 활기찬 삶을
도와주는 ○○ 영양제!

야채를 너무 좋아하는 나,
하지만 밖에서
야채를 골고루 먹을
기회는 흔치 않아!!

집안 살림에 회사에 오늘
점심도 모니터 앞에서
햄버거 하나로!
내겐 신선한
영양이 필요해...

술/담배로 찌들어 외모
나이 50대 내 꼬라지. 남들은
녹즙에 비타민에 다들 누가
챙겨준다는데, 나는 간편히
○○이라도 챙기자.

성분 하나하나 꼼꼼히
따지는 나– 까칠한 주부.
어중간한 주스 먹느니
똑똑하게 우리 가족 건강
책임지지.

브랜드 의인화 Case ❸

냉장 두유에서 소비자들이 가장 많이 언급한 냉장 두유의 연상되는 사용자 이미지
→ 특히, 2030 싱글녀들의 'Wannabe Image'와 연결됨.

예 : 전지현/김사랑/수애
한채영/김혜수/한지민 등

job

- 30대 성공한 전문직 여성/40대의 유명한 강사(책도 많이 집필한) 요가 및 필라테스 강사/결혼과 직장 생활도 완벽히 병행하는

Life Style

- 자기관리가 철저함/커피숍에서도 디 카페인만을 고집하는
  똑바른 일 처리/강남 차도녀의 라이프스타일
  운동 외의 자기 시간표대로 하루를 계획적으로 살아가는
  피부숍 & 미용실에서 美를 가꾸는 (외적으로 꾸밀 줄 아는)
  세련된/핸드백 혹은 의상도 심플한 것을 좋아하는

Character

- 활달하고 쾌활한 깐깐한/지적인/당당하게 자신의 의견을 말할 줄 아는/진취적
  공부를 많이 해서 박학다식한/일반적인 것보다는 특이한 것을 선호하는,
  긍정적/ 완벽 추구/건강해서 남들과의 대인관계가 좋은/생생한 등

브랜드 의인화 Case ❹ ○○ Brand Personality

○○ Brand 이미지 – 사용자 이미지

Negative

대학생이 되고픈 유치한 여고생
촌스러운 소녀
꾸미고는 싶은데 어설픈
미성숙한

갖추어야 할 것은 갖추어지지 않고
무엇인가 뭔가 빠진 느낌이에요.
고등학생이 화장한 것 같은
알록달록한 이미지

Positive

활발한/발랄한
귀여운/사랑스러운
독특함/새로운

깜찍하고 발랄한 느낌이 들어요.
화장품시장의 독보적인 존재라서 그런지
새로운 면이 있고 소녀적인 이미지가
귀엽고 사랑스러운 느낌을 줘요.

Brand Personality

연령/직업	• 10대 후반 ~ 20대 초반 • 고등학생과 새내기 대학생
성격	• 여성스럽고 귀엽고 애교가 많은 • 소녀에서 여성으로의 변환, 민감함 • 때묻지 않은 순수함
패션 스타일	• 스쿨룩 스타일로 발랄하고 깜찍한 느낌 • 유행에 민감한 미니스커트로 자신감 넘치는 모습 연출 • 꾸미고 싶은데 어설픈 스타일 • 고등학생 같은 어린 이미지
좋아하는 것	• 새로운 제품에 대한 호기심 • 친구들과의 수다 • 유행에 맞는 의상 구입

※ 해당내용은 가상으로 작업한 것임.

2-2 브랜드 맵핑

브랜드 맵핑(Brand Mapping)은 여러 가지 서로 경쟁 위치에 있는 브랜드를 소비자들에게 제시한 다음에 서로서로 비슷한 이미지를 지닌 브랜드끼리 그룹핑하도록 하는 방법이다. 이때 브랜드 패키지를 이용하는 방법, 사진을 이용하는 방법, 네임카드를 이용하는 방법이 있다. 만약 용기와 같은 브랜드 패키지를 이용할 경우, 브랜드 패키지 그 자체가 주는 이미지에 치우치지 않도록 주의를 주면서 그들이 분류하도록 진행해야 한다. 가장 많이 활용하는 유형은 네임카드에 브랜드 로고와 브랜드 명을 함께 제시해 주고 그룹핑하도록 하는 것이다.

브랜드 맵핑 기법은 다음과 같은 상황에 매우 유용하게 활용된다.

① 소비자들이 분류하는 시장 세분화는 어떻게 이루어졌는가를 알고 싶을 때
② 브랜드들 간의 경쟁 상황에서 비어있는 공간이 어디인지 확인하고, 신규 브랜드가 진입해야 할 방향성을 파악하고자 할 때
③ 소비자 인식상의 브랜드들 간의 포지셔닝 현황 파악
③ 신규 브랜드가 진입해야 할 방향성 파악

사용 방법을 순차적으로 정리하면 다음과 같다.

① 소비자들에게 브랜드 카드를 나눠주고 그들이 원하는 대로 그룹핑을 진행하게 한다. 여러가지 다양한 기준으로 그룹핑을 진행하라고 이야기를 해주고 적어도 2개 이상의 기준으로 구분하되, 구분 기준에는 정답과 오답이 없고 오직 자신들의 평소 해당 브랜드에 대해 생각한 느낌 혹은 이미지를 기준으로 그룹핑하도록 이야기한다.
② 연구자가 중간 진행 상황을 보면서, 만일 분류가 충분하지 않다고 판단이 들면 참석자들에게 다른 방향으로 분류를 할 수 있는지 다시 질문하고 진행을 하는 것도 좋다.
③ 연구자의 가설과 너무 다른 분류 기준으로 소비자들이 그룹핑할 경우에는 브랜드 맵핑 작업이 완료된 시점에서 그들의 분류 기준에 대해서 차

근차근 확인을 하는 것도 매우 중요하다. 하지만 어떤 경우에도 연구자의 기준이 아닌 소비자들이 판단한 기준을 존중하고 여기서 남다른 통찰력을 발휘해서 결과를 해석하는 것이 바람직하다.

Brand Mapping Case ❶

소비자 인식상에 독특하고 인상 깊고 호의적으로 각인된 브랜드는 거의 없는 것으로 보임.
→ 대부분 '브랜드명, '제품 라인적 특징', '제품용기 디자인' 등의 단편적 요소를 기준으로 구분하는 경향임.

주요 화장품 브랜드 – 소비자 인식상의 Grouping

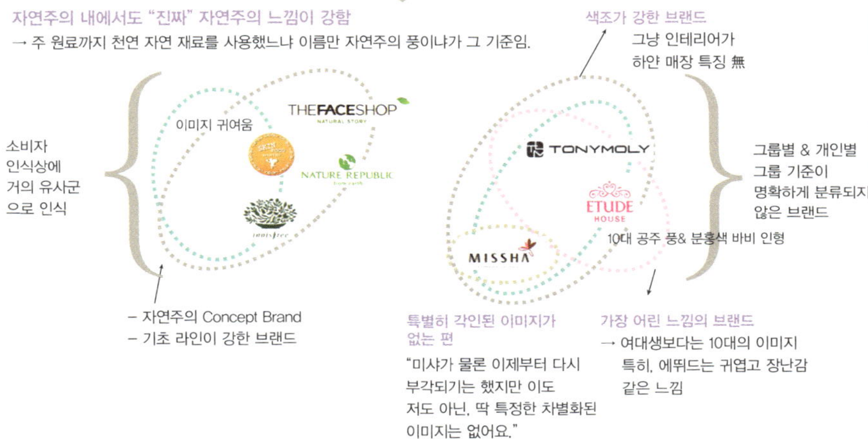

Brand Mapping Case ❷

※ 해당내용은 가상[illegible]업한 것임.

2-3 꼴라주 기법

꼴라주(collage) 기법은 이후 다룰 Z-MET과의 연관성이 높은 기법으로 연구자가 상상하지 못했던 소비자의 심층 의식 속에 지닌 다양한 이야기를 도출할 수 있는 유용한 기법들 중 최고봉이라고 할 수 있다. 이는 잡지 등을 나누어 준 후 연구자의 연구 주제에 해당하는 것과 연상되는 느낌의 이미지를 찾도록 하는 방법이다.

앞서 언급한 브랜드 의인화 도출에도 유용하게 활용할 수 있다.

- 브랜드 및 제품 이미지/브랜드 성격 파악-핵심가치(Core Value)
- 상대적으로 가장 비언어적 적용 기법
  - 브랜드에 대한 비언어적 이미지 혹은 5감각 느낌 파악 가능
- 진행자의 친숙도 및 진행 과제 전달 능력과 참석자의 창조적 능력에 따른 결과 편차 심하게 발생
- 관련 주제에 따라 연구원의 신중한 잡지 선택 요구됨
  - 5감에 대한 주제: 요리, 관광, 풍경, 사진, 여행 등 다양한 종류의 잡지 필요
  - 여성지 구입시 계절성 고려: 헌책 등으로 계절성을 극복한 잡지 마련
- 기법 구사를 위한 관련 부자재 준비
  - 도화지, 색종이, 색연필, 가위, 풀, 필기 도구 등
- 꼴라주 과제 제시를 위한 문항 구성
- 개별 과제보다는 소그룹별 진행
  - 응답자 성향, 자리를 고려한 그룹 구성원 선정
- 꼴라주 취합 후 응답자 질의 응답의 중요성
- 연구원의 의미 해석과 소비자 통찰력을 찾아내는 과정의 중요성

2-4 박탈 기법

박탈(Deprivation) 기법은 용어 그대로 소비자의 생활 속에서 특정 제품, 서비스, 브랜드가 사라졌을 경우, 소비자들이 느끼는 감정 상태를 파악하여 해당 아이템이 그들의 일상에서 얼마나 중요한 자리를 차지하고 있는지의 여부를 파악하는데 매우 유용하다. 특정 브랜드 제품군의 대체품을 파악할 수 있으며, 이에 대한 소비자만의 언어, 이미지, 느낌을 발견할 수 있다. 당연히 새로

운 카테고리의 제품 혹은 신규 브랜드의 경우에는 이를 적용하기 어렵다.

이 기법은 브랜드나 제품에 관한 소비자 만족의 수준 및 어느 정도의 중요도를 가지고 있었는지 파악하고 싶을 때 혹은 특정 브랜드가 소비자들과 매우 친숙할 때, 그들의 생활의 일부라고 느껴지는 강도를 파악할 때 사용한다.

이의 대표적인 성공 사례는 크로즈업(Close Up) 치약 사례이다. 해당 브랜드는 소비자들에게 다음과 같은 다음과 같은 상황을 가정하도록 했다. 치약이 없다면, 우리 일상 생활에 어떤 일이 생길 것 같습니까? 혹은 치약이 없다면, 우리 일상생활에서 어떤 불편함이 있을까요?' 이에 대해 소비자는 치약이 없으면 다른 사람과 대화를 나눌 때 입을 막아야 하고, 파티 같은 모임에서도 자유롭게 얘기할 수 없을 것이라고 응답했다. 특히 대부분의 투사기법은 소비자가 응답한 내용을 해석하는 연구자의 통찰력이 매우 중요한 바, 위와 같은 소비자 반응에서 크로즈업(Close Up)은 치약에서 추구하는 소비자의 잠재 욕구 중의 하나가 사회적 유대관계(Social Relationship)이라고 규정하여 이를 치약 커뮤니케이션에 활용해서 큰 성공을 거두었다.

Collage Case ❶

출처: Z-Met를 활용한 편의점 PB소비에 관한 질적 분석, 소비자학회.

Collage Case ❷

푸르른, 신선, 아침을 여는 근면한, 활기찬 이미지 보유

배달서비스 & ○○우유의 맛에 대한 호감에서 비롯되는 것이 다수.

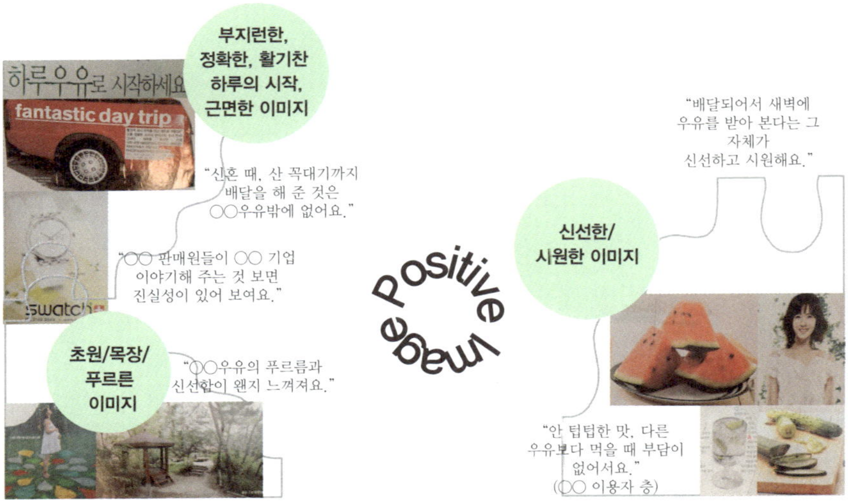

Collage Case ❸

Old fashion & 시대에 뒤진 이미지가 부정적 이미지*

– 비(非) 세련 패키지, 맛에 대한 비선호, 신제품 관련 마케팅 활동의 미비 및 대표/전략 상품 쿠재 등에서 비롯되는 것으로 보임.

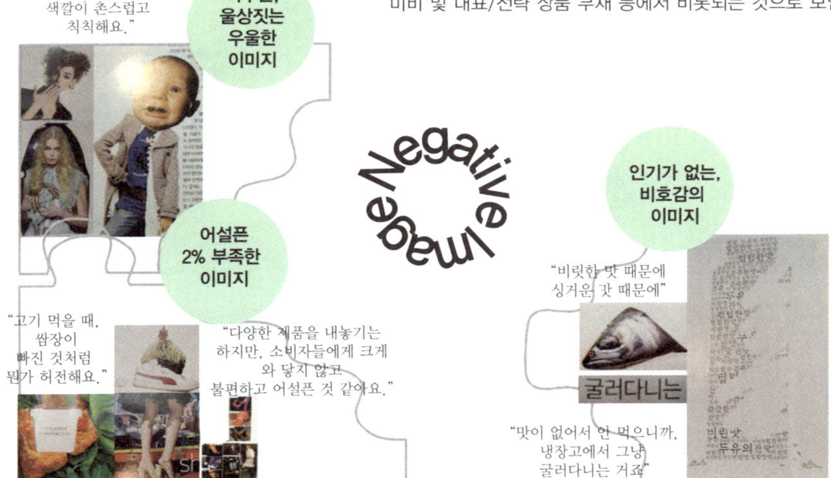

* ○○ 비이용자 그룹에서의 반응이 주류를 차지하는 편임.

∴ 동일 브랜드에 대해서도 소비자 인식이 부정 vs 긍정적으로 분리됨을 확인한 경우

2-5 만화 기법

이 기법은 버블 드로잉(Bubble Drawing)이라고도 불리며, 어린 시절 혹은 현재도 즐겨 보는 만화를 상상하면 된다. 아래의 순서대로 진행하면 된다.

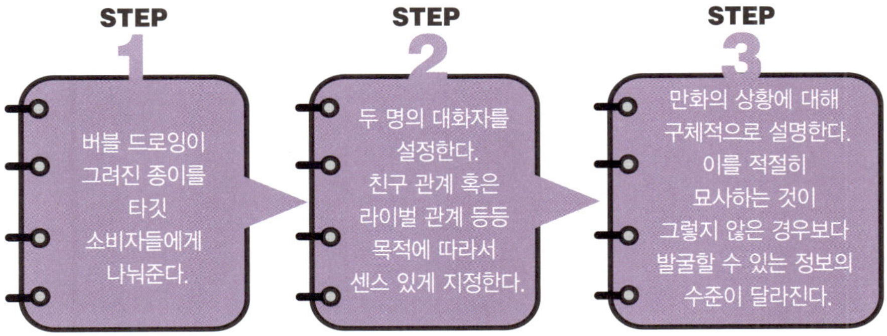

이때 주의할 사항은 다음과 같다.

① 질문 상황을 구체적으로 설정하는 것이 유용하다.

② 질문 상황을 그림으로 적절히 묘사하는 것이 그렇지 않은 경우보다 자료의 양과 질을 훨씬 풍부하게 한다. 모든 경우에서 질문 상황을 어떻게 설정하느냐에 따라서 도출되는 스몰데이터의 수준이 달라질 수 있으므로 연구자가 관련 아이템과 연관되는 다양한 상황 장면을 소비자에게 제공해 주는 것이 매우 중요하다.

예를 들어, 상황 설정을 식료품이라 가정할 경우 다음의 예시를 활용해서 파악할 수 있다. 첫 번째, 주부들이 쇼핑하는 상황이라면 신제품에 대한 기대감과 장애요인 등을 확인할 수 있는 상황을 설정한다. 두 번째, 만약 주방에서 직접 조리하는 경우라면 해당 제품을 사용하면서의 불편함이나 추가적인 개선 요구 사항이 도출될 수 있도록 만화를 구성해야 할 것이다. 세 번째, 특정 식료품을 친구들과 처음 맛보는 상황이라면 이와 관련된 TPO(Time Place Occasion) 및 대체 제품 등에 대한 이야기를 도출할 수 있도록 만화 상황을 제시해야 한다.

이와 유사한 방법으로 말풍선(Dialogue Balloon) 기법이 있다. 이는 브랜드를 마

Bubble Drawing 기법 Case

• 2인의 소비자가 쇼핑센터에서 스쳐지나가면서 상대방의 카트를 보고 속마음을 이야기하는 상황

A우유 비이용자층의 속마음

A우유 이용자층의 속마음

• 주방에서 요리하는 소비자가 특정 요리 도구를 사용하면서 생각하는 상황

치 말을 할 수 있는 인간으로 간주하고 해당 브랜드끼리 대화하는 상황을 설정하는 것이다. 이 방법은 각 브랜드 간의 브랜드의 장·단점 및 시장 내에서 브랜드 간의 경쟁적 관계, 그리고 상대방의 관점, 혹은 제3자의 관점에서 각 브랜드의 상대적 강·약점 등을 파악할 수 있다. 대화를 하는 브랜드의 개수는 2개의 브랜드가 심층적으로 대화하게 하는 것이 보편적이지만 연구자가 상황에 따라서 경쟁 브랜드를 여러 개 지정하여 대화하는 식으로 진행해도 무방하다. 소비자가 버블 안에 기록한 내용에 대해서는 반드시 왜 그러한 대화를 브랜드끼리 하게 되었는지에 대한 이유를 파악하는 것이 필요하다. 모든 투사 기법에서도 최종적으로는 Why에 대한 규명을 진행하는 것이 스몰데이터의 결과물 향상을 도모하는 최선의 방안이다.

Dialgue Balion 기법 Case

2-6 문장 완성법과 단어 연상

2가지 방법은 앞서 소개한 기법 대비 가장 간단한 것으로, 보다 쉽게 사용할 수 있는 장점이 있다.

첫 번째, 문장 완성법(Sentence Completion)은 소비자들에게 부분적으로 완성된 문장을 제공하고 나머지 문장을 완성할 것을 요구하는 방법이다. 인터뷰 초기에 라포를 형성하거나, 인터뷰 주제에 대해서 소비자들의 흥미가 없어 보이거나 대화를 보다 활성화화기 위한 자극용으로 적절하다. 또한 소비자들이 자신의 의견을 개진하는 데 있어서 어려움을 느끼는 상황에서도 유용하다. 이를 통해 연구자는 소비자들의 느낌과 다양한 동기를 심층적으로 파악할 수 있다.

연구 주제에 맞게 적절한 문장을 제시하고 공란을 소비자가 채우게 하는 방식이다.

> **예시** 내가 화장품을 선택할 때 가장 중요하게 생각하는 것은 ________ 이다.
> 나는 미닝아웃(Meaning Out) 하는 사람들을 볼 때마다 ________ 라는 생각이 든다.

이때 주의할 사항은 제시되는 문장은 소비자들이 신속하게 의견을 적을 수 있도록 간결하고 이해하기 쉬워야 하며, 참석자가 수행해야 하는 것이 무엇인지 정확하게 파악할 수 있도록 구체적인 문장으로 제시되어야 한다. 또한 이를 작성할 수 있는 어느 정도의 시간을 주어야 하나, 연구자가 이를 마치 퀴즈처럼 '네모박스를 채워봅시다' 하는 방식으로 빠르게 진행하여 소비자의 환기를 유도하는 도구로서 사용할 수도 있다.

두 번째, 단어 연상법(Word Association)법은 브랜드 정체성 혹은 광고 커뮤니케이션과 관련된 프로젝트 혹은 소비자의 의식 속에 숨겨진 해당 브랜드에 대한 감성적 가치와 관련된 내용을 도출할 때 매우 유용하게 활용된다. 오픈형과 폐쇄형의 2가지 유형으로 진행할 수 있는 바, 오픈형의 경우 소비자들의 자발적인, 보다 날것에 가까운 감성적 가치를 도출하기에 유리하다.

> **예시** '○○○라고 했을 경우, 당신에게 가장 먼저 떠오르는 것은 무엇인가요? 긍정적인 느낌, 부정적인 느낌, 중립적인 느낌 모두 상관없습니다. 생각나는 대로 편하게 모두 말씀해 주세요!'

소비자가 응답하는 다양한 연상에 대해 왜 그런 것들이 떠올랐는지 캐물어야 한다. 이를 통해 브랜드가 행한 다양한 마케팅 활동 및 상품/서비스와 관련해서 소비자가 어디에서 해당 느낌이 형성되었는지를 해석할 수 있다. 이후 경쟁 브랜드와 비교 관점으로 동일한 방법으로 진행하여 차별적인 경쟁 우위력을 확보했는지의 여부도 덤으로 확인할 수 있다.

이때, 단어 연상지(Word Association Sheet)를 사용할 수 있는 바, 이는 폐쇄형으로서 오픈형으로 진행할 때보다 시간을 단축하면서 보다 쉽게 소비자의 느낌과 생각을 파악할 수 있는 장점이 있는 반면, 연구자가 준비한 범위 내에서만 인터뷰가 진행될 가능성이 높아, 제품 및 브랜드에 대한 다소 왜곡되고 편향된 결과를 얻을 수 있는 단점이 있다.

단어 연상법의 단어 연상지 예시물

젊다 활동적이다 우아하다 현대적이다 예쁘다 노력하지 않는다 분만하다	가볍다 최신 유행이다 로맨틱하다 자유스럽다 싸보인다 첨단적이다	용감하다 꾸밈이 없다 편하다 멋있다 시골스럽다 발전한다	깜찍하다 일시적이다 보수적이다 거칠다 고전적이다 불안하다
수줍어 한다 서양적이다 오래되었다 부드럽다 화가 난다	지루하다 강하다 활기가 넘친다 전문적이다 사랑스럽다	매혹적이다 여성스럽다 도시스럽다 다양하다 조용하다	남성적이다 귀엽다 경제적이다 향이 좋다 독특하다 꾸미다
정열적이다 안심이 된다 개성있다 매끈하다 실용적이다	인공적이다 안전하다 전통적이다 짜증난다 낡았다	날렵하다 믿음이 간다 남성적이다 유치하다 섹시하다	권위있다 고급스럽다 부드럽다 세련되다 도전적이다
굳어져 간다 감탄하다 존경스럽다 감수하다 뛰어나다	잉태한다 가볍다 시원하다 훌렁 벗다 구조화되었다	출산하다 경쟁한다 의지하다 구원하다 단장하다	만족하다 순진하다 완벽하다 단장하다 응큼하다
상승하다 꾸미다 빈틈이 없다 얼큰하다 무시하다	실망하다 과장하다 방어하다 공격하다 부서지다	적응하다 은밀하다 게으르다 부지런하다 창백하다	야심적이다 희생하다 쫓기다 느긋하다 고요하다
절망스럽다 팔자 좋다 지배하다 낯설다 익숙하다	치열하다 기가 세다 달콤하다 화려하다 창의적이다	처량하다 지탱하다 방어하다 무시하다 철수하다	환대하다 수지맞다 확장하다 세련되다 감당하다

어떻게 하면 인터뷰를 잘 할 수 있는가?

인간의 대화 혹은 말은 스몰데이터 수집의 가장 기본방법이다. 이 장에서 다룬 인터뷰 기술은 앞으로 소개할 모든 방법론에서 공통적으로 사용되는 가장 기본적인 도구이다. 인터뷰는 정보를 수집하는 데 목적이 있고, 역사적인 측면에서도 B.C 4세기에 소크라테스가 제자들과 질문, 답변을 통해 강의를 하고 대화를 나눈 것을 뜻하기도 하기 때문이다. 우리는 일상생활을 통해, 글을 쓰고 말을 하는 것처럼 질문을 하고 답변을 하면서 살아가고 있기 때문에 소비자에 대한 이해에도 이는 기본이 된다. 하지만 단순하게 친한 친구들과 하는 수다의 개념과는 다른 전략으로 접근해야만 가치 있는 데이터를 얻을 수 있다.

특히, 인터뷰어(Interviewer)는 본인이 담당하고 있는 제품/서비스 그리고 이 제품/서비스가 소비되는 시대적 상황, 소비자가 처해 있는 맥락, 트렌드 등을 명확하게 꿰뚫고 있어야 한다. 그래야만 훌륭한 인터뷰가 가능하다는 사실을 명심해야 한다. 사전 지식이 충분히 반영되지 않은 즉 전략적 마인드가 결여된 질문으로는 소비자를 통해서 가치 있는 결과를 얻어내기 힘들다.

인터뷰의 원리를 한마디로 표현하면 Garbage In Garbage Out!

인간은 기본적으로 말을 하는 동물이기 때문에 인터뷰라는 기술이 스몰데이터를 얻는 다양한 방법 중에서 상대적으로 용이해 보일 수 있지만, 절대 그렇지 않다! 스몰데이터의 방법론 중에서 인터뷰는 단순히 질문하고 소비자의 답변을 듣는 것을 넘어서는 것이다. 그렇기 때문에 질문하는 전략적인 기술과 질문이 지닌 단단한 힘을 이해하는 것은 기본이면서 가장 중요하다.

경영학자 피터 드러커(Peter F. Drucker)는 자신을 인설턴트(Insultant)라고 칭했다. 'Insult(모욕하다)'와 'Consultant(자문)'을 합쳐 '모욕주는 사람'이라는 의미의 단어를 만든 것이다. 인설턴트답게 피터 드러커는 고객에게 까다롭고 날카로운 질문을 던지는 것으로 유명하다. 자신의 연구 대상에 대한 순수한 호기심과 관심이 풍부했던 피터 드러커는 전략적인 질문을 통해 그만큼 가치 있는 것을 얻어간 것이다.

질문하는 일은 얼핏 쉽게 보일 수도 있지만, 내면을 들여다보면 절대 그렇지 않다.

CHAPTER

TWO

스몰데이터 방법론 둘째, 그룹 인터뷰 기술(FGD)

스몰데이터 방법론 둘째, 그룹 인터뷰 기술 (FGD)

FGD의 개념 및 진행 절차

1. FGD(Focus Group Discussion) 정의

이는 미국의 사회학자인 로버트 K. 머튼(Robert K. Merton)이 개발한 포커스 그룹 인터뷰에서 생긴 것이다. 이를 위해서는 One-Way Mirror Room이라고 불리는(검사 직업군이 나오는 영화에서 많이 나오는 → 한 면이 거울로 설치된 방이 있고, 거울 넘어서 검사들이 범인이 말하고 행동하는 것으로 지켜보는 것) 장소에서 진행된다. 이 방 안에 사회자(Moderator)인 회의 주도자와 소비자 패널들이 옹기종기 모여 앉아 있다. 거울 밖의 어두운 방에서 마케터나 브랜드 매니저들이 거울 속의 방을 지켜보는 형태이다. 왜 어두운 방에서 지켜봐야 하는가는 뒷방이 어둡지 않으면 거울이 설치된 방의 참석자들이 뒷방에서 자신들을 관찰하고 있는 모습을 볼 수 있기 때문이다.

여기서 여담을 잠시 하나 풀고 가겠다. 요즘은 매체에서 이러한 방이 꽤 많이 노출되기 때문에 그런 일이 별로 없기는 하지만, 아주 오래 전만 하더라도(One-Way Mirror Room 안에 참석한 소비자들이 그 거울 뒤에 사람이 지켜보고 있다는 사실을 모르기 때문에) FGD에 참석한 일부 여성들의 경우 거울을 보면서 화장 고치고 치아에 고춧가루가 끼었는지 확인하고, 거울을 보면서 계속 예쁜 척 외모 체크하는 등 별의별 분들이 다 계셨다. 그럼 거울 너머 뒷방에 앉아 있는 사람들은 이 모습을 너무 가까이서 보기 때문에 웃음을 참느라 난리도 아니고 말이다.

FGD의 가장 큰 장점은 내용을 그 자리에서 즉시 알 수 있다는 점이다. 또한 뒷방에 있는 마케터나 브랜드 매니저들이 FGD를 보면서 중간중간 궁금한 사항이 발생하면 곧바로 추가 질문을 할 수도 있다. 통계 처리하느라 시간이 걸리는 다른 방법과 달리 '즉시성'으로 인한 효율성을 지닌 것이다.

모든 스몰데이터를 습득하는 방법의 기본이자 핵심은 'Why!'이다. 일반적인 빅데이터로는 소비자와의 직접적인 스킨십을 통한 직접적인 대화가 불가능하다. 그러므로 Why의 규명이 무엇보다 중요할 수밖에 없다. 즉, '너 왜 그렇게 생각해?', '이 제품 왜 싫어?', '왜 좋아?'와 연결되는 사람들의 마음속 깊은 이야기를 끌어내는 것이 이 방법에서도 여전히 중요하다. 특히, 소비자들과 자연스러운 이야기를 나누다가 어느 순간에 당신의 뇌를 스치는 것을 순간적으로 캐치해야만 한다. 그래서 이게 정말 중요하다 혹은 새롭다 싶으면 그 자리에서 동물적으로 캐물어가야만 한다. 이를 일종의 'Deep Dive'라고 표현하고 싶다. 캐묻기(Probing)라고 하는데 이것이 핵심이다. 이와 동시에 진행자는 '중도(Moderate)'의 자세를 견지하는 것이 중요하다. 그래서 FGD를 진행하는 사회자를 'Moderator'라고 부르는 것일 것이다. 본인의 주관적 견해에 치우치지 않도록 균형감을 지니는 것 또한 매우 필요한 요소이다.

FGD의 핵심은 해당 그룹을 진행할 진행자의 역할, 여기에 참석하는 소비자들의 수준 그리고 질문할 내용이 담긴 질문지(이를 가이드라인이라고 부른다)의 3박자의 조화이다.

2. FGD 진행 절차

실제 기업에서 가장 많이 활용하고 있는 FGD의 진행 프로세스이다. 이제부터 각 단계별 필요한 내용 및 주의 사항을 정리하고자 한다.

그림 5 FGD 진행 절차

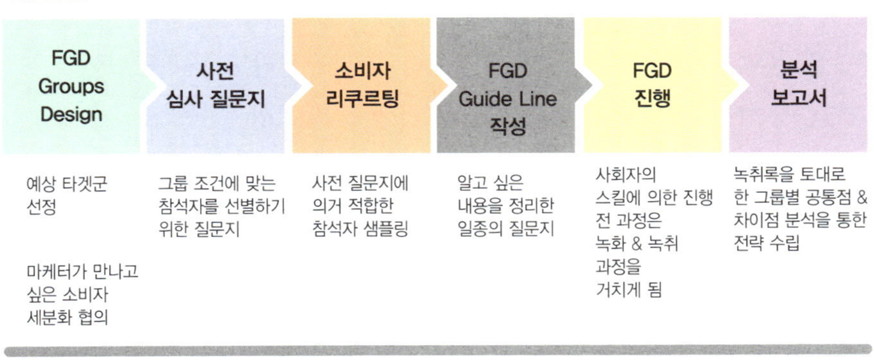

2-1 FGD 연구 설계(FGD Groups Design)

당신이 이번 FGD를 통해서 알고 싶은 것을 정리하는 것이다. 즉 FGD라는 스몰데이터를 얻는 방법론을 통해 얻고자 하는 대상, 즉 타겟군을 세팅하는 작업이다.

이와 함께 당신이 알고자 하는 타겟 소비자를 결정하는 것은 자연스럽게 따라와야 한다. 매우 중요한 첫 단계이다. 일반적으로 FGD는 한 그룹에 6-8명의 타겟 소비자로 구성된다. 이러한 디자인을 하면서 몇 그룹을 대상으로 진행할 것인가도 함께 정해야 한다. 이는 당연히 비용 및 시간과 연결되는 문제이다. 아무리 비용과 시간이 넉넉하다고 해도 보고 싶은 소비자를 다 만나는 것은 무리이므로, 당신이 기획하는 제품 및 서비스의 핵심 타겟을 중심으로 설계를 해야 한다.

그룹을 구성하는 기준은 아래와 같은 것들을 고려해서 당신이 처한 현실을 반영하면 된다. 이의 기준에는 연령, 성별, 직업(예: 직장인/주부/학생) 해당 제품의 사용 행태(예: Heavy User / Light User/Non User) 브랜드에 대한 사용 행태(예: 경쟁사 브랜드 로열 고객/자사 브랜드 로열티 보유 고객) 및 브랜드에 대한 태도(예: 해당 제품의 구입 의향이 긍정적 혹은 부정적인가), 소득 및 경제 수준(예: 강남권, 비강남권, 혹은 소득 수준 얼마 이상, 특정 제품군 보유 현황), 라이프스타일 특징(예: 유행에 민감한 Trend Setter, 취미 및 유행 아이템에 대한 보유 및 관심 수준 정도) 등으로 결정하면 된다. 이때 가장 중요한 것은 당신 회사의 제품(서비스)가 속한 산업군에서의 경쟁 상황을 반영하는 것이다. 예를 들자면, 당신 브랜드의 매니아 소비자와 당신 경쟁 브랜드의 매니아 소비자를 동시에 탐구해야 한다. 이는 마케팅에서 가장 기본인 세분화(Segmentation) 변수와 연결지어 진행하면 된다.

2-2 사전 심사 설문지와 소비자 리쿠르팅

어떤 소비자를 FGD 그룹 구성으로 할 것인가를 정했다면 당연히 위의 조건에 해당하는 소비자를 찾아야 한다. 이들 리쿠르팅이라고 칭한다. 솔직히 FGD에 참석하는 소비자들을 미리 속속들이 알고 내 마음에 쏙 드는 사람만을 리쿠르팅하는 것은 현실적으로 불가능하다. 어떤 소비자들이 당신이 기획하는 이번 FGD에 참석할지 사전에 모른다. 즉, 참석자의 질(Quality) 보증 여부는 복불복, 즉 통제할 수 없는 요소(Uncontrollable Factor)이다. 그렇지만 사전에 잘 기획된 '사전 심사 설문지'를 통해서 이를 통제가능한 요소(Controllable Factor)로 변환시켜야 한다.

이의 가교 역할을 하는 사전 심사 질문지(스크리너)는 당신이 얻고자 하는 결과를 예상하면서 이의 목적에 합당한 참석자를 선별하기 위한 안내서이다.

이를 아래에 제시한 항목을 기준으로 작성하면 된다. 일반적으로 다음과 항목이 포함되는 바, 당신이 속한 업의 특징과 이번 FGD에서 얻고자 하는 목적에 부합되도록 가감하면 된다. 여기서 가장 중요한 것은 당신이 알고 싶은 소비자를 연구 목적에 맞는 조작적 용어(Operational Terms)로 정확히 정의하는 것이다. 예를 들어, '취업 주부이면서 주방세제 'Heavy User' 혹은 '색조 화장품 애호가' 등으로만 정의하는 것으로는 절대적으로 부족하다. 예를 들어, 어떤 브랜드를 선호하는지 명확히 지정해야 한다. 그리고 'Heavy User'는 얼마만큼의 사용 빈도와 사용량으로 정의할 것인가, 브랜드 충성도가 있다고 하면 어떤 기준을 충성도의 기준으로 삼을 것인가를 사전에 정의해야 한다. 이렇게 자세한 부분이 스크리너에 담겨야만 한다.

표 1 스크리너 작성시 필수 항목

구분		내용
필수질문 항목	인구 통계학적 기준	연령, 성별, 소득, 가구 구성, 거주 지역 등 • 소득은 민감한 내용이니, 일반적으로 마지막에 질문 • 하지만, '소득 상/중/하'가 중요한 선정기준이면, 당연히 앞 부분에서 먼저 질문함이 바람직함(예: 럭셔리 용품)
	제품 (브랜드) 사용에 의한 기준	반드시, 제품을 직접 구입하거나 구매 결정권자여야 함 • Heavy User, Medium User, Light User 등과 같은 사용빈도 • 자사(혹은 경쟁자) 브랜드 사용 경험 • 자사 및 경쟁사 브랜드 향후 구입의향 수준
연구 목적에 의해 선택하는 항목	심리적 특성 및 Life Style 관련 특징	예: 상류층을 동경하는 집단,브랜드 충성도가 우수한 집단, 최신 유행 추종자, 예술적 감각이 뛰어난 집단, Early Adaptor 등, 이를 정의하는 조작적 정의 필요

스크리너 작성 시 주의사항

① 당신의 연구 목적에 맞는 참석자 조건에 부합되는 핵심적 질문은 되도록 앞에 배치하라. 그렇지 않으면 다른 조건이 다 맞는데, 핵심 조건 하나가 맞지 않아서 앞에서 진행한 질문이 소용없는 경우가 발생한다. 괜히 김 빠지는 일을 하지 말 것.

② 스크리너로 소설을 쓰지 말자. 즉 질문 내용은 간략하게 구성하라. 타겟 참석자 리쿠르팅과 특별히 상관없는 질문은 하지 말자. 궁금해도 말이다. 그런 내용은 FGD에 참석한 소비자들에게 직접 물어보면 된다.

③ FGD에 참석하고 싶어서 일부러 거짓말을 하는 소비자들이 종종 있다. 소위 이러한 소비자들을 '꾼'이라고 부르기도 한다. 어떤 소비자들은 자신이 해당 FGD 참석자 조건에 적합하지 않음에도 불구하고 수많은 FGD에 재미로 참여한 것이다. 결국 자신이 그 FGD에 맞는 조건을 지닌 소비자가 아님에도 불구하고 속인 것이다. 이렇게 여기저기에 아무 생각없이 심심풀이로 참석하는 '꾼'들을 걸러야 한다. 그러므로 질문도 약간 트릭을 사용하는 것이 좋다. 이때 오픈 질문을 사용하면 된다. 응답자가 속으로 추측해서 답변할 수 있는 문장은 피하는 것이다. 이와 함께 Yes 혹은 No의 답변이 나오는 질문도 피해야 한다.

예를 들어, 취식 빈도가 중요한 조건이라고 가정해 보자. '귀하는 라면은 하루에 한 번 드시나요?' 이렇게 하지 마라(Yes 혹은 No가 나올 때, 응답자가 무의식적으로 하루에 한 번을 먹지 않음에도 불구하고 Yes 해버릴 수 있는 것이다). 그러므로 '귀하는 라면을 일주일 기준으로(혹은 한달 기준으로) 몇 번 정도 드시나요?'라고 묻는 것이 바람직하다. 스스로 답변하는 것을 기준으로 당신이 이 사람이 적합한지 아닌지를 가늠할 수 있지 않은가. 전자의 질문은 질문자의 의도가 보이는 경우이고, 후자는 그렇지 않다. 그러니, 예비 참석자들이 거짓으로 답변할 확률이 낮아지는 것이다.

현실적 꿀팁 한 가지

어떤 소비자가 참석하느냐는 FGD 당일, 뚜껑을 열어 보기 전에는 며느리도 모른다. 그렇기 때문에 이 단계에서의 촘촘한 사전 확인은 FGD의 질(Quality)에 지대한 영향을 준다.

모든 것의 기본이자 핵심은 당신이 타겟으로 삼는 소비자를 만나는 것이다. 그런데 일을 하다 보면, 이의 중요성을 간과하는 경우가 많다. '시작이 반이다'라는 말이 있다. 그 반에 해당되는 것이 바로 '올바른 소비자 리쿠르팅'이다.

첫째, 지나치게 욕심내지 말고 현실적으로 가능한 소비자를 찾아야 한다. 마케터의 욕심이 앞서서 소비자의 조건을 지나치게 깐깐하게 선정하면 오히려 독이 된다. 도저히 찾을 수가 없기 때문이다. 만약 그래도 하고 싶다면 리쿠르팅 기간을 오래 잡고, 그러한 소비자들에게 '당근'적인 요소 즉, 비용을 많이 지불하길 바란다.

둘째, 당신이 이전부터 알고 지낸 사람들은 웬만하면 피해라. 당신이 알고 지낸 사람들이 당신 앞에서 혹은 당신 브랜드에 대해 솔직한 속마음을 이야기하기는 어렵다. 즉, 이런 경우에는 특정 브랜드에 대해 편견을 지닐 가능성이 높기 때문이다. 심혈을 기울여 배제하라. 생판 '남 같은 소비자'를 만나야 날것의 리얼한 이야기를 건질 수 있다. 정확한 대상에게 질문하지 않는다면, 그 결과는 쓰레기가 된다. Garbage In, Garbage Out을 방지하라.

셋째, 당신 브랜드에 대한 소비자들의 선입견이 충분히 배제된 날것의 상태에서 솔직한 이야기를 얻는 것이 거짓된 꾸민 이야기보다 더 중요한 자료가 되는 것은 당연하다. 이를 위해서 사전에 연구 목적, 연구 내용, 관련 회사 등에 대한 이야기를 노출시키지 말라. FGD 전에 미리 인터넷 등을 뒤져서 선행 학습을 해올 수 있다.

넷째, 전문 에이전시를 통하지 않고 자사의 홈페이지, SNS, 혹은 패널 모집을 통해서도 리쿠르팅이 진행되는 경우가 있을 수 있다. 이 경우에는 당신의 회사가 노출되는 것을 막기 어려울 수 있다. 하지만 가릴 수 있는 것은 최대한 가려라. 또 이런 식으로 주최하는 브랜드가 노출된 경우에는 최종 결과 분석 시, 이러한 상황을 감안하는 것도 좋다. 즉, 당신이 확인한 내용이 아주 긍정적이라고 해도 약간은 보수적으로 해석하는 것이다. 한국 사람들은 차마, 아는 사람 혹은 아는 브랜드 앞에서는 나쁜 소리 못하고 본심을 감추기 마련이기 때문이니까.

샴푸 관능 평가 FGD(HUT 포함) 선정 질문지

1. 조사 방법: 심층 집단 토의(Focus Group Discussion)
2. 그룹수: n=4 (그룹당 8명)
3. 그룹 조건 및 구성:

그룹구분	#1	#2	#3	#4
	○○○ 주 사용 그룹	○○○ 주 사용 그룹	○○○ 주 사용 그룹	○○○ 주 사용 그룹

3.1. 그룹 간 구분 기준

지난 1년간 2회 연속 사용한 브랜드가 Best 선정조건임.
하지만, 위의 조건에서 상이한 브랜드가 2개 이상 사용한 응답자가 많을 경우,
아래의 내용을 따르나 최대한 Best 선정조건에 해당하는 사람으로 리쿠르팅.

(1) 약 3–6개월 전부터 현재까지 사용 중인 브랜드
(2) 주 사용 브랜드
(3) 향후 재사용 의향 브랜드 Top1인 브랜드
→ 그룹 간 구분의 첫째 기준은 (1) & (2) & (3)이 동일한 브랜드일 경우.
두번째 기준은 (1)과 (2)가 동일한 브랜드,
세번째 기준은 (1)과 (3)이 동일한 브랜드,
마지막 기준은 (2)와 (3)이 동일한 브랜드로 삼을 것.

3.2. 그룹 간 공통조건

(1) 서울/수도권에 거주하는 매스 헤어 제품(샴푸 위주)을 사용하는 여성
(2) 연령 27–35세 사이(한국 나이 기준)
(3) 직장인: 전업주부 그룹당 동일 비율 구성
(4) 미혼: 기혼 그룹당 동일 비율 구성
(5) 샴푸 구매시 핵심 구매 요인(Key Buying Factor)이 가격/프로모션(덤 행사, 1+1 등)이 아닌 사람
(6) 그룹당 약 2인 정도 핵심 구매 요인(Key Buying Factor)에서 '샴푸 향'을 1순위로 응답한 사람 할당

기초 심사 질문

SQ1_ 귀하의 직업은 무엇입니까?

대학생 ········ 1 → 면접 종료
직장인 ········ 2
전업주부 ········ 3
기타(무직, 은퇴 등) ········ 9 → 면접 종료

SQ2_ 귀하의 현재 나이는 몇 세이십니까? 한국나이를 기준으로 말씀해 주세요.
____________세

27세 미만 ········ 1 → 면접 종료
27세 이상 ~35세 미만 ········ 2
36세 이상 ········ 9 → 면접 종료

SQ3_ 귀하께서는 최근 6개월 동안 설문조사 및 좌담회(방문조사, 제품 유치 후 test 포함)에 참여하신 경험이 있으십니까?

예 ········ 1 → 면접 종료
아니오 ········ 2

SQ4_ 귀하 또는 귀하의 가족이나 친지 중에 다음과 같은 일에 종사하고 계신 분이 있으신지요?

광고회사 & 언론 및 홍보 기관 ········ 1 ┐
유통 (백화점/홈쇼핑/마트/편의점 등) ········ 2 │ 면접 종료
시장조사회사/컨설팅회사 ········ 3 │
화장품 회사 및 미용관련 업종 ········ 4 ┘
해당 사항 없음 ········ 5

SQ5_ 실례지만 귀하의 학력은 다음 중 어디에 해당되시나요?

고졸이하 ········ 1 → 면접 종료
대학졸업 ········ 2

SQ6_ 실례지만 귀하는 본인이 사용하는 샴푸를 직접 구매하시나요?

아니오 ········ 1 → 면접 종료
예 ········ 2

SQ8_ 귀하께서 백화점, 대형 할인마트, 슈퍼마켓 등의 곳에서 매스용 샴푸 제품을 구입하실 때, 가장 크게 고려하시는 점은 무엇인가요? 제가 불러드리는 항목을 다 듣고 난 뒤, 중요하게 고려하시는 순서대로 말씀해 주세요.

1순위_____ 2순위_____ 3순위_____ 4순위_____ 5순위_____ 6순위_____

브랜드 이미지 ········ 1
샴푸의 향 ········ 2
세정력 ········ 3
가격할인(프로모션, 1+1 덤 행사 등) ········ 4
본인 모발에 적합한 제품 구매(전반적으로) ········ 5
본인 모발 적합한 제품 구매(특정적인, 모발건조/손상/탈모/비듬 등) ········ 6

면접원 → 1–3순위 안에 (4)항 & (6)항을 응답한 사람은 이후 면접 중단할 것
그룹당 1순위에 (2)항 즉, 샴푸의 향을 응답한 한 응답자는 최소 2인 이상 할당이 되어야 함.

SQ8_ 실례지만 귀하께서는 5월 중순부터 6월 중순 사이에 미용실에서 펌/커트/염색을 하실 계획이 있으신가요?

아니오 ········ 1
예 ········ 2 → 면접종료

심사 설문

QA1_ 귀하께서 지난 1년 이내 구입하여 사용한 샴푸 브랜드를 모두 말씀해 주세요. [복수]

단순히 엘라스틴, 미장센, 도브 등이 아닌 예를 들어, '케라시스에서 나오는 손상케어용'이라는 식으로 정확히 말씀해 주세요.

면접원 → 절대 하단의 브랜드를 먼저 읽어 주지 말 것!
응답자가 자발적으로 응답하는 브랜드를 기준으로 할 것.
정확한 브랜드 명을 기억하지 못할 경우, 화장실에서 해당 브랜드 명을 확인하게 한 다음에 설문 진행할 것.

QA1-1 귀하께서 말씀하신 브랜드 중에서 지난 1년간 2회 이상 연속으로 사용한 브랜드는 무엇인지 모두 말씀해 주세요. [복수]

[복수 가능]

QA2_ 귀하께서 지난 현재 사용하고 있는 샴푸 브랜드를 모두 말씀해 주세요. [복수 가능]

QA2-1 지금 말씀하신 브랜드를 약 얼마 정도 사용하고 계신가요?

1개월 미만 ········· 1
1개월 이상– 3개월 미만 ········· 2
3개월 – 6개월 ········· 3
6개월 이상 ········· 4

면접원 → 1개월 미만인 응답자는 중단은 하지 말고 일단은 유보를 해 둘 것. 3–6개월 이상 사용자가 Best임.
향후 그룹 구성 진척 사항을 보고 결정할 것임.

QA3_ 귀하께서 주로 사용하시는 샴푸 브랜드를 말씀해 주세요. [단수]

면접원 → 주 사용 브랜드는 현재 사용 브랜드와 동일할 수 있고 그렇지 않을 수도 있음.

QA4_ 귀하께서 향후 구입의향이 가장 높은 샴푸 브랜드를 말씀해 주세요. [단수]

	QA1. 지난 1년간 사용해본 브랜드 [복수]	QA1.-1 지난 1년간 2회 이상 사용 브랜드	QA2. 현재 사용 브랜드 [복수]	QA3. 주로 사용하는 브랜드 [단수]	QA4. 재사용 의향 top 1 브랜드 [단수]
1. 미쟝센					
(1) 펄샤이닝 (2) 블랙펄 (3) 데미지 케어 (4) 스타일 그린 (5) 기타					
2. 엘라스틴					
(1) 모이스쳐컨트롤 (2) 볼륨 컨트롤 (3) 데미지 컨트롤 (4) 실크 리페어 (5) 기타					
3. 케라시스					
(1) 손상케어용 리페어링 (2) 탄력강화용 리바이탈 라이징 (3) 보습강화용 모이스쳐 라이징 (4) 중건성 두피 밸런싱 (5) 지성두피 딥 클렌징 (6) 기타					
4. 펜틴					
(1) 클리닉 케어 (2) 실키 스무드 케어 (3) 집중 손상 케어 (4) 밀키 모이스쳐 케어 (5) 엑스트라 스트레이트 (6) 바운시 볼륨 (7) 기타					
6. 기타 (직접 기록할 것)					
(1) (2) (3)					

면접원 → 두피 및 탈모 관련 고관여자는 리쿠르팅에서 배제할 것.

QA1에 응답될 경우는 무방하지만, 그 이후의 항목에서 응답될 경우, 면접 중단할 것.

케라시스의 (4) & (5)항이(탈모 관련 제품임) QA2-QA4에 응답되는 경우 면접 중단할 것.

그룹 구성 → 응답자가 최종 다음의 어느 그룹에 해당하는지 체크할 것.

#1	#2	#3	#4
○○○ 주 사용 그룹	○○○ 주 사용 그룹	○○○ 주 사용 그룹	○○○ 주 사용 그룹

[그룹구성관련]

반드시 주의해서 그룹 구분할 것. 매스 샴푸 브랜드가 브랜드 스위칭이 다소 강할 것으로 예상되어 그룹간 특성이 명확해야 하기 때문에 매우 중요한 부분입니다.

가장 최적의 기준은 Q1-1의 지난 1년간 2회 이상 연속 사용한 브랜드를 기준으로 해주세요.

만약, Q1-1의 브랜드가 상이한 브랜드로 복수로 응답하는 사람이 많을 경우, 아래의 내용에 따라 주시되도록 Q1-1의 기준에 충족되는 사람으로 리쿠르팅할 것.

분류기준 대항목(즉, 샴푸 브랜드를 의미하며, 세부 항목은 무방함) 기준으로 QA2 & QA3 & QA4가 동일한 브랜드일 경우가 그룹 구분의 가장 Best 기준임. 단, QA2-1에서 사용한 기간이 1개월 미만인 경우는 일단 보류하고 되도록 3개월 이상 사용자를 선정할 것. 두 번째 기준은 QA2 & QA3이 동일한 브랜드, 세 번째 기준은 QA2 & QA4가 동일한 브랜드를 그룹 구성 기준으로 삼습니다. 마지막으로는 QA3 & QA4가 동일한 브랜드입니다.

QA5_ 실례지만 귀하의 현재 머리 길이는 다음 중 어디에 해당되시나요?

쇼트 커트 ………………………………………………………1
어깨 미만의 짧은 단발 ……………………………………… 2
어깨 정도의 미디 단발 ……………………………………… 3
어깨 이상의 롱 헤어 ………………………………………… 4

면접원 → 되도록 1항 즉, 쇼트 커트는 배제하는 방향으로 리쿠르팅 하시고 3 & 4 정도의 길이를 지닌 응답자로 리쿠르팅 할 것. 추후 그룹 구성 진행 상황을 판단하여, 1항 쇼트 커트인 응답자 포함여부를 결정할 예정임.

QA6_ 지금부터 몇 가지 내용을 읽어 드리겠습니다. 내용을 들으시고, 다음의 문장이 귀하의 성격이나 생각을 얼마나 정확하게 표현했는지를 1부터 5까지의 숫자를 이용해서 평가해 주십시오. 5점은 읽어 드린 내용이 귀하의 성격이나 생각을 정확하게 표현했다는 것이고, 1점은 전혀 맞지 않는다는 뜻입니다.

1순위_______ 2순위_______ 3순위_______ 4순위_______ 5순위_______

전혀 그렇지 않다 / 보통이다 / 매우 그렇다

Part I	평가
나는 나의 생각이나, 상황을 다른 사람에게 정확히 설명한다.	
나는 새로운 사람들과 만나서 이야기하는 것이 즐겁다.	
나는 최근 트렌드나 문화 등의 방면에 관심이 많은 편이다.	
여러 사람과 모여 있을 때, 내 생각이나 의견을 적극적으로 표현하는 편이다.	

Part II	평가
나는 많은 사람들 앞에서 별로 내 생각을 이야기하고 싶지 않다.	
나는 처음 만나는 사람과 이야기하는 것이 어렵게 느껴진다.	

Part Ⅰ에서 3점 이하의 점수를 하나라도 받거나, Part Ⅱ에서 3점 이상의 점수를 하나라도 받았다면 면접 종료

면접원 → 쑥스러워 하지 않고 말을 조리 있게 잘 하는 사람인지 특히 확인 잘 해주세요. 참석 시 여러 사람이 이야기하는 자리이며, 본인이 이야기를 많이 해주어야 함을 주지 시켜 주세요.

[최종 선정 확인] 귀하께서는 좌담회 참석에 최종 선정이 되셨습니다. 감사합니다.

QA7_ [참석여부 확인 및 협조 요청] 귀하께서는 샴푸를 주제로 하는 제품 테스트와 좌담회에 참석해 주실 수 있으신지요?
저희가 제공해 드리는 샴푸 5가지 종류를 각 제품당 3일 동안 총 15일간 사용 후 사용일지를 기록한 후, 6월 둘째 주경에 진행될 예정인 좌담회에 참석하시는 것입니다.
참가해 주신 분께 감사의 표시로 소정의 사례비를 드립니다. 참가해 주시겠습니까?

예 ·· 1
아니요 ·· 2

2-3 FGD 가이드라인 작성

FGD 가이드라인은 연구 목적에 의거한 질문 문항들을 큰 카테고리로 항목화하여 세부 질문을 구성하고 시간을 분배해 놓은 일종의 설문지를 의미한다. 가이드라인은 일종의 제어가능 요소(Controllable Factor)이다. 사전에 담당자들과 잘 협의해서 아주 촘촘하게 가설을 설정하고 당신이 소비자를 통해 알고 싶은 것 혹은 얻고 싶은 목적에 부합되는 내용으로 꾸미면 된다.

자, 그렇다면 어떤 식으로 작성하는 것이 좋을까. 연구자의 스타일별로 다양할 것이다. 필자는 항상 내 자신이 사회자(Moderator)가 되어서 그룹을 진행하는 것을 상상하면서 구성한다. 그래서 질문하는 문장도 마치 참석자들이 내 눈앞에 있는 것으로 가정하고 나만의 어조와 태도(Tone & Manner)를 반영한다. 예를 들어 보겠다.

이런 질문을 하면 이런저런 유형의 반응들이 나올 수 있겠지, 그렇다면 그 다양한 유형별로 어떤 식으로 구분해서 세부적으로 깊이 캐묻는(소위 Digging하는) 질문을 하는 것이 좋을 거야. 또 실제로 소비자들이 제품을 사용할 때, 혹은 구매할 때 이러한 소비자 행동 과정을 거치니까, 이 순서대로 질문하면 그들이 답변을 더 자연스럽게 하겠지. 'A'라는 질문을 'B'라는 질문보다 먼저 하면 응답자들이 바이어스나 선입견이 발생할 수 있을 것이야. 그러니, B질문을 먼저 해야지, 브랜드 노출은 맨 마지막에 해야 하는데, 살짝 소비자들을 들었다 놨다가 궁금하게 해보면서 그 브랜드에 대한 본심을 읽어 보자. 과연 어떤 반응이 나오는지! 이 질문은 연구 목적과 가장 중요한 내용이니까, 질문의 캐묻기(Probing Points)를 이런 식으로 다양하게 해보자. 그리고 시간 배분도 가장 많이 두자. 대략 이런 식이다.

이제부터는 좀 구체적 항목화하여 가이드라인 작성 방법을 정리해 보겠다. 가이드라인을 작성할 때, 각 파트별 핵심 구성 포인트이다.

① 공감대 형성(Warm Up 혹은 Rapport를 만들기 위한 섹션)

– 사회자가 연구 목적과 참여 방법에 대해서 간단히 언급하라.

– 사회자는 중립적인 역할임을, 그 어떤 것도 원하는 대답이 없다는 것을

꼭 알려주어야 한다. 참석자 본인의 경험에 기초한 솔직하고 의미 있는 의견이면 된다는 것을 반드시 주지시켜라.
- 참석한 소비자들 간의 간단한 자기 소개를 통해서 어색함을 탈피하고 서로들 조금이라도 호감을 지닐 수 있도록 도와주는 시간이다.
- 서먹서먹함을 풀고 부드러운 분위기 형성을 위해 사회자가 자연스러운 농담을 할 수 있으며, 자신만의 필살기 한 개쯤은 발굴해서 활용해도 좋다.(물론 굳이 가이드라인에 반영이 되지는 않더라도)

② 해당 카테고리에 대한 소비자의 인식 그리고 사용 및 구매 행태
③ 자사 브랜드를 포함한 경쟁 브랜드에 대한 인식 및 경쟁 상황 파악
④ 자사 브랜드와 관련된 구체적인 세부 질문
⑤ FGD가 완료되었음을 알려주는 멘트 및 추가 질문

가이드라인 작성 시, 가장 중요한 것은 크고 넓고 일반적인 주제와 관련된 질문에서 시작해서 점점 세부적이고 구체적인 질문으로 포커스를 좁혀 가는 깔때기 작전을 구사하는 것이다. 왜 일반적인 질문에서 구체적인 질문으로 옮겨 갈까? 이 방법이 응답자들이 가장 자연스럽게 자신의 의사를 표현할 수 있기 때문이다. 한번 생각해 보자. 참석하자마자 모르는 사람들끼리 앉아 있는 것도 부담스러운데, 보자마자 처음부터 너무나도 구체적인 질문을 누군가 한다고 상상해 보라. 부담될 것이다. 모두 그런 경험이 있지 않은가. 갑자기 누군가 너무 구체적으로 너무 깊은 생각을 요하는 질문을 하면 당황스럽지 않았던가. 그리고 기억하기 쉬워 보이는 질문에서 시작하라. 이 또한 대답하기 쉽지 않기 때문이다. 결론은 응답자들이 처음부터 너무 고민하지 않도록 구성하는 것이 요령이다. 점입가경이 되도록 가이드라인을 구성하는 것이다. 즉, 답변하기 쉬운 질문부터 점차적으로 생각이 필요한 유형으로 구성하는 것 즉, 구렁이가 스르륵 담 넘어 가듯이 참석한 소비자들을 이끄는 것이다.

일반적으로 FGD는 2시간 정도 진행되는데, 시간 관리가 생명이다. 이를 위해서 연구자가 알고 싶은 것 모든 것을 질문하는 것은 절대 불가능하다. 질문의 내용이 많아지면 당연히 단답형의 대답만이 허용될 수밖에 없다. 스몰데이터 방법론의 매력인 깊은 이야기, 즉 Why를 확인하고 중요한 사항에 대해서는 꼬리에 꼬리를 무는 캐묻기(Probing)가 불가능해진다.

이렇게 시간관리가 생명인 이유는 사람들이 일정 시간이 지나면 싫증(Wearout)을 내기 때문에 건성으로 대답할 확률이 높아지고 이는 가치가 저하되는 데이터로 연결되기 때문이다. A4에 작성해 나가는 질문의 내용이 몇 줄을 차지하고 있는지만 봐도 해당 파트가 몇 분이 소요되겠구나 하는 것을 동물적으로 감지하는 것도 필요하다. 예를 들어, 2시간 구성이라고 하면 가이드라인 상으로는 1시간 50분 정도 되도록 여유를 두라. FGD는 일종의 실시간 생방송이다. 그래서 누구도 예상하지 못한 변수가 발생하니 말이다. 이를 영리한 완충제라고 표현하고 싶다.

프리미엄 맥주 경쟁력 평가 FGD Guideline

PROJECT: 프리미엄 맥주 경쟁력 평가를 위한 소비자 좌담회

Research Issue

Guideline Structure	Expected Output
브랜드 그룹핑	• 소비자들의 맥주 분류 기준이 무엇인지 확인한 후, 소비자 인식상 프리미엄 맥주로 구분되는 브랜드 도출 – 수입 맥주/국산 맥주로 분류하는가? – 가격대를 기준으로 분류하는가? – 원산지 프리미엄 효과는 존재하는가? • 프리미엄 맥주 내 밀러 및 당사 브랜드 포지셔닝 점검 • ○○이 소비자 인식상 프리미엄 맥주로 구분되고 있는지 확인 • 프리미엄 맥주 중 국내생산 VS. 수입에 대한 이미지 변화 파악 • 이미지 변화 파악에 따른 현 판매 가격에 대한 지불의향 변화 파악
프리미엄 맥주의 특징	• 프리미엄 맥주가 갖추어야 할 속성 – 기능적 이익 – 정서적 이익 • Pre-Task Diary를 활용, 이상적인 프리미엄 맥주 이미지 확인 → 프리미엄 맥주로서 ○○ 브랜드의 부합 속성 및 약점 도출, 향후 이미지 등 보완 요인 발견
프리미엄 맥주의 정의 및 TPO	• 프리미엄 맥주에 대한 기대 효익 및 기대 가치 • 레귤러 맥주와 차별화되는 프리미엄 맥주의 구체적인 TPO 점검 • 프리미엄 맥주 프로모션 경험 여부 및 선호 행사 (유흥 및 할인매장으로 채널 구분 필요 – 행사 리스트 제공 예정) → 향후 커뮤니케이션 팁 발견
KBF	• 맥주 선택 시 핵심 구매 요인 중 프리미엄 맥주 구입 시 특히 중요시되는 요인은?
주음용 및 기타 프리미엄 맥주에 대한 평가	• 주음용 프리미엄 맥주 선호 및 다른 맥주에 대한 비선호 이유 • 주음용 및 기타 브랜드별 이미지 평가 • Pre-Task Diary 활용, 실제 프리미엄 맥주 TPO 및 특정 브랜드 선택 이유 확인 • 브랜드 꼴라주 + 패션브랜드에 비유한 표현 확인
브랜드 위상 변화 (과거 Vs. 현재, 현재 Vs. 미래)	• 음용량/트렌드 변화에 따른 브랜드 위상(시장 가능성) 점검 • 최근 뜨고 있는 수입 맥주 브랜드 • 향후 좋은 포지셔닝을 유지하기 위해 어떤 요인을 고려해야 할 것인가? • 현 한국에 미판매 중인 외국 맥주 중 국내 맥주시장에서 시장가능성이 있다고 생각되는 브랜드 확인
시안레벨 평가	• 4가지 시안에 대한 선호도 평가 • 선호 및 비선호 이유 파악 • 각 라벨별 이미지 파악 • 기존 브랜드 시안라벨 경쟁력 평가 • 선호 및 비선호 이유 파악

FGD 진행 순서

Introduction stage	··············	@ Introduction	(05 min)
Bridge Stage	··············	Part A. 프리미엄 맥주에 대한 인식/인식상 포지셔닝	(60 min)
Main Stage	··············	Part B. 프리미엄 맥주 U&A 및 브랜드 평가	(60 min)
	··············	Part C. 시안라벨에 대한 반응 점검	(20 min)
Ending Stage	··············	Closing	(05 min)

@ Introduction (5 min)		Check Point
워밍업	조사목적 소개 진행자 소개 참석자 소개	

Part A. 프리미엄 맥주에 대한 인식/인식상 포지셔닝 (60 min)		Check Point
브랜드 인지 및 연상이미지	1. '맥주' 하면 어떤 브랜드들이 떠오르시나요? → 보드에 기록 1-1. (응답된 브랜드에 대해 각각) '______' 하면 어떤 이미지나 느낌이 떠오르세요? 연상되는 특징이나 이미지를 자유롭게 말씀해 주세요. 1-2. ______ 브랜드의 그런 이미지나 특징은 어디에서 오는 걸까요? • 프리미엄 브랜드 위주로 간단히 캐묻기	프리미엄 맥주 브랜드 인지도 프리미엄 맥주 연상이미지 (실존 여부 관계 점검)
브랜드 카테고리 인식	**[자극 제시 전 : Brand Grouping]** • 브랜드 카드를 보드에 부착: 참석자들을 두 그룹으로 나누고 각 그룹에 응답지 전달 2. 여기에 보시면 여러 가지 맥주 브랜드들이 있습니다. 이 브랜드들을 몇 개의 그룹으로 나눌 수 있을까요? 나누시는 기준은 무엇이든 상관없습니다. 2-1. 그렇게 분류하신 기준은 무엇입니까? • 브랜드 분류기준을 보드에 목록화 2-2. 분류하신 그룹별로 이름을 붙여 본다면? 이유는?	맥주 브랜드 분류 기준 점검(일반/프리미엄, 국산/수입, 가격대, 원산지 등) 프리미엄 맥주 인식 브랜드 및 인식형성 요소 발견(원산지, 가격 등)
프리미엄 맥주 인식	• 참석자들이 일반/프리미엄으로 그룹을 나누지 않았을 경우, 참석자들이 분류한 브랜드들 중 레귤러/프리미엄 지칭하며 구분해 줄 것 3. 프리미엄 맥주가 갖추어야 할 것들이 있다면 무엇입니까? 3-1. 반드시/꼭 있어야 할 것들이 있다면 무엇인지요? '○○이 없다면, ○○이 아니라면 프리미엄 맥주가 아니다'라는 것들이 있다면? 3-2. ○○그룹의 브랜드들이 프리미엄 맥주라고 생각되는/되지 않는 이유는 무엇인지요? *밀러 및 자사 브랜드는 반드시 확인	프리미엄 맥주 카테고리 원칙 발견 (Value) 당사 브랜드 포지셔닝 및 강/약점 발굴

프리미엄 맥주 KBF 및 가치 구조	**[KBF 자극 제시]** • KBF 리스트 제시: 보드에 부착할 것 브랜드 인지도, 브랜드 이미지, 브랜드 이름, 제조회사, 맥주 맛, 맥주 도수, 원료, 거품, 제조공법, 맥주색깔, 용량, 수입 여부, 라벨 디자인, 용기 재질/타입, 용기 모양, 광고 모델, 광고 스토리, 광고 메시지, 주위사람들 권유/추천, 당시 유행하는 맥주, 프로모션, 나와 어울릴 것 같은 맥주	
기능적 이익 측면의 가치	4. 일반적으로 맥주를 선택하실 때 중요하게 고려하는 기준들이라고 할 수 있는 것들입니다. 4-1. 프리미엄 맥주라면 특히 어떤 것을 더 중요하게 생각하실 것 같습니까? 이유는? (일반 맥주 대비) 4-2. 프리미엄 맥주에서 ___는 구체적으로 무엇을 말하는 건가요? *KBF 리스트별로, 구체적으로 어떠해야 되는지 질문 상위 분류 기준의 의미, 그 기준이 주는 가치를 구체적이고 심도 깊게 캐묻기 할 것(예 : 용기 → 페트병은 안 되고 330ml 정도의 작은 병이어야 한다)	프리미엄 맥주 카테고리 원칙 발견 (Value) 프리미엄 맥주 카테고리 원칙 구현 요소 탐색(세부 실존 요소 발굴) 프리미엄 맥주로서 부합 속성 및 약점 도출
정서적 이익 측면의 가치	5. 여러분들께서 프리미엄 맥주라고 분류하신 브랜드들의 공통적인 특징은 무엇입니까? 5-1. 구체적으로 프리미엄 맥주의 맛은 일반 맥주와 어떻게 다른가요? 부드러운 맛, 톡 쏘는 맛, 적당히 쓴 맛, 풍부한 맛, 고소/구수한 맛, 쌉싸름한 맛, 진한 맛, 깔끔한 맛, 시원한 맛 – 일반적으로 맥주 맛을 평가할 때, 이런 속성들을 기준으로 평가를 합니다. 프리미엄 맥주에서 특히 더 중요한 맛은 무엇인 것 같습니까? – 프리미엄 맥주에서 더 강해져야 할 맛, 강하게 느껴지면 안 되는 맛이 있다면? – 이밖에 프리미엄 맥주가 갖추어야 할 맛의 종류가 더 있을까요? – 국산 맥주와 수입 맥주에 따라 또는 가격에 따라 그런 맛들이 다른가요? 구체적으로 어떻게 다르다고 느끼십니까? – 맥주 거품, 색상, 탄산 정도, 향 등에서도 차이를 느끼시나요? 5-2. 이미지상으로는 어떤가요? '프리미엄 맥주' 하면 느껴지는 이미지가 있습니까?	기능적 이익 측면에서의 구현 요소 탐색(세부 실존 요소 발굴) 맛 측면에서의 부합 속성 및 약점 도출

정서적 이익 측면의 가치	[꼴라주 진행] • 참석자를 2명씩 4그룹으로 나눈 후, 준비된 잡지책 배포 • 10분간 잡지책을 보면서, 준비된 보드에 이미지를 찢어서 붙이라고 하세요. 5-3. 이번에는 프리미엄 맥주에 대해 여러분들이 가지고 계신 생각들을, 이미지를 활용해서 여쭤보는 시간을 갖도록 하겠습니다. 두 분이 상의하셔서, 프리미엄 맥주에 대한 여러분들의 생각을 잘 표현한다고 생각하는 이미지를 잡지책에서 고른 다음, 가위와 풀을 이용해서 준비된 보드에 붙여주세요. 5-3-1. ○○이미지들을 선택해 주셨는데요. 이유를 말씀해 주시겠어요? • 선택한 이미지의 구성요소들과 프리미엄 맥주와의 관계성을 구체적으로 캐묻기 • 프루빙 종료 후에는, 보드를 사진으로 찍어주세요.	정서적 이익 측면에서의 구현 요소 탐색(세부 실존 요소 발굴) 이미지 측면에서의 부합 속성 및 약점 도출
Part B. 프리미엄 맥주 U&A 및 브랜드 평가	**(60 min)**	**Check Point**
프리미엄 맥주 음용 계기	1. 여러분들은 다른 분들보다 프리미엄 맥주를 많이 마시는 편인데요, 프리미엄 맥주를 자주 마시게 된 계기가 있다면 무엇입니까?	프리미엄 맥주 음용 촉발 요인
프리미엄 맥주 음용 TPO	2. 프리미엄 맥주를 드시는 상황이나 장소, 분위기, 함께 마시는 사람, 시간대 등이 일반 맥주와는 다른가요? 구체적으로 말씀해주세요. - 상황에 따라 구분해서 드시는 이유는요? [Projective Technique: Sentence Completion] 2-1. 나누어 드린 응답지를 보시고 다음 문장을 완성해 주시기 바랍니다. 본인이 평소에 맥주를 마시는 상황을 그대로 표현해 주시면 됩니다. '나는 __________ (할) 때, 프리미엄 맥주를 마신다' 2-2. 그런 상황에서 프리미엄 맥주를 마시는 이유는 무엇입니까? (일반맥주나 와인을 먹지 않고, 프리미엄 맥주를 먹는 이유는?)	일반 맥주와의 음용 TPO 차이 탐색 Comm. Tip 탐색
프리미엄 맥주 브랜드별 음용이유 (선호이유)	3. 최근에 드셔보셨던 프리미엄 맥주 브랜드는 무엇인지요? - 그중에서, 주로 드시는 브랜드는 무엇인지요? 이유는요? - 주로 드시는 ○○ 브랜드 이외의 브랜드를 드셨던 이유는요? (한 가지만 주로 먹지 않고, 병행해서 음용하는 이유는?)	주음용 이유 및 경쟁관계 탐색
브랜드별 TPO 차이	4. 특정 상황이나 장소에 따라 생각나는 맥주 브랜드가 따로 있습니까? - 다르다면, 상황이나 장소별로 어떤 브랜드를 드시나요? 이유는요? (e.g. 친구들과 가볍게 한 잔 하고 싶을 때는 ___, 잘 보이고 싶은 이성과 마실 때는 ___, 여행지에서 리프레쉬하고 싶을 때 마시는 맥주는 ___)	브랜드별 TPO 차이 탐색

브랜드별 TPO 차이	4-1. 처음부터 '어떤 브랜드의 맥주를 먹어야겠다' 하고 생각하시나요? 아니면 그날 상황을 봐서 선택을 하시나요? 어떤 상황에서?	
브랜드별 장/단점 프리미엄 맥주로서의 브랜드별 강/약점	**[브랜드 샘플 제시]** 5. 맥주 브랜드별로 구체적인 생각을 여쭙겠습니다. 5-1. ○○브랜드에 대한 장/단점(만족/불만족)이 있다면 말씀해주세요. 5-2. ○○브랜드가 프리미엄 맥주로서 강점/약점이 있다면요?	
브랜드별 이미지 평가	**[꼴라주 진행]** • 사전 진행했던 잡지책 재사용 • 10분간 잡지책을 다시 보면서, 준비된 보드에 이미지를 찢어서 붙이라고 하세요. 6. 이번에는 맥주 브랜드에 대해 여러분들이 가지고 계신 생각들을, 이미지를 활용해서 여쭤보는 시간을 갖도록 하겠습니다. 두 분이 상의하셔서, ○○브랜드에 대한 여러분들의 생각을 잘 표현한다고 생각하는 이미지를 잡지책에서 고른 다음, 가위와 풀을 이용해서 준비된 보드에 붙여주세요. 혹시, 앞서 골랐던 이미지가 있다면, 재사용하셔도 됩니다. 6-1. ○○이미지들을 선택해 주셨는데요. 이유를 말씀해 주시겠어요? • 선택한 이미지의 구성요소들과 브랜드와의 관계성을 구체적으로 캐묻기 • 캐묻기 종료 후에는, 보드를 사진으로 찍어주세요.	프리미엄 부합 속성 및 약점 도출
브랜드별 이용자 이미지 평가	**[Brand Party 진행]** *사전 준비된 바 이미지를 보여주세요. 6. ○○맥주 브랜드를 사람으로 생각하시고, 보고 계신 바에 등장한다고 생각해주세요. • ○○브랜드가 파티장에 등장하면 어떤 모습일까요? (성, 연령, 결혼여부, 취미, 옷차림, 직업, 사회적 지위, 보유 자동차 등으로 표현해 주세요.)	○○ 브랜드 이미지 포지셔닝
브랜드별 위상 변화 및 요인	7. 지금까지 살펴보신 프리미엄 맥주 브랜드 중 과거에 비해 위상이나 이미지에 변화가 있다고 생각되시는 브랜드가 있다면 무엇입니까? 7-1. 어떤 변화입니까? 긍정적인 변화인가요, 부정적인 변화인가요? 7-2. 그 브랜드의 위상이 변화된 원인에는 어떤 것들이 있다고 생각하십니까? 8. 그럼, 현재와 비교하여 미래에 위상이나 이미지에 변화가 있을 것 같은 브랜드는? 8-1. 향후에 지금보다 더 많은 사람들이 마실 것 같은 브랜드는 무엇입니까? – 그렇게 생각하시는 이유는요? 9. 여러분들이 보시기에, 최근 뜨고 있다고 생각되는 수입맥주가 있다면요? – 그렇게 생각하시는 이유는? 왜 뜨고 있다고 생각하시는지요?	이용자 이미지 음용량/트렌드 변화에 따른 브랜드 위상 (시장 가능성) 점검

브랜드별 위상 변화 및 요인	10. 국내에 판매되고 있지 않은 외국 맥주 브랜드 중에서, 국내에 판매된다면 가능성이 있다고 보여지는 브랜드가 있다면 무엇이 있을까요? – 그렇게 생각하시는 이유는요? 11. 프리미엄 맥주 중에서, 국내 생산 맥주와 수입 맥주에 대한 생각이나 이미지가 이전과 비교했을 때 변하신 분이 있으신지요? – 구체적으로 어떤 이미지에서, 어떤 이미지로 변경되었는지요? – 이미지를 변하게 만든 요소는 무엇이 있을까요? – 이미지 변화가, 프리미엄 맥주 구매에 어떤 영향을 주었는지요? – 구매량/빈도? 지불의향 가격대?	향후 좋은 포지셔닝을 유지하기 위한 고려 요인
프로모션 UnA	**[프로모션 리스트 제시]** 12. 보여드리는 프리미엄 맥주 관련 프로모션을 보신 적이 있으신지요? – 직접 경험해보거나, 참여해본 프로모션은요? – 어디에서 경험/참여해보셨나요? – 할인매장, 슈퍼, 편의점 등 판매점? – 호프, 바, 카페 등? – 평가를 해본다면요? – 프로모션이 프리미엄 맥주에 대한 생각이나 구매에 어떤 영향을 주었나요? 12–1. 가장 마음에 드는 프로모션은요? 이유는요? – 할인매장, 슈퍼, 편의점 등 맥주 판매점에서는요? – 호프, 바, 카페 등에서는요?	프로모션 퍼포먼스 및 UnA 점검
Part C. 시안라벨에 대한 반응 점검	**(60 min)**	**Check Point**
	[시안 라벨 제시] 1. 보여드리는 맥주 라벨들에 대해서는 어떤 생각이나 느낌이 드시는지요? 2. 보여드리는 맥주 라벨 중에서는 어느 것이 가장 마음에 드시는지요? – 가장 마음에 안 드는 라벨은요? – 이유는 무엇인지요? 3. 보여드리는 맥주 라벨 중에서 ○○와 잘 어울린다고 생각하는 것은요? – 가장 어울리지 않는 라벨은요? – 이유는 무엇인지요?	
Part F. Closing	**(60 min)**	**Check Point**
마무리	• 추가 질문	

FGD 진행 방법

1. FGD 진행 방법

FGD의 핵심은 사회자(Moderator)의 진행 스킬이다. 또한 FGD는 소비자와 사회자가 있는 공간인 앞방(One-Way Mirror Room의 메인 공간) 그리고 연구자 혹은 마케터들이 이를 지켜보는 뒷방(Watching Room)이 한 무대를 형성한다.

우선 앞방에서 일어나는 이야기들이다.

앞방의 경우, **참석하는 '소비자들의 수준 + 사전에 잘 협의되어 구성된 가이드라인 + 사회자의 기술' 3박자가 조화를 이루는 곳이다.** 스크리너에 의거하여 각고의 노력 끝에 해당 제품에 대해 관여도가 우수하고 자신의 의견을 솔직하고 과감하게 그리고 생각지도 못했던 아이디어까지 제공해 주는 참석자들을 잘 진행하는 것이 성공 비결이다. 그러므로 소중한 소비자들의 의견을 잘 이끌어 줄 사회자의 역할은 매우 중요하다.

여기서 가장 기본을 먼저 언급하겠다. 가장 중요한 자세는 연구 주제와 관련된 제품이나 브랜드를 많이 공부하는 것이다. 너무 싱거워 보이는가? 그래도 어쩔 수 없다. 잘 숙지하고 있어야만 결정의 순간에 소비자의 답변을 단서 삼아서 소비자의 내면으로 깊게 들어가 그들의 속내를 이끌어 낼 수 있다. 그 속내를 잘 다듬으면 바로 그것이 당신 브랜드만의 포지셔닝 포인트가 될 수 있기 때문인 것이다. 만약 사회자가 연구 제품에 대해서 사전에 직·간접적으로 많이 경험한 후에 임하지 않는다면, 중요한 부분을 놓치거나 헛다리를 짚을 확률이 증가하기 때문이다. 내가 아는 만큼 건질 수 있는 원리이다. 매장에서, 인터넷에서, SNS에서 그 제품을 직접 경험하라. 여기에는 당연히 경쟁사 제품에 대한 연구도 포함된다. 이 태도와 정보의 수준은 그 어떤 기술을 능가한다.

이제부터는 교과서 같은 원론 말고 현실적 팁이다. FGD의 묘미는 사회자의 무대 장악력을 통한 참석한 소비자들 간의 상호 교감이라고 할 수 있다. 그 꿀팁을 몇 가지로 구분하여 공개하겠다. 당신이 실제로 연습을 하든지 혹은 다른 사회자가 어느 정도 감각을 발휘하는지, 평가해 보라.

1-1 라포(Rapport) 형성

참석자들에게 FGD 진행 시간 동안(약 2시간 정도) 한 배를 탄 동지라는 것에 대한 공감대를 형성해 주라. 이게 왜 중요한가 하면, 소비자들이 자신의 의견을 솔직하게 개진하는 데 큰 역할을 하기 때문이다. 이런 분위기에서는 사회자가 시키지 않아도 그들이 스스로 알아서 자신의 이야기를 하고 싶어 한다.

① 참석자들끼리 서먹하지 않도록 서로의 이야기를 경청하는 것이 작은 매너임을 알려주라. 아주 쉬운 비유를 들겠다. 노래방에서 당신이 열심히 노래를 부르고 있는데, 함께 한 사람들이 모두 당신의 노래를 듣지 않고 떠들거나, 노래방 책을 보면서 다음 노래를 찾는다고 해보자. 당신은 샤우팅할 의지가 사라지지 않는가, 동일한 이치이다.

② 결국 초반의 라포(Rapport) 형성이 핵심이다. 일반적으로 주부 그룹은 그들끼리 세상 편하게 친해지는 편이다. 오히려 이럴 경우에는 주제가 산으로 갈 수 있기 때문에 삼천포로 빠지지 않도록 주의시키는 것이 더 힘들 때가 있다. 하지만 미혼 여자 직장인 혹은 여대생들은 서로 간에 견제하고 자신의 의견과 다른 의견에 씰쭉거리기도 한다. 이럴 때는 잘 보고 있다가 '넉넉한 마음'으로 분위기를 풀어 주어야 한다. 은근한 멘트를 던지든지 하라. 티나지 않게 중재하는 분위기로.

③ 남성 그룹의 경우는 여자들처럼 옹기종기 야들야들한 분위기를 아예 기대하지 말라. 대신 이 부분에 더 주의를 기울여야 한다. 군대라는 계율 문화와 어느 정도의 직장 생활의 쓴맛을 경험한 이들은 '사회적 통념'에 의해 은근히 눈치를 보는 편이다. 거침없을 것이라는 예상을 깨고 말이다. 초반에 이를 잡아 주지 않으면 겉도는 피상적인 내용만 도출될 뿐이다. 우리나라 남자들은 군대 다녀오고, 직장생활 조금 하면 일종의 사회

적인 바람직성 편향(Social Desirability Bias)이 형성되는 것 같다. 이는 사람들이 사회적으로 인정받을 수 있는 방향으로 대답하는 경향을 의미한다. 즉, 내가 이런 의견을 내는 것이 일반적인 기준에 반하는 것이 아닐까 하면서 굉장히 도덕적으로 정직해 보이는 의견만을 낸다. 내가 얻고자 하는 이야기는 지극히 은밀하고 위대한 개인적인 이야기인데 말이다. 본인 개인의 의견이 아닌 매우 보편적인 이야기만 얻을 것이라면 인터넷 혹은 SNS의 내용만 확인해도 되는 것 아닌가. 이럴 경우에는 어쩔 수 없다. 요런 분위기의 조짐이 보이면 약간의 환기도 시켜주고, 주의도 주고, 때로는 대놓고 편하게 부탁도 하면 된다. 금방 편안한 옆집 아저씨의 자세로 잘 수용해 주고 도와준다. 당신이 선천적으로 둔해서 이를 파악하지 못하는 것이 더 나쁘다.

④ **라포(Rapport) 형성의 요령은 일종의 미러링(Mirroring) 효과를 활용하는 것이다. 서로를 모방하고 서로를 동조하는 가운데 타자와 자기와의 상호 의존성이 형성된다고 하지 않던가.** 그러므로 상황에 맞게 사회자는 카멜레온처럼 변신해야 한다. 세상사가 다양하지 않던가. 그러므로 그룹별로 활기찬 분위기 혹은 조근조근한 분위기, 그냥저냥 평범한 분위기 등 참으로 다양한 유형이 존재하기 마련이다. 만약 당신이 예민하다면 초반에 말꼬리를 트여 주는 일부 참석자에 의해, 30분 안에 그 그룹의 전체적 성향을 감지할 수 있을 것이다.

예를 들어, 아이와 집에서 매우 지루하고 똑같은 일상을 반복하다가 오랜만에 수다 떨 기회를 만나 조금은 귀여운 우악스러움을 표출하는 주부들, 아직까지 자신의 의견을 내세우는 것이 눈치도 보이고 자신감도 약한 학생들, 도도한 분위기를 유지하고 싶은 미혼 여성 직장인들, 회사에서 과장님, 차장님, 부장님이라는 호칭을 통해 어느새 은근한 진중함이 익숙해진 남성 직장인들 등 매우 다양하다. 물론 가장 괴롭고 손을 쓸 수 없는 유형의 그룹이 존재한다. 어떤 그룹일 것 같은가. 사회자의 질문에 'Yes & No'라는 답변 외에 아무 생각이 없다는 아메바의 모습을 한 채, 일관된 태도를 보이는 남자 고등학생 그룹이다. 아주 미안한 표현이지만 이 그룹은 답이 없다. 최후에 쓸 수 있는 마지막 카드는 바로 이 멘트를 통해서 매달려 보는 것이다. '너희들이 이렇게 이야기를 잘 안해 주면 고모/고모부는 회사 사장님께 혼날 수 있어, 그러니 제발 말 좀 해줄래. 도와 달라'고 해보라. 아직까지 착해서 측은지심을 지니고 도와주려고 한다. 이렇게 그룹별 분위기를 파악하고 그들에게 당신의 모든 어조와 태도(Tone & Manner)를 맞춰보라. 공감대 형성이 빨라진다. 그러면 더욱 솔직해진다. 그 그룹만의 개성에 집중된 가치 있는 토론이 이루어진다. 의사 결정에 도움이 되는 아주 가치가 있는 데이터를 확보하게 되는 것이다.

우선, 식사와 간식 대접을 잘 해주어라. 특히, 직장인들 퇴근 시간에 맞춰 시작하는 저녁 그룹은 회사에서 시달리고 온, 우리와 똑같은 동료이다. 돈 받고 자발적으로 오긴 했지만, 얼마나 피곤하겠는가. 저녁으로 김밥이나 샌드위치 꼭 드시게 하고, 말 많이 하면 혈당 떨어지니까 달달한 간식과 시원한 음료, 그리고 졸리는 시간에는 커피도 넉넉히 챙겨 주라. 그리고 이들을 컨택한 담당자 혹은 같이 일하는 동료들이 FGD 시작 전에 먼저 참석들에게 농담도 슬쩍 건네면서 긴장도 조금 풀어주면 더욱 좋다.

이런 것이 바로 참석자들을 배려하는 작은 매너이다. 존경까지는 아니지만 작은 존중인 것이다.

참석자들이 말할 때, 따뜻하고 편안한 눈과 미소로 계속 끄덕여 주고, 가끔은 '엄멋멋 웬일!! 어쩌나요!!!' 하면서 푼수도 떨어주고, 자기 표현이 서투른 사람에게는 그가 말을 잘 이어나갈 수 있도록 도와주기도 하고 말이다. 우리도 누군가 내 의견을 잘 경청하는 사람을 만날 때, 더 신나서 이야기를 하게 되지 않는가? 우리 인간사가 똑같이 적용되는 공간이 바로 One-Way Mirror Room인 것이다.

1-2 그룹 내 쏠림 현상 방지

특정 의견으로의 쏠림 현상을 반드시 막아야 한다. 이는 FGD가 잘 진행되었는가 그렇지 않은가를 결정하는 '핵심 요인'이다.

① 전체 참석자들이 몇몇 목소리가 큰 참석자들의 의견에 앵커링(Anchoring) 됨을 빨리 감지하고 막아야 한다. 개인의 의견은 당연히 다 다른데, 모두가 동일한 의견만을 개진하는 분위기가 형성되면 안 되지 않는가. 여러 사람이 각각의 의견을 개진하다 보면, 어느 한 지점으로 '의견의 쏠림' 현상이 발생할 수 있다. 마치 연못에 돌을 던지면 그 파장이 총총총 물결을 형성하면서 나아가듯이 갑자기 몇몇 사람들의 의견에 동조되어 가는 것이다. 이 찰나의 순간 당신의 현명한 판단이 필요하다. 이 쏠림이 사실 혹은 진실 혹은 '쏠림(일종의 앵커링)'인가를 인지하는 것이다. 처음부터 이 부분에 대한 주의를 주는 것도 하나의 방안이다. 하지만 토론이 진행되다 보면, 참석자들은 주의 사항을 금방 잊게 된다. 게다가 목소리 크고 이 토론을 자신의 의견대로 주도하고 싶은 악마가 있으면 이 파장은 더욱 커진다. 그러면 또 주의를 한번 주라. 그 다음에 쏠림이 발생한 의견에 대해서 '동조 vs. 반대'인지를 다시 한번 확인 사살해 보라. 이럴 때, 어떤 소비자는 이렇게 말하기도 한다. '아, 이렇게 생각하면 저 분 의견이 정말 맞는 것 같고, 또 아닌 것 같기도 하고 굉장히 헷갈려요.' 이것 또한 수용해야 할 사실이다. 과연 100% 동조하거나 반대할 수 있는 견해가 존재할까? 이를 인정하되, 그러면서 그 내면에 존재하는 경향성은 어느 쪽에 더 가까운 것인가를 파악해야 한다.

이런 경우에는 이렇게도 질문을 해보라. 특히 쏠림 현상이 발생한 내용이 매우 중요할 경우에 해보라. 모든 이슈에 사사건건 할 필요는 없다. 시간이 충분하지 않기 때문이다. 예를 들어, 쏠림이 발생한 A라는 의견에 대해 '왜 그런 생각을 하게 되었는지요?' 또는 'A와 반대되는 B 의견에 대해서는 어떤 판단을 내리실 것 같은지요?'라고 질문하라. 그러는 가운데, 소비자들이 왜 그런 답변을 하게 되었는지와 관련된 맥락을 이해해 보라. 또 다른 팁으로는 참석자들에게 생각할 시간적 여유를 1~2분 정도 주고 다시 한번 본인의 의견이 어떤 쪽에 더 가까운 것 같은지 '경향성'을 파악하는 것도 유용하다. 이런 식의 잠깐의 쉼표(Pause)는 수준 높은 데이터를 도출하는 데 반드시 도움을 줄 것이다.

② 쏠림 현상을 사회자가 잘 컨트롤하지 못하면 어떻게 될까? 당연히 소비

자를 정확히 이해하지 못하는 결과를 초래하는 것이다. 소비자를 명확히 이해하지 못한 결과에 기반을 둔 마케팅 전략이 성공할까? 어쩌다 어른인 것처럼, 어쩌다 한 번은 성공할 수 있겠지만.

③ 또 중요한 한 가지는 이러한 쏠림 현상을 해석하는 영민함이다. 여기서 영리한 사회자와 현명한 소비자의 자질이 판가름 날 수 있다. 소비자들과 열띠게 이야기를 하다 보면, 특정 브랜드에 대해 일부 참석자가 지닌 부정적 견해로 인해 참여한 대부분의 소비자가 이 부정적 분위기에 쓰윽 하고 따라가고 동조하게 된다. 이를 쏠림 현상만으로 이해하는 사회자의 판단에서 벗어나는 것 또한 요령이며, 노련함이다. 즉, 이 현상을 일종의 마녀 사냥 몰이로 인해 나타난 것으로 곡해하거나 폄하하거나 실망하지 마라. 사람들이 왜 줏대없이 변덕스럽게 특정의 소수의 큰 목소리에 따라가겠는가. 그 브랜드가, 그 제품이 그만큼의 약점을 지니고 있기 때문이다. 노련미 넘치는 사회자는 이러한 것을 캐치해야 한다. 쏠림 현상이 무섭다고 무조건 쏠림 현상을 중립으로 가져오라는 이야기가 아니다. 이만큼 소비자의 의견을 이해하는 것은 쉽지 않다.

2. 다양한 소비자 유형별 대응 방안

세상에 이런 분들도 계시는구나 – 별의별 개성을 소유한 그들의 다양성을 인정하고 들었다 놨다 해야 한다. 그 가운데 '나는 당신들을 존중하고 있다'는 것을 눈으로 입으로 은근히 표현하라.

정말 다양한 개성을 지닌 소비자들의 유형을 몇 가지로 구분해 보겠다.

소위 말하는 '빅 마우스 형'과, 차라리 말을 많이 하는 것이 좋은데, 2시간 동안 남들 이야기 듣다가 참석비만 챙기고 집에 어서 가고 싶어 하는 '체리 피커 형'이 전형적인 2대 유형이라고 보면 된다. 그 외 오만가지 FGD에는 다 신청하는 '전문 꾼 형'이 있는데, 교묘하게 피해 가는 이 유형은 걸러 내기가 쉽지 않다. 그래서 어떤 연구자와 마케터들은 이렇게 이야기한다. '꾼이라도 상관없다. 솔직하게만 이야기해 다오.'라고.

그 외의 유형은 다음과 같다. 언급한 유형들 대비, 상대적으로 확률은 낮은 편이나, 꽤 존재한다. 소위 '기 센 사람'도 이런 말 저런 말 시키기 무서운 '사회 및 가정 불만형'이 있다. 이들은 계속 부정적으로 반응하고 때로는 트집도 잡는다. 또 이래도 좋아요 저래도 좋아요 하는 '우유부단형', 사람의 말귀를 못 알아 듣는 '답답이형' 혹은 '엉뚱이형' 등이 있다. 만약 '답답이형' 혹은 '엉뚱이형'인 경우에는 말의 속도도 천천히 그리고 쉬운 문장으로 다시 친절히 설명하고, 참고 기다리고, 이상한 질문은 저지시켜야 한다. 너무 엉뚱한 답변은 그냥 무시하면 된다.

이런 존중과 사랑과 배려의 마음씨를 기본적으로 지녀야 하지만, 예외는 있다. 바로 '빅 마우스'와 '체리 피커형'이다. 이럴 때는 가차없이 해야 한다. 특히, 빅 마우스에게는 가끔은 무시하라. 빅 마우스 형의 컨트롤은 매우 중요하다. 왜냐하면 이들이 쏠림 현상의 주인공들이 되기 때문이다. 그래서 이들에게는 이렇게 말해 보자. '너무 좋은 이야기를 많이 해 주셨으니까, 잠시만 쉬어 가 주세요. 원래 나훈아(즉, 너 잘난 것 안다고 한번 추켜세워 주는 것)는 마지막에 무대에 나오니까, 제가 가장 다른 분들 의견 다 듣고 나중에 들을게요.'(참석자 세대(Generation)를 보고 나훈아가 아닌, 빅뱅 혹은 BTS를 인용하자. 이 판단은 여러분들이 알아서 하자) 라고 부탁하자. 또 집에 가고 싶어 하는 마음이 역력히 보이는 체리 피커 형에게는 이렇게 명확하게 이야기하자. '보다 적극적인 자세로 임해 주실 것을 부탁드린다'고. 그리고 맨 첫 타자로 지명해서 질문하면 된다.

그림 6 소비자 유형 구분

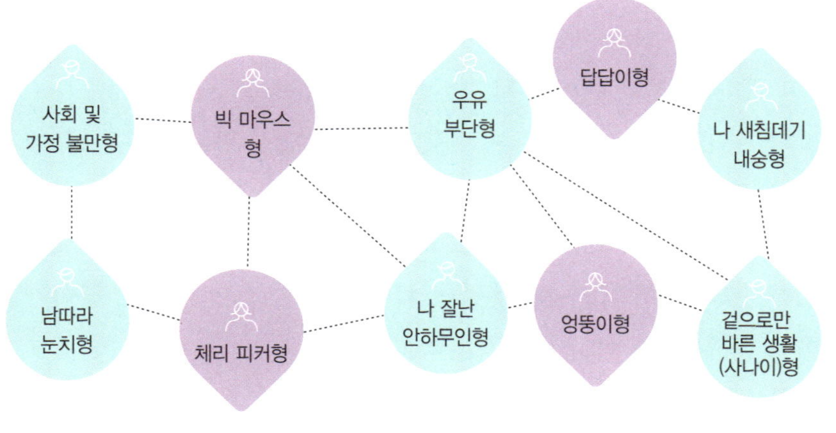

3. 진행자의 캐묻기(Probing)와 유연성

인간의 축어적(Verbatim) 분석에 기초한 FGD의 가장 큰 매력은 무엇일까? 바로 Why에 대한 디테일한 자료를 확보하는 데 있다. 아마 이 부분이 마케팅 전략의 디테일의 힘(Power of Details)을 차지한다고 말할 수 있다.

적시에 정곡을 찌르면서 캐묻기(Probing)를 하는 것, 게다가 사회자(Moderator)만 궁금한 것이 아니라, 브랜드 담당자 및 R&D 연구원들도 함께 궁금해 하는 것을 질문하는 것은 쉽지 않다. 사회자는 전략가 혹은 해당 제품을 담당하는 브랜드 매니저 혹은 마케터(Marketer)의 기질을 더욱 부각시켜야 한다. 그리고 스쳐 지나가는 응답자의 질문을 맹수처럼 낚아 채서 질문을 해야 하기 때문에 타고난 동물적 감각도 필요하다.

하지만 사람마다 타고난 탤런트가 달라서 이 부분은 어떤 스킬로 커버되는 것 같지는 않다. 한 가지 할 수 있는 답변은 '사회자는 이 제품의 마케터(Marketer)입장이 되어야 한다'는 것이다.

그냥 앵무새처럼 가이드라인을 읽는 것처럼 진행하면 절대로 질 좋은 캐묻기(Probing)를 할 수 없다. 마케터(Marketer)의 입장이 되려면 어떻게 해야 할까? 첫 번째, 해당 제품에 대한 애정 어린 관심과 연구이다. 알면 알수록 궁금해지기 마련이기 때문이다. 두 번째, 연구자 혹은 마케터와 사전에 많은 공감을 하고 그들의 고민 사항에 대해서 이해해 주고, 이해가 안 되면 질문하라. 이 과정에서 사회자의 뇌에는 순간적인 찰나를 캐치할 수 있는 그 무엇인가가 자연스럽게 장착될 것이다. 어떤 순간에는 브랜드 관계자들이 미처 생각하지 못한 것을 사회자가 해내야 한다.

다음은 진행자가 지녀야 할 유연성과 관련된 내용이다.

사전에 잘 짜여진 각본(즉, 구조화된 가이드라인)에 맞춰서 전체적으로 진행되어야 한다. 가이드라인은 모든 것을 좌우하는 매우 중요한 요소이다. 하지만 여러 가지 이유로 인해서 가이드라인대로 모든 것이 부드럽게 운영되지는 못한다.

이에는 다음과 같은 이유들이 존재한다. FGD에는 잘난 사람, 본인이 잘났다고 착각하는 사람, 못난 사람, 못된 사람, 말이 서투른 사람, 말귀를 못 알아듣는 사람, 사례금만 타서 집에 가고 싶은 마음만 간절한 사람 등 평생 만나보기 힘든 사람들도 참석하는 공간이다.

그렇기 때문에 공식적인 것과 비공식적인 상황에 유연하게 대처할 수 있는 여유와 반짝거리는 두뇌 회전이 필수이다. 그러므로, 이 현장에서 드러나는 다양한 현실에 맞추어서 연구 목적의 틀을 벗어나지 않는 범위 내에서 쟁점, 질문, 접근 방식 등을 변경할 수 있어야 한다.

또한, 사회자는 예상치 못하게 발견한 사실 혹은 미처 생각하지 못했던 작은 일들을 만나게 되고, 당황할 수 있다. 물론 쉽지 않지만, 이러한 가변성이 의외의 인사이트를 발굴하게 도와주기도 하니, 이런 부분이 매력적이라고도 할 수 있다.

예를 들어, 어떤 참석자는 가이드라인상에서 나중에 토론되어야 할 문제를 미리 끄집어 내는 경우가 종종 있다. 이 경우에 답은 없다. 흐름상, 지금 언급된 순간에 이어나가는 것이 좋겠다 싶으면 살짝 우회하는 것도 방법이다. 혹은 그 질문은 나중에 할 것이라고 알려준 후에 원래의 흐름을 이어나가는 것도 좋다. 하지만 여기서 이러한 내용이 중요한 캐묻기 포인트(Probing Points)와 연관된다면 당연히 당장 확인하고 넘어가야 한다. 사회자가 정신없이 진행하다 보면 이 찰나의 순간을 깜박하고 넘어갈 수도 있다. 우리 모두는 완벽하지 않은 인간이기 때문이다.

∴ FGD에서 사회자 '진행자' Moderator는 동일한 의미로 쓰인다.

CHAPTER

THREE

스몰데이터 방법론 셋째, 에스노그래피 연구

스몰데이터 방법론 셋째, 에스노그래피 연구

관찰

1. 이케아의 주방 관찰

문화인류학적 연구방법(Ethnographic Research)에 대한 이야기를 본격적으로 시작하기 전에 좀 더 편안한 이야기를 먼저 할까 한다.

아래에 있는 사진은 스웨덴의 이케아 박물관에 있는 사진이다. 스몰데이터 중에서 '관찰' 방법론을 통해서 당신만의 인사이트를 얻고자 한다면 저 다양한 사진들 중에서 당신이 주목해야 할 사진이 무엇인지 선택해 보길 바란다.

정답은 바로 이 주방의 사진이다. 실제 1950년대 스웨덴의 주방 전경이라고 한다. 옆에 주부의 실루엣이 있고 그녀의 키, 손을 뻗어서 선반에 닿는 위치, 발의 보폭 등을 고려해서 주방 싱크대를 디자인한 것이다. 가장 심플하고 쉬운 방법으로는 에스노그래피의 핵심인 '관찰'을 이런 식으로 이해하는 것에서 출발해도 된다.

출처: 노르딕을 관찰하며 즐기는 김나영#anyppolong

2. 어른과 다른 어린아이의 그립(Grip) 스타일의 관찰

바로 'Innovate or Die'라고 자신 있게 외치는 IDEO에서 개발한 Oral-B 어린이용 칫솔 개발 사례이다. IDEO라는 회사가 낯설어도 애플(Apple)이 내놓은 최초의 컴퓨터 마우스, PDA 열풍의 주역이 된 미국 팜(Palm)사의 '팜V', 폴라로이드의 즉석카메라 등은 다 알 것이다. 바로 이 회사의 작품이다.

어린이들이 칫솔 잡는 '주먹 현상'

IDEO는 오랄비(Oral-B)의 어린이용 칫솔을 개발 시, 다른 개발자와 달리 어린이들이 칫솔 잡는 방법을 유심히 관찰했다. 그때까지 어린이 칫솔은 어른 칫솔의 크기만 축소한 것으로, 당연히 칫솔 부위와 손잡이의 사이즈가 작았다. 솔직히 직관적으로 아이들이 어른에 비해 손이 작으니 손잡이도 짧고 가늘어야 한다는 생각이 든다. 그렇기 때문에 이는 당연한 결과물일 수밖에 없다.

하지만 IDEO 연구자들은 아이들이 칫솔 잡는 모습을 유심히 관찰하면서 이른바 '주먹 현상'을 발견했다.

즉, 사진처럼 아이들은 어른처럼 손가락으로 가볍게 칫솔을 잡는 것이 아니라 주먹으로 칫솔을 잡는 것이다. 아무래도 손에 힘이 없기 때문에 손가락보다는 주먹으로 움켜쥐고 칫솔을 사용하는 것을 발견한 것이다. 그래서 기존의 것과는 전혀 다른 물렁물렁한 촉감의 굵은 손잡이를 가진 칫솔을 개발했다.

어린이가 칫솔을 쥐기 쉽고 편해진 덕분에 양치 시간도 전보다 훨씬 늘었다고 한다. 부모님들도 함께 좋아하셨겠다. 이는 소비자 즉, 사용자에 대한 철저한 관찰의 결과인 것이다. 특히, 어린이는 성인과 달리 자신의 의사를 명확히 표현하는 능력도 떨어지는 편이니, 그냥 자연스럽게 그들을 관찰하는 것이 보다 명확한 통찰력을 가져다 주지 않을까!

3. 5128번의 시도에서 만들어진 그 유명한 진공청소기

날개 없는 선풍기 이전, 지금의 다이슨을 있게 한 제품은 먼지봉투 없는 진공청소기다. 제임스 다이슨은 1993년 세계 최초로 사이클론 방식을 적용한 먼지봉투 없는 진공청소기 'DC01'을 만들고 이를 기반으로 기술 기업 다이슨을 설립했다. 문제 해결에 대한 혁신적이자 끈질긴 마인드를 지닌 제임스 다이슨에게 영국 왕실은 그가 영국 산업에 기여한 공로를 인정해 2007년 기사 작위(Sir)를 수여했다.

어느날 집에서 청소를 하던 제임스 다이슨은 사용할수록 흡입력이 떨어지는 진공청소기에 불편함을 느꼈다. 그는 먼지봉투에 담긴 먼지가 봉투 표면 틈을 막으면서 진공청소기 흡입력이 떨어진다는 사실을 발견하고 흡입력 저하가 없는 새로운 진공청소기를 개발하기로 결심했다. 그는 제재소에서 공기 회전을 이용해 공기와 톱밥을 분리하는 사이클론 시설을 보고 영감을 얻었다. 그 후 수많은 시행착오를 겪었다. 무려 5년간 시제품 5,127개를 제작하고 실패했다. 하지만 제임스 다이슨은 1993년 5,128번째 시제품을 성공시키며 사이클론 방식을 적용한 세계 최초의 먼지봉투 없는 진공청소기 DC01을 완성할 수 있

볼베로(Ballbarrow)라는 정원용 수레
당시 정원용 수레는 폭이 좁은 바퀴를 썼기 때문에 땅에 깊은 홈을 남겼다. 넘어지는 것도 다반사였다. 이 문제를 고민하던 다이슨은 플라스틱으로 된 공을 바퀴로 하고 여기에 물을 채워 안정감을 더하는 제품을 만들었고 디자인상을 받았다. 다른 투자자들과 동업해 볼베로를 본격 생산하기 위한 회사(커크-다이슨 · Kirk-Dyson)를 차리게 되었다. 제품은 시장 점유율 70%를 기록했지만, 한 미국 기업이 똑같은 제품을 베껴 만들기 시작하면서 사세가 기울기 시작했다.
출처: 구글 이미지 검색

었다. 그는 이에 대해 이렇게 이야기한다.

'제가 성공할 수 있었던 비결은 사람들이 매일 사용하고, 그래서 더 이상 개선의 여지가 없다고 생각한 제품을 끈질기게 관찰한 데 있습니다. 지금도 다이슨은 남들이 그냥 지나쳐 버리는 문제를 풀고 있습니다.'

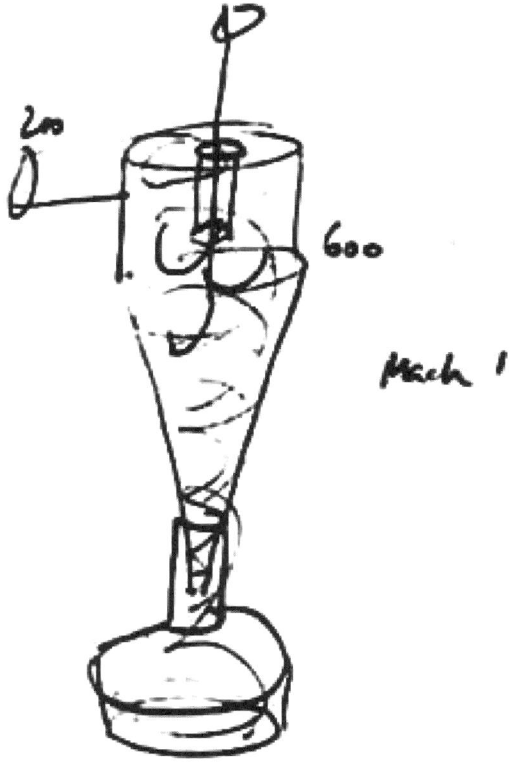

제임스 다이슨이 먼지주머니 없는 진공청소기 개발을 위해 작업한 스케치
제임스 다이슨사에서는 주변을 관찰하는 것은 매우 중요하다고 주장한다. 특히 이들은 단순히 기존 제품을 모방하는 것이 아닌 문제 해결을 위해 새로운 혁신 방법의 일환으로 관찰을 중시한다. 즉, 기존의 없던 방식을 찾으려면 주변을 관찰하는 것이 매우 중요하다고 주장한다. 날개 없는 선풍기의 개발은 100년 이상 지속되어 온 '선풍기는 날개가 있어야 한다'는 통념을 깼으며, 선풍기의 정의를 '공기의 흐름을 전달하는 제품'으로 재정립한 사례다. 이가 가능했던 근원에는 조류의 관찰에 있다. 다이슨의 디자인 엔지니어들이 새를 관찰하다 새의 날개 깃털이 놓여 있는 모습을 유심히 보게 됐다. 날개의 깃털을 연구한 결과, 깃털이 배열되어 있는 위치적 특성으로 날개짓을 할 때 소음이 줄어든다는 사실을 알게 됐고, 이를 제품에 적용해보자고 생각했다. 그래서 탄생한 것이 날개 없는 선풍기에 적용된 '임펠러'라는 프로펠러다. 일반적인 선풍기의 임펠러는 아주 납작한 형태의 블레이드(Blade)로 되어 있는데, 다이슨의 임펠러는 새의 날개 모양을 그대로 구현한 임펠러를 개발, 날개 없는 선풍기에 적용했다.

출처: 다이슨

4. 공간구조에 대한 관찰에 따른 제품 개발

예를 들어, 냉장고 신제품 개발 단계에서 위와 같이 주방 내 도면을 통해 각 주방용품이 놓이는 위치, 제품이 운반되어야 하는 현관의 사이즈 등을 미리 실측하는 것이다.

이처럼 관찰은 소비자 행동 자체를 관찰하거나 제품을 사용하는 모습에 중점을 둔 관찰 외에도 그들이 거주하고 해당 제품을 사용하는 공간에 대한 면밀한 사전 관찰도 행해져야 한다.

예시 가정 내 주방의 구조 및 냉장고를 포함한 주방기기 배치 구조 및 사이즈 신규제품 개발 시 기본적 점검 사항들

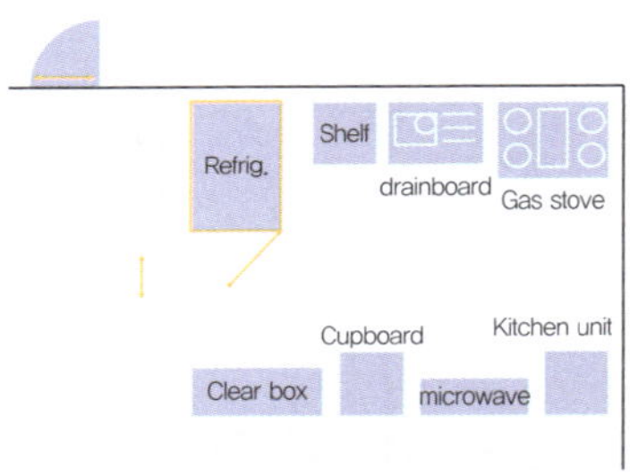

Within kitchen

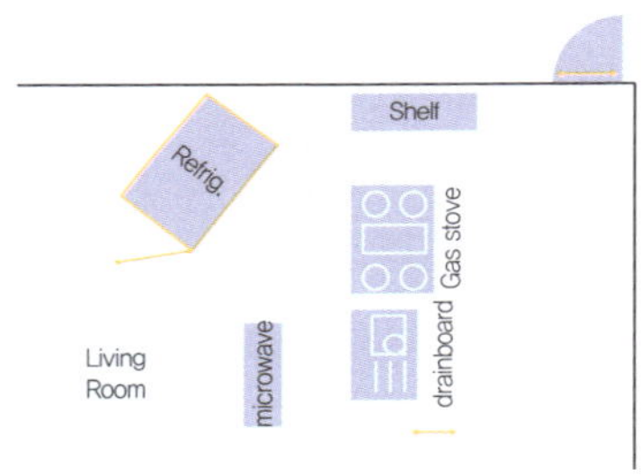

Outside kitchen

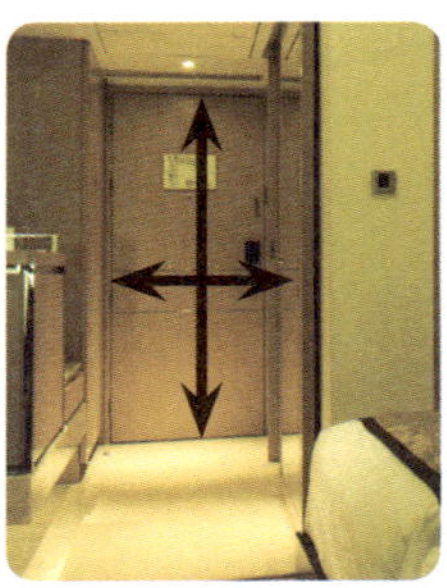

• Front door is 210.2cm high, 82.4cm wide.

• Kitchen door is usually around 207.8cm high, 77.6cm wide.

CASE STUDY

소비자 자신도 모르는 숨겨진 욕구를 찾아라

3호(2008년 2월 Issue 2)

정임수 기자 imsoo@donga.com
문권모 기자 mikemoon@donga.com
https://dbr.donga.com/article/view/1202/article_no/187/ac/magazine

고객들의 숨겨진 욕구를 찾기 위한 '소비자 인사이트(Consumer Insight)경영'이 국내 기업의 화두(話頭)로 떠오르고 있다.

국내외 대기업들은 소비자를 이해하기 위해 심리학이나 인류학 전공자를 채용하는 한편 대대적 조직개편과 독자적 프로세스를 구축하는 등 총력을 기울이고 있다. 또 기존 설문조사 방식으로는 소비자의 숨겨진 욕구를 제대로 파악할 수 없다는 판단 아래 첨단 기법을 속속 개발하고 있다.

인사이트 경영의 선구자인 P&G와 '인간 중심 탐구'를 통해 신성장 엔진을 찾는 SK텔레콤, 소비자 욕구를 파악하기 위해 대대적인 조직개편을 단행한 LG전자를 심층 분석했다.

P&G

소비자는 상사다(Consumer is Boss). P&G 직원들이 입에 달고 다니는 이 말은 고객에 대한 P&G의 철학과 경영 이념을 여실히 보여준다. 많은 직장인들은 상사가 무엇을 원하는지 정확하게 파악하려고 노력한다. 또 그의 관심분야와 취미, 심지어 그가 누구에게 가장 큰 영향을 받는지도 분석한다.

P&G는 소비자를 대할 때에도 이와 같은 마인드를 가져야 한다고 강조한다. 소비자는 P&G가 브랜드를 개발하고 제품을 판매하는 중심에 있으며, 브랜드를 관리하는 데 있어서 가장 중요한 잣대가 되고 있다.

소비자와의 접촉 유치(Staying in-touch)

P&G는 소비자가 '진심으로 원하는' 제품과 서비스를 찾기 위해 '접촉 유지(Staying in-touch)'라고 부르는 프로젝트를 실천하고 있다. 이는 소비자와의 접촉을 항상 유지한다는 의미다.

P&G의 전 임직원들은 부서별로 분기별 또는 매달 주기적으로 소비자들의 실제 생활양식과

그림 1 소비자 이해의 피라미드(The Pyramid of Understanding)

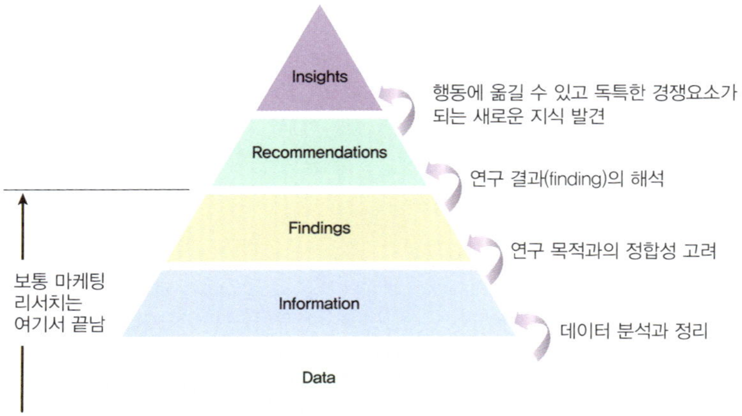

그림 2 비즈니스 가치의 피라미드(The Pyramid of Business Value)

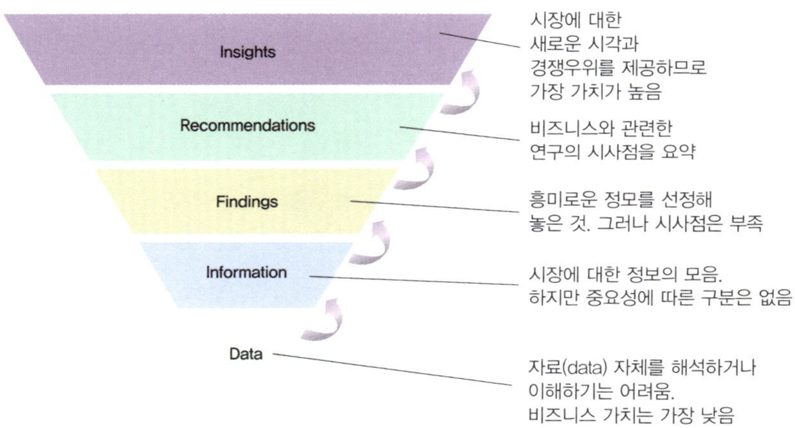

출처: 모한 사니 노스웨스턴대 켈로그스쿨교수

구매 패턴을 몸소 체험해야 한다. 소비자를 근본적으로 이해하고 소비자가 원하는 제품과 서비를 찾기 위해서다.

이들은 소비자 가정을 방문해 며칠 동안 함께 거주하거나 할인점에서 소비자들이 어떤 제품을 구매하는지 관찰한다. 특정 소비자를 하루 종일 따라다니며 쇼핑 행동 양식을 파악하기도 한다.

고위 경영자들도 예외가 아니다. 수전 아놀드 P&G 부회장은 몇 해 전 평범한 고객의 2주일 생활비 예산을 파악한 뒤 똑같은 돈만 가지고 2주일을 살아보는 체험을 했다. 그는 샴푸와 린스 살 돈을 아끼기 위해 자동차 기름을 반만 채우고 다녔으며, 무료 주차장만 찾아 다녔다. 또 치약의 마지막 한 방울까지 짜내기 위해 온갖 방법을 써보기도 했다. 연 매출 765억 달러의 거대 기업 부회장이 이런 '구두쇠 생활'을 직접 체험하면서 소비자를 이해하려고 노력한 것이다.

그는 이런 현장 체험을 통해 제품 개발이나 판매 과정에서 찾아내지 못한 소비자 불편이나 요구사항(needs) 등을 알아낼 수 있었다.

2003년부터 글로벌 생활용품 제조업체들은 잇따라 1리터짜리 대용량 샴푸를 리필용으로 내놨다. P&G도 대용량 제품을 리필용으로 선보였다. 하지만 실제 소비자 집을 방문해 관찰해 보니 소비자들은 리필용 제품을 본 제품의 플라스틱 샴푸용기에 따르지 않고 그대로 쓰고 있었다. 리필용 제품의 부피가 크다 보니 사용하면서 자주 떨어뜨리기도 하고, 큰 리필용 용기를 거꾸로 뒤집어서 짜는 데 불편함을 느끼고 있었다. P&G는 2006년 대용량 리필제품에도 500mL 리필제품과 마찬가지로 펌프식 마개를 적용해 소비자들의 불편을 해소하면서 매출을 크게 올렸다.

각국의 문화 접목

P&G는 다양한 국가의 문화 특성에 따른 소비자 인사이트를 발견하려는 노력도 하고 있다. 흔히 글로벌 브랜드라고 하면 동일한 제품이 모든 국가에서 판매된다고 생각하기 쉽다. 하지만 P&G는 각국 소비자들의 취향이 거주 지역과 문화적 영향에 따라 차이가 난다고 판단했다.

이를 반영해 중국에서 크레스트(Crest) 치약을 판매할 때 동양적 요소들을 가미, 약초 성분과 소금을 첨가한 제품을 개발했다. 중동에서는 가장 큰 명절 중 하나인 라마단을 기념하기 위해 타이드(Tide) 세제로 옷을 무료로 세탁해주는 캠페인을 벌이기도 했다. 라마단 기간 동안 이슬람교도들이 주로 흰색 옷을 입는 관행을 보고 착안한 캠페인이었다. P&G는 이 캠페인을 통해 타이드가 이슬람 사회에 기여한다는 이미지를 심어줄 수 있었다. 2004년 이집트에서는 이벤트 효과로 타이드 매출이 전년 대비 2배 가까이 올랐다.

SK텔레콤

김신배 SK텔레콤 사장은 2006년 8월 주요 임원들과 함께 미국 캘리포니아주 팔로 알토에 있는 IDEO사를 방문했다. IDEO는 1987년 마이크로소프트와 함께 세계 최초의 인체공학적 컴퓨터 마우스를 만든 미국 최고의 디자인 회사. 김 사장은 여기서 '인간 중심의 디자인 접근'이란 개념에 깊은 관심을 보였다.

같은 해 12월 SK텔레콤은 '휴먼 센터드 이노베이션(Human Centered Inno-vation · CHI · 인간 중심의 혁신)'이란 낯선 조직을 만들었다. HCI의 역할은 말 그대로 인간을 연구하는 것. 강석훈 HCI 팀장은 '고객 그 자체와 그들의 행동을 연구하는 것이 중요한 업무'라며 '고객 자신조차 알지 못하는 욕구를 찾아 새로운 부가가치를 창출하고 시장을 만들어내는 것이 우리의 역할'이라고 설명했다. '사람을 향합니다'란 SK텔레콤의 광고 카피에도 이런 취지가 녹아 있다.

게임에서 숨은 욕구 발견

HCI는 산업디자인, 심리학, 경영경제, 사회학, 문화인류학 등을 전공한 전문가 20여 명으로 이뤄져 있다. 이들의 전공이 다른 것은 같은 현상에 대해 다양한 해석을 끌어내기 위해서다.

HCI는 게임과 참여관찰 등 다양한 방법으로 소비자들의 숨은 욕구를 찾아낸다. 강석훈 팀장은 '고객이 겉으로 말하는 것과 내면의 욕구가 다른 경우가 적지 않다'며 '고객조차 알지 못하는 욕구를 찾아 새로운 부가가치를 창출하고 시장을 만들어내는 것이 우리의 역할'이라고 말했다.

HCI의 다양한 참여 관찰법 가운데 눈길을 끄는 것은 게임을 이용한 인사이트 찾기. 참가자들이 '부르마블'과 비슷한 게임을 하는 동안 이들의 숨겨진 내면을 찾아내는 방식이다.

한 30대 여성 실험 참가자가 '옷을 사러 주로 가는 곳'을 묻는 질문 카드를 집어든다. 그는 혹시나 남들의 눈치를 보느라 '동대문 시장에서 저렴한 의류를 구입한다'고 답한다. 이때 옆에 있는 친구가 '웬 거짓말이야! 연말연시 때마다 싱가포르에 가서 쇼핑백이 터지게 사오면서…. 요즘엔 싱가포르 가려고 계도 한다며?'라고 웃음보를 터트린다.

이때 연구원들은 친구의 말에 귀를 쫑긋하며 메모를 한다.

사업 아이디어를 얻기 위해 극단적으로 구매를 많이 하거나 적게 하는 소비자를 따라다니며 구매 행위의 '숨겨진 비밀'을 찾는 경우도 있다.

소비자 심리분석으로 '기프티콘' 개발

연구진은 이렇게 모아진 정보(fact)를 일단 '의미 있는 유사성'이 있는 것끼리 묶는다. 그리고 욕구 매트릭스나 사용자 여정 지도(User Journey Map), 소비자 유형(typology) 등의 형태로 다시 정리해 '사람들의 니즈는 ○○○이다'란 결론을 도출해 낸다.

최근 인기를 끌고 있는 SK텔레콤의 '기프티콘(Gifticon)'도 소비자 심리분석을 통해 아이디어를 얻었다. 기프티콘은 선물을 하고 싶은 사람이 유무선 인터넷을 통해 전자 상품권을 상대방의 휴대전화로 보내면, 선물을 받은 사람이 스타벅스 커피나 하겐다즈 아이스크림 같은 오프라인 매장에서 상품을 받을 수 있도록 한 서비스다. '휴대전화로 커피나 케이크, 아이스크림 모양의 이모티콘(문자로 이뤄진 그림)을 보내는 것처럼 실제 물건을 보낼 수 있으면 좋겠다'는 고객의 새로운 니즈를 상품화한 것이다.

강석훈 팀장은 '무선인터넷 네이트와 전문직 여성을 위한 상품, 글로벌 시장을 대상으로 한 컨버전스 서비스 등 아직 출시되지 않은 다양한 상품 아이디어도 개발 중이며, 앞으로 계속 새로운 시도를 할 것'이라고 말했다.

그림 3 소비자 인사이트의 다양한 원천

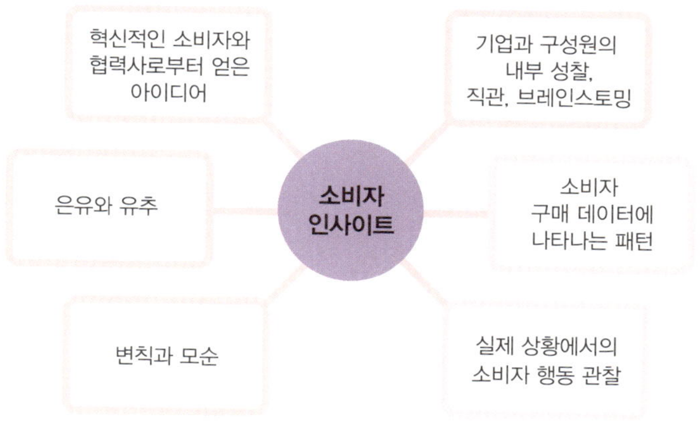

출처: 모한 사니 노스웨스턴대 켈로그스쿨 교수

LG전자

LG전자는 지난해부터 인사이트 경영을 위해 조직을 대대적으로 개편해왔으며, 최근 소비자 인사이트를 위한 독자적인 업무 프로세스를 개발했다. 지난해 12월에는 국내외 마케터 150명이 사상 처음 한 자리에 모여 '글로벌 인사이트 마케팅 회의(Global Insight Marketing Conference)'를 열기도 했다.

최고경영자(CEO)인 남용 부회장은 'LG전자는 기술과 제조 분양에서 이미 훌륭한 기반을 갖췄다. 마케팅만 차별화하면 세계 최고 수준의 회사로 진입할 수 있다. 여기서 찾아낸 것이 바로 인사이트 마케팅'이라며 힘을 실어줬다.

폐쇄회로 TV로 고객관찰

LG전자에서 고객 인사이트 관련 업무를 담당하는 직원들은 출장을 가서도 가급적 호텔에 머물지 않고 일반 가정에서 민박을 한다. 외국인들의 생활을 직접 지켜보고 관찰하기 위해서다. 또 고객의 생활을 조사하기 위해 가정에 폐쇄회로TV(CCTV)를 설치하기도 했으며 아예 고객 가정에서 장기간 머물며 관찰 조사를 실시하기도 했다. 생방송의 지나간 장면을 다시 볼 수 있는 '타임머신TV'와 냉장고 문에 얼음을 만드는 아이스 홈바를 부착한 '프렌치 디오스 냉장고'도 모두 이런 노력의 결과다. LG전자는 인류학과 심리학, 사회학, 디자인 전공자들을 채용해 고객들의 사고와 행동을 이해하기 위한 노력을 지속하고 있다.

조직 체계 전면 개편

LG전자는 특히 인사이트 경영을 최우선 과제로 삼으면서 작년 5월 본사에 '인사이트마케팅(IM)팀'을 신설했다. 맥킨지 컨설턴트였던 최명화 상무를 IM팀장으로 선임한데 이어 국내외 일

용소비재(FMCG · Fast-Moving Consumer Goods)분야의 마케터와 컨설팅회사 출신 전문가 11명을 잇달아 팀원으로 영입했다. LG전자는 특히 IM팀 이외의 마케팅 조직에도 한국코카콜라, 피자헛, P&G 등 식품이나 생활용품 업체의 마케팅 담당 임원을 영입해 변화의 바람을 불러일으켰다. 식품 및 생활용품 업종은 기술혁신보다는 마케팅 차별화로 승부를 거는 분야다. LG전자가 향후 철저하게 마케팅으로 차별화 하겠다는 것을 선언한 것으로 해석할 수 있는 대목이다.

또 해외법인에 별도로 지역 본부 단위의 IM팀을 구축했다. 과거 휴대전화, 냉장고, 세탁기 등 제품별로 운영되던 마케팅 조직을 재편해 미주, 유럽, 중앙아시아, CIS, 중국 등 지역 단위로 별도의 IM팀을 꾸린 것. 지역별로 현지 고객의 특성을 파악해 시장 변화에 신속하게 대응하고 지역 내 커뮤니케이션을 강화하기 위해서다.

최명화 IM팀 상무는 '과거 제품별로 마케팅 조직이 운영될 때는 제품군에 따라 마케팅 전략이 달라 해당 지역에서 브랜드 아이덴티티를 확립하는 데 어려움을 겪었다'며 '지역별로 운영되는 IM팀은 시장별로 소비자 인사이트는 물론 브랜드 아이덴티티를 일관되게 이끌어갈 수 있다'고 말했다.

인사이트 게이트

LG전자는 또 인사이트 경영을 전사(全社)적으로 확산시키고 소비자의 잠재된 욕구를 상품 기획 및 제품 개발, 마케팅 등에 체계적으로 활용하기 우해 독자적인 프로세스인 '인사이트 게이트(Insight Gate)'를 개발했다. 최명화 상무는 '마케팅 전문가가 아니더라도 이 프로세스만 따라하면 누구든지 쉽게 인사이트 마케팅을 할 수 있도록 툴킷(tool kit)을 만든 것'이라고 설명했다.

인사이트 게이트는 한 제품을 개발해 시장에 내놓는 전 과정을 단계별로 나눠 각 단계마다 항목을 정의하고, 이를 통과해야 다음 단계가 진행되게 하는 방식이다. 각 단계는 크게 △시장 동향 파악을 통한 비즈니스 기회 발견 △STP(Segmen-tation, Targeting, Positioning)전략 수립 △가치제안(value proposition) △시장 커뮤니케이션 △제품 출시 후 반응 수집 등으로 구분된다.

첫 번째 비즈니스 기회 발견 단계에서는 '기술적으로 실행 가능한가', '재무적으로 뒷받침이 되는가' 등의 항목을 거쳐 타당성을 검증받아야 한다. STP전략 단계에서는 '타깃 시장이 뚜렷한가', '시장은 충분히 큰가', '우리 능력으로 시장에 접근할 수 있는가', '차별화가 가능한가' 등의 요소를 점검해야 한다. 또 시장 커뮤니케이션 단계에서는 '로컬 소비자에 맞는 광고 컨셉트가 세워졌는가' 등을 따져보게 된다. 인사이트 게이트는 올해 4월부터 전사적으로 시행될 예정이다.

LG전자는 특히 인사이트 게이트의 핵심 단계인 'STP전략'을 체계화하기 위해 구체적인 방법론도 개발했다. STP툴에는 △가설 세우는 법 △문제 정의하는 법 △리서치 하는 법 △리서치 분석하는 법 등이 포함됐다.

예를 들어 한 매장에서 장사가 안 된다고 가정하자. 이 경우 보통 소비자를 대상으로 '왜 이 매장에 가지 않느냐'고 리서치를 하게 된다. 이렇게 조사하면 '위치가 나쁘고 브랜드 파워도 떨어지기 때문'이라는 아주 일반적인 결과가 나오기 십상이다. 이런 식이면 해결책을 마련하기 힘들다.

하지만 STP전략으로 접근하면 전혀 다른 해결책을 찾을 수 있다. 우선 현존하는 데이터와 매장 방문 등을 통해 장사가 안 되는 이유에 대한 가설을 세운다. 이 가설에는 △판매 직원들이 제품을 잘 몰라 설명을 제대로 하지 못해서 △매장의 동선이 불편해 제품을 찾기 힘들어서 △온라인 홍보가 전혀 되지 않아 판매가 부진하다는 것 등이 포함될 수 있다. 이런 가설을 수립하고 적절한 리서치를 하면 전혀 새로운 해결책을 찾을 수 있다.

인사이트 마케팅을 위한 인프라 구축에 주력했던 LG전자는 올해부터 구체적 실행을 강조할 계획이다. 올해 안에 기술에 기반한 제품 대신 소비자 인사이트에 기반한 제품을 사업부별로 3개씩 선보인다는 계획을 세웠다. 또 본사 IM팀은 4월부터 세계 시장을 돌며 해외법인 IM팀을 대상으로 인사이트 게이트, STP전략 툴 등을 교육할 계획이다.

LG전자의 이런 시도에 대해 송기홍 모니터그룹 파트너는 '코카콜라와 나이키, P&G 등 마케팅 능력이 뛰어난 글로벌 기업들은 대부분 공식화된 마케팅 프로세스와 툴을 정교하게 갖추고 있다. 반면 한국 기업들은 주먹구구식으로 마케팅을 진행한 면이 강했다'고 평가했다. 그는 'LG전자가 마케팅 프로세스를 개발한 것은 큰 의미가 있다'며 '그러나 이런 체계화된 프로세스를 너무 관료적이거나 제도적으로만 운영한다면 의사결정이 지연되거나 혁신적 아이디어가 사장되는 등 부작용이 발생할 수도 있다'고 덧붙였다.

최후에 웃는 기업은 물건을 잘 만드는 기업도, 싸게 만드는 기업도 아니다. 고객을 잘 이해하고 고객이 상상조차 못한 가치를 주는 기업이 최후까지 생존한다. 선도적 기업들은 고객을 이해하기 위해 전력을 기울이고 있다. 고객의 숨겨진 욕구를 찾는 '인사이트(insight) 경영'을 위해 조직을 개편하고 프로세스를 정립하는 기업도 늘어나고 있다. 21세기 초경쟁 시대의 경영 화두인 '창조경영'도 고객을 이해하는 것에서 출발한다. 동아비즈니스리뷰(DBR)와 연세대학교 경영전문대학원(MBA스쿨)이 창조경영 공동기획 두 번째 주제로 '인사이트 경영'을 선정한 것은 이런 이유 때문이다. 인사이트 경영 솔루션과 케이스 스터디, 구체적인 소비자 조사 방법론의 허와 실, 최신 이론 동향 등을 만나보기 바란다.

김진우 김영찬 박현준 박흥수 신동엽 연세대 경영전문대학원 교수(가나다순)
김남국 문권모 하정민 정임수 기자

DBR TIP 기쁨의 본질 찾기 위해 아프리카 오지에 가기도

2008년 2월 어느 날 오전 8시, 서울 지하철 1호선 시청역에서 남성용 주간 무가지 최근 호를 집어 든 사람은 의외로 20대 여성이다.

같은 날 오후 1시, 서울 광화문의 한 사무실, A과장(33 · 여)의 책상에도 남성용 무가지가 놓여 있다.

이 잡지는 분명 '25~34세 남성 직장인 타깃'이라고 내세우고 있다. 그 내용도 젊은 남성들이 궁금해 하는 직장생활의 팁과 연애, 패션 등으로 채워진다. 그런데 독장 중 상당수가 여성인 이유는 무엇일까? 그리고 이런 사실을 사업 확장에 활용할 방법이 있을까?

소비자의 숨겨진 욕구와 자극 포인트

'소비자 인사이트(consumer insight)'란 개념은 2000년 전후로 국내에 소개됐다. 하지만 본격적인 조명을 받게 된 것은 불과 1~2년 전. 이는 국내 기업들이 본격적으로 신성장 동력을 차장 나선 시기와 일치한다.

박재항 제일기획 브랜드마케팅연구소장에 따르면 소비자 인사이트란 '밖으로 드러나지 않는 소비자의 숨겨진 욕구와 행동의 자극 포인트'를 말한다. 다시 말해 소비자의 행동을 이끌어내는 내부 메커니즘이자, 소비자가 특정한 행동을 하게 되는 이유다. 소비자는 자신의 이런 욕구에 대해 알고 있을 수도 있지만, 때때로 말로 잘 표현하지 못하거나 심지어 스스로 잘 모르고 있을 수도 있다.

인사이트 마케팅은 이런 고객의 숨겨진 욕구를 근본적으로 이해하고, 이를 발견해 상품과 서비스에 반영하는 것이다.

소비자 인사이트는 설문이나 통계 등 계량적 조사에는 잘 나타나지 않는다. 또 우연히 발견되는 경우가 많다.

남성용 무가지의 경우 젊은 남성을 타깃 독자로 했으므로, 대부분의 시장조사도 해당 연령대의 남성을 대상으로 했을 것이다. 이 경우 여성은 조사 대상에 포함되지 않아 '의도하지 않은 고객'인 여성의 존재를 알아낼 길이 없다. 따라서 여성 대상의 광고나, 이벤트, 기사 등의 사업 기회를 놓쳐버릴 수 있다.

소비자 인사이트가 중요한 이유는 품질과 기술이 평준화된 시장에서 궁극적 차별화를 이끌어낼 수 있는 요소이기 때문이다. 최명화 LG전자 인사이트마케팅팀 상무는 '이제 기술로 차별화하는 시대는 지났다'고 말했다. 과거에는 기술혁신으로 남들과 차별화할 수 있었고, 앞서 갈 수 있었지만 기술이 보편화하면서 이런 전략이 불가능해졌다는 뜻이다.

문화인류학적 관찰조사법이 대표적

소비자 인사이트를 얻기 위해 가장 많이 쓰이는 연구방법은 문화인류학적 관찰조사법(ethnographic research · 자연적 관찰법)이다. 관찰조사법은 원시부족 등 특정 집단과 함께 생활하며 인간의 본질과 문화 패턴을 연구하는 데 자주 사용됐다.

해외에서는 이미 문화인류학적 관찰조사법이 뿌리 내린 지 오래다. 인텔의 무선 전송 기술인 센트리노는 인류학자들이 알래스카 어부들을 관찰한 연구에서 힌트를 얻었다. 학자들은 어부들이 매일 잡은 물고기의 숫자를 낚시 및 사냥 관리국에 보고하는 것을 보고 좀 더 편리한 보고 방법을 고민하던 중에 무선 데이터 전송 기술을 생각해냈다. 이러한 관찰조사법은 소비자가 자신이 정말로 원하는 것이 무엇인지 설명하지 못하거나, 아예 그런 것의 존재를 모르는 '잠재된 니즈(needs)'를 뽑아내는 데 유용하다. 생활 속에서 자연스러운 행동을 관찰하는 것이 포인트. 소비자의 가정을 방문해 사용 환경을 관찰하거나(home visit), 대상을 그림자처럼 따라다니며 행동을 기록하거나(shadowing), 쇼핑하는 과정을 관찰하기도(shop-along) 한다.

인터뷰도 유용한 방법 중 하나다. 사람들은 편안한 마음과 자세로 대답할 때 진정한 니즈를 표출하기 때문에 인터뷰는 소비자의 집이나 평소 자주 방문하는 공간 등 소비자가 익숙한 환경에서 진행해야 유익한 정보를 얻을 수 있다.

최근에는 소비자에게 사진 및 동영상으로 일기를 쓰게 하거나, 부부가 서로를 관찰하게 하는 방법도 등장했다. '기쁨의 본질'을 탐구하기 위해 아프리카 오지 부족과 함께 생활하거나, '쾌감의 요소'를 찾기 위해 스카이다이버들과 1년 동안 같이 생활하는 경우도 있다.

시장조사 전문업체들은 체계적으로 소비자 인사이트를 찾아내기 위해 모듈화된 조사 프로그램을 만들어 사용하기도 한다.

에스노그래피 연구 방법

1. 마케팅에서 에스노그래피 연구의 의미

관찰 그 자체뿐 아니라, 맥락(Context)을 이해하는 것이 이 방법론이 지닌 매력이다. 국어사전에서 맥락은 '사물 따위가 서로 이어져 있는 관계나 연관'을 의미한다. 단순한 관찰 외에도 좀 더 소비자와 가까이 가서 그의 내면을 더 깊게 통찰하고 내 제품(브랜드)과의 연관성을 찾는 것이다.

앞서 설명한 FGD와의 차이점을 느끼는가? 소비자를 직접 접하는 것은 동일하지만. FGD는 소비자들을 인위적으로 만들어진 실험적 환경(One-Way Mirror Room)에서 만나는 반면, 에스노그래피의 경우는 '진짜 현실'에서 그들을 만난다. 많은 FGD가 지닌 즉, 실험적 환경, 소비자들이 실험공간에서 응답하는 내용은 솔직하지 않은 답변일 수도 있다는 점 때문에 FGD를 비판하는 연구자들도 많은 편이다. 이의 비판에 전적으로 찬성하지도 동의하지도 않는다. 모든 방법론이 한 개의 방법론 그 자체로는 완벽할 수 없기 때문에 동의하지만, 실제로 이러한 단점을 알고 사전에 이를 보완하기 위한 장치를 쓸 수 있기 때문에 전적으로 동의하기도 어렵다. 즉, FGD 진행 시, 이러한 단점을 극복하기 위해서 여러 가지 기법을 사용하기도 한다.

FGD는 실험 공간(내가 실제로 제품을 구매하고 사용하는 생활 공간은 아님)에서 소비자들의 기억에 의존해서 그들의 말 그대로의(Verbatim) 분석이 가장 큰 특징이다. 그런데, 이 부분이 또 발목을 잡을 수 있다. 모든 사람들이 다 겪는다. 예를 들어, 어제 한 일이 열흘 전 일 같기도 하고, 내가 그 말을 했었나, 혹은 그러한 행동을 내가 그 당시 했었나 안 했었나 하면서 '내 머리 속의 지우개'를 가지고 살아 가기도 한다. 혹은 자기 합리화를 통해 말을 지어 내거나 부풀리거나 축소하기도 한다.

그러다 보니 소비자들이 말하는 것과 그들이 실제로 행동하는 것이 항상 같을까? 우리의 기억은 항상 정확할까? 당연히 왜곡된다. 그리고 가끔은 이상적으로 하기를 원하는 것, 또 사회적으로 승인된 일련의 것들 외 실제로 그들이 '하는 것'을 파악하기가 현실적으로 어려운 점이 있다.

반면, 에스노그래피는 FGD가 지닌 약점을 보완해 줄 수 있다. 그래서 요즘은 단일한 방법을 독립적으로 사용할 때보다 다양한 방법론을 통해 즉, 상호 보완적 관계를 통해 더 깊고 풍부한 결과를 얻고 있다. 이를 보통 삼각기법(Triangulation) 혹은 브리콜라주(Bricolage)라고 한다.

에스노그래피 연구 방법의 핵심은 '소비자는 생활하고 있는 환경과 분리되지 않는다. 그리하여 소비자가 제품을 사용하는 환경이 그들의 주관적 제품 사용 경험에 영향을 미친다. 그래서 이러한 상황을 고려한 전체적 관점에서 문제를 이해하는 것이 중요하다'라는 것에 근거한다.

본래, 에스노그래피는 20세기 초에 문화인류학자들이 실제로 태평양의 북서 해안이나 남태평양 등의 전통사회를 직접 찾아가서 그들과 함께 살면서 인간의 본성, 사회적 협력, 일상 생활 등과 관련된 근본적인 것들을 연구한 것에서 비롯된다.

이후 마케팅 학자인 벨크와 발도르프(Belk and Wallddorf)와 문화인류학자인 수커리(Sherry)로 구성된 오디세이 팀(Odyssey Team)이 이러한 인류학적 접근 방법을 통해 소비 유형, 소비 과정, 소비 의미 등을 연구한 것이 세계적인 학술지인 'Journal of Consumer Research'에 발표된 후, 마케팅 분야에서도 본격적으로 과학적인 방법론으로 인정을 받게 되었다. 이 시기가 1980년대 후반경의 일이다.

장기간 다른 문화 속에서 생활하면서 그 커뮤니티의 규칙도 익히고 그들의 생활 방식을 내부자의 관점으로 이해하는 것을 참여 관찰(Participant Observation)이라고 한다.

반면, 조사 대상과는 상대적으로 먼 발치에서 관찰하면서, 연구자가 소비자(Participant)에게 미치는 영향을 최소화하고 중립을 지키는 것을 관찰 조사(Observational Research 혹은 Pure Observation)라고 한다. 하지만, 실제로 현업에서는 2가지 유형이 구분되지 않고 연구 목적 및 상황에 따라서 적절하게 혼용되어 사용되는 편이다.

마케팅분야에서 에스노그래퍼(관찰자, 연구자, 마케터, 담당 BM 정도로 해석하면 된다)는 연구 참여자의 일상적인 행동을 관찰하고, 이에 대한 깊은 이해를 위해 다시 인터뷰를 진행하게 된다. 또, 에스노그래피에 인터뷰 대상이 되는 사람들을 보통 Informant, Participant라고도 부르지만, 여기서는 전반적인 내용과 통일성을 이루도록 '소비자'로 칭하겠다.

2. 에스노그래피 연구의 준수사항

에스노그래피 연구도 앞서 소개한 FGD와 유사한 연구 절차를 지닌다. 자연과학에서 공통적으로 적용되는 기본 공식이 있듯이 말이다. 앞서 FGD에서 설명한 것 외에 특별한 코멘트가 없다면 거의 동일하게 적용해도 된다. 그러므로 연구 절차에 대한 설명은 생략하겠다.

대신 지금부터는 에스노그래피 연구를 실제로 진행 시 필요한 것들에 대해서 이야기할 것이다.

에스노그래피의 주요 특징은 실제 소비자들의 다양한 행동이 일어나는 곳에서의 자연스러운 모습에 대한 관찰이다. 남들이 지켜보는데, 소비자들이 어찌 자연스럽게 행동할 수 있느냐, 이것 또한 인위적인 것 아니냐, 라고 반문할 수도 있을 것이다. 일부 호손 효과(Hawthorne Effect)*를 적용시키면서, 이 또한 문제점의 하나라고 말한다. 전적으로 이 효과를 부정할 수는 없다. 하지만, 경험상 이 부분은 그렇게 많이 걱정할 필요는 없다. 요즘 소비자들은 그렇게 꽉 막힌 사람이 아니다. 물론 처음에는 조금 어색해 할 수 있지만, 시간이 지나면서

---

* **호손 효과(Hawthorne Effect):** 호손 효과란 타인에 의해 관찰되고 있거나, 누군가의 관심을 받고 있을 때 사람의 행동이 달라지는 현상을 말한다. 호손 연구는 1924년부터 1927년까지 2년반 동안 웨스턴 전기회사와 하버드 대학의 엘튼 메이요(Elton Mayo) 연구진이 공동으로 진행했다. 이 연구는 일련의 작업 환경에 따른 직원들의 사기와 작업효율성의 관계를 밝혀 최적의 작업 환경 조건을 찾는 것이 목적이었다. 뜻밖에도 호손 현상에 대한 답은 참가자 인터뷰를 통해 알게 됐다.
노동자들이 유명한 대학의 학자들이 자신의 공장에서 연구를 진행하다는 소식을 듣고 더 열심히 일했던 것이다. 이를 통해 심리학적 조건이 물리적 조건보다 훨씬 동기를 더 부여한다는 결과를 얻었다. 한마디로 다른 어떤 요인보다도 근로자에 대한 관심이 동기를 유발하고 차후에 높은 성과로 이어진다는 것이다. 이와 유사한 의미를 가진 용어로, 자기충족적 예언 (Self-Fulfilling Prophecy)은 미래에 대한 기대 또는 타인의 예측이 실제 결과에 영향을 주는 현상을 말한다. 출처 : 다음백과사전

서로가 몰입을 하기 때문에 남이 자신을 지켜본다는 것 자체를 인지하지 못한다. 처음 조금 쭈뼛한 분위기라면 이러한 분위기를 부드럽게 만들 수 있는 농담이나 혹은 가벼운 소재로 긴장을 풀어 주어라. 즉 FGD에서 하는 것처럼. 라포(Rapport) 형성을 하는 것이다.

이제부터는 실제 현장에서 필요한 것들에 대한 이야기이다.

연구 방법론 자체가 지닌 매력을 희석시킬 수 있는 그 어떤 것도 해서는 안 된다. 바로 자연스러운 그들의 행위와 관련된 것이 중요하다.

1) 진행방식에 대하여 공유한다.

연구 시작 전에 연구 참여자의 자연스러움을 방해하지 않을 만한 선에서 진행 방식을 공유해 주어라. 사전에 이야기하지 않았던 무리한 것들을 갑자기 요구하면 소비자들이 당황해 하거나 놀랄 수 있기 때문이다. 그들도 우리와 똑같은 인간이다.

2) 침착하고 참을성 있게 또 편안한 마음으로 소비자의 활동을 관찰한다.

궁금하거나 시간이 부족해도 재촉하거나 중간에 끼어들거나, 제지하지 마라.

소비자가 계속 진행중인 특정 순간의 행동에 대해서 궁금할 수 있다. 그러나 끈기 있게 관찰하다 보면, 왜 그런 행동을 했는지 발굴하고 확인할 수 있을 것이다.

3) 소비자들에게 그들이 한 행동에 대해서 단계별로 설명하되, 묘사해 달라고 하지 않는다.

이는 부자연스러움과 인위적인 것을 유발할 수 있다. 또 이들은 이러한 것들에 대해서 자신이 한 행동이 바람직하지 못한 것이라서 질문하는 것으로 오해해서, 가끔은 방어적 태도를 보일 수 있기 때문이다.

4) 질문은 되도록 관찰이 다 종료된 후에 한다.

특히, 관찰만으로 소비자가 왜 그런 행동을 했는지 헷갈릴 경우에만 해야 한다. 우리는 추측하기 위해서가 아니라, 명확함을 보기 위해서 연구하는 것이기 때문이다.

FGD에는 Why라고 직접적으로 이유가 무엇인지 캐묻는 것이 중요한 반면, 에스노그래피에서는 되도록 간접적으로 질문하는 것이 더 좋다.

'아까 **하시면서 ##하셨는데, 무엇을 하려고 그렇게 행동하신 것인지 말씀해 주세요.' 혹은 '좀 아까 ##하시면서 무슨 생각하셨어요?' 혹은 '그렇게 하면 어떤 게 더 좋은 것인가요? 그렇게 하면 어떤 일이 생길 것 같은지 생각해 보신 적 있으세요?' 등의 어조와 태도가 그 예이다.

5) 돌발적 상황에 유연하게 대처하고 소비자를 보호하고 존중해 준다.

실험 공간이 아닌 실제 현실 상황이기 때문에 별의별 생각지도 못한 일이 발생한다. 외부적 환경에서 발생하는 돌발 상황도 있을 것이다. 그러므로 소비자들이 주도하는 현실 세계가 우리의 가설과 너무 다르더라도 그들의 독특한 행동 방식을 이해하고 관찰하자. 소비자들이 우리가 예상하지 못한 돌발 행동에 대해 어떤 의미를 부여할 것인가가 더욱 중요한 부분이다. 이러한 소비자의 무의식적 행동은 당신이 남과 다른 전략을 수립하는 데 매우 큰 기여를 할 수 있다.

6) 에스노그래퍼의 융통성은 매우 중요하다. 지나치게 틀에 짜인 진행은 바보나 하는 짓이다.

우리의 인생이 내가 계획한 대로 움직이지 않듯이 우리가 이미 만들어 놓은 가이드라인대로 진행되지 않을 수 있다.

하지만 가끔은 계획하지 않았지만 뜻밖의 소득을 건질 수 있다. 뜻밖의 것에 유연하게 대처하면 생각지도 못한 인사이트를 건질 수 있다. 그러므로 소비자의 자연스러운 행동과 의식의 흐름을 그냥 편하게 따라 가라. 그들의 방식대로 닥친 일을 처리하도록 그냥 두어라. 그리고 느끼고 감지하라. 그리고 적절한 타이밍에 자유롭게 질문해 보라.

7) 얼굴 표정과 보디랭귀지도 놓치지 마라.

이를 통해서 마케팅 전략 혹은 판매 기술 전략을 수립할 수 있다. 실제로 경험한 사례이다.

전세계적으로 유명한 소비재 기업에서 아시아 시장에서는 한국에 최초로 프리미엄 남성용 화장품 브랜드를 런칭하고자 했다. 글로벌 1등 브랜드답게 이들은 외국인으로서의 한국 남성들의 화장품 사용 행태에 대해 많은 관심을 지니고 런칭 전부터 프리미엄급 화장품을 사용하는 남성 소비자에 대해 몇 년 동안 연구를 진행했다. 현재는 남자들이 BB크림 사용하고 눈썹과 네일 손질하고 마사지 숍 가고, 거상 시술하는 것들이 대단한 일은 아니다. 소위 그루밍에 신경을 쓰지 않으면 '아재' 소리 듣기 십상이기 때문에 그들도 대놓고 관심을 표명한다. 또 요즘은 군대 간 남자친구가 군대에서 사용한 화장품 브랜드를 여자친구에게 추천한다고 한다.

하지만 그 당시에는 이러한 핑크빛 분위기가 아니었다. 소수 좀 꾸미고 트렌디하고 게다가 백화점에서 남성 전용 화장품을 구입하는 세그먼트 자체가 작았다. 또한 그루밍에 관심을 지니고 있다고 하더라도 사회적 통념상 본인의 관심 정도를 절대 남들에게 표현하지 않았던 시절이었다. 그렇게 오래전도 아닌데, 굉장히 호랑이 담배 피던 시절 이야기를 하는 것 같은 느낌이다.

그렇기 때문에 런칭 전부터 다양한 각도에서 연구를 진행한 바, 이에는 당연히 관찰 기법도 포함되었다. 보통의 경우는 실제로 해당 소매업 매장에서 진행하는 것이 일반적이지만, 해당 브랜드의 경우 자사 사무실이 있는 건물에 백화점의 자사 화장품 매장과 동일하게 구성한 매장을 구성한 곳이 있었다. 물론 실제 소매점 매장에서 진행할 수도 있지만 그곳은 다른 고객들도 빈번히 왕래하고 매장 내 음악 소리와 같은 노이즈 등, 여러가지 통제 불가능한 요소들이 많기 때문이다. 비록 실험실 분위기가 나지만 백화점 매장과 동일한 분위기로 구성된 매장은 차분하게 소비자의 행동을 관찰하기 좋았다.

바로 이 장소로 당시 소위 꾸미는 것에 관심 있고 그러기에 어느 정도 사회경제적 소득 수준도 있는 남성 소비자를 볼 수 있는 카메라를 설치(물론 당연히 사전 혹은 사후에 참석자의 동의를 구했다.)하여 관찰 조사를 진행했다. 그리고 실제로 유명 백화점 화장품 매장에서 근무하는 베테랑 판매 여직원이 판매 시연을 했다. 그리고 참석한 소비자가 판매원과 화장품과 관련된 상담을 실제처럼 했다. 그런데 이러한 순수한 관찰(Pure Observation)에 참여한 모든 남성들에게는 한 가지 공통 사항이 발견되었다.

바로 여직원이 서 있는 화장품 카운터에 들어서자마자 모든 남자들이 하나같이 '귀가 붉어졌다는 것이다'. 그 다음에는 여직원과 눈을 보고 인사를 못하고 눈을 아래로 떨군다는 것이었다. 솔직히 재미있고 조금은 놀라웠다. 이런 것은 표정과 일종의 보디랭귀지에 포함되는 요소이다. 그런데 이런 것을 발견하면 어찌해야 될까? '아, 재밌네'라고 끝나야 할까? 아니다! 이런 우스갯소리가 있다. '지도를 외우는 남자, 지도를 못 읽는 여자, 말을 듣지 않는 남자!'이와 같은 남성이라는 젠더가 지닌 '뇌'의 특성을 귀가 붉어지고 여직원과의 첫 대면을 어색해하는 남성의 모습과 연결시켰다. 그래서 이러한 제안이 도출되었다.

남성 고객이 매장이 들어오면 우선 '화장품 리플렛'을 건네 주어라. 그래서 그들이 시선이 여직원과 마주치는 것이 아니라, 제품 설명서 혹은 안내서에 머물게 하는 것이다. 어색한 순간을 화장품 설명서와 같은 매개체를 통해서 부드럽게 풀어주는 것이다. 그리고 남자들은(상대적으로 여자들 보다는 - 물론 개인 차이가 존재한다) 지도나 제품 조립 설명서를 좀 더 자세히 보는 편이니, 이것도 이용하는 것이다.

3. 에스노그래피 연구자의 자질

FGD 성공 여부에 사회자(Moderator)의 능력이 중요한 요소인 것과 동일하게 에스노그래피 연구에서 에스노그래퍼의 능력도 매우 중요하다.

에스노그래퍼의 능력은 다음과 같다.

① 직관력, 추리력

② 내가 지금 본 것과 내가 지금 관찰하지는 못했지만 경험했던 것들과의 연결력

③ 절대적인 몰입력

④ 항상 객관적인 태도를 기본적으로 유지해야 한다. 항상 기본적으로 태도 유지

⑤ 여러 해 동안 자신 속에 쌓여진 편견이나 선입견을 배제. 즉 당신과 소비자가 다를 수 있다는 오픈 마인드를 지니고 덤덤한 마음으로 사물과 사람을 관찰.

⑥ 결정적인 순간에 자신만의 통찰력을 통해 남과 다른 전략 수립에 가장 많이 도움되는 방향으로. 그리고 소비자와 그를 둘러싼 환경 및 사물에 자신만의 프레임으로 해석하고 의미를 부여할 줄 아는 능력.

⑦ 때로는 공평한 판사의 관점에서 때로는 이해 관계를 결정짓는 강한 카리스마를 발휘.

이를 위해서는

- 직/간접적 경험을 통해서 자신만의 바라보는 방식, 해석하는 방식, 적용하는 방식에 대한 것을 갈고 다듬어야 한다.
- 이에는 모든 것을 겸허하게 시작하고 '나는 잘 모른다', '내가 아는 것이 결코 다가 아니야'와 같이 순수한 어린이 혹은 영리한 바보의 태도를 지녀라. 자신만의 가설을 너무 고집하지 마라.

잠깐 쉬어가기

마케팅 환경에서 경쟁이 치열하기 때문에 많은 관련자들은 담당하는 제품이나 서비스가 어떻게 하면 소비자의 사랑을 받을 수 있을까에 대해 진지한 고민을 하게 된다. 이렇게 고민에 고민을 하다 보면 장고 끝에 악수 둔다는 말이 있듯이, 세상에는 존재하지 않을 것 같은 새로운 것(Something New), 다른 것(Something Different)에 집착할 때가 있다. 요즘은 과거와 달리 모든 제품이 다 유니크하고 멋진데, 이 가운데서 살아 남아야 하기 때문이다. 그 마음 이해한다.

하지만 There is nothing new under the sun. 태양 아래 새로운 것 없다는 사실이다. 우리는 가끔 새로운 것에 집착하다가 단순하지만 그 순간 가장 필요한 진리이자 정답을 놓치는 경우가 있는 듯하다. 다음의 경험담을 공유하고자 한다.

모 두유 회사와 프로젝트를 진행할 때였다. 그들의 고민은 녹차 맛을 지닌 두유의 매출이 점점 하락하는 것이었다. 그 전까지는 그 회사의 매출에 많은 기여를 했던 제품인데, 담당자들의 고민은 점점 깊어졌다. 이에 대해 '녹차'라는 식품 원료의 가치가 저하되었나? 블랙 푸드 혹은 슈퍼 푸드의 등장으로 인해서, 모 브랜드의 이미지가 노후화되어 사람들이 해당 제품을 구입하지 않는가? 제품의 포장 디자인이 문제일까? 맛이 없어서인 것인가? 가격이 문제일까? 두유 자체를 사람들이 좋아하지 않을까? 하는 별의별 가설을 수립하였다. 하지만 해당 프로젝트의 결과를 보니, 사람들은 여전히 해당 브랜드의 전통성에 대하여 신뢰하고 있었고, 블랙 푸드가 열풍이긴 하지만 녹차라는 성분은 여전히 꾸준히 잘 팔리는 아이템이었다. 커피 전문점을 가도 여전히 녹차 라떼는 한몫을 하고 있고 여름의 계절성 메뉴에도 녹차 빙수는 여전히 인기가 많다. 맛은 물론 훌륭했다.

결과는 등잔 밑이 어둡게도 편의점, 마트, 백화점 지하, 슈퍼마켓 등의 소매점 두유 매대에서 녹차맛 두유를 소비자들이 볼 수 없었다는 사실이다. 경쟁 브랜드가 매우 증가하고 각 경쟁브랜드들이 너무나도 다양한 맛의 두유를 출시하다 보니, 경쟁사에 밀려 혹은 자사의 다른 신제품에 밀려서 녹차맛 두유가 매대에서 슬그머니 자취를 감추게 된 것이다. 역으로 소비자들이 이렇게 질문했다. '먹고 싶은데, 왜 그 두유가 보이지 않느냐'고 말이다. 답이 너무 심플해서 탈이다.

또 모 전자회사와 일을 할 때였다. 그 당시 제습기 제품에 대해서 소비자들의 가장 큰 불만은 '진동, 노이즈'였다. 100이면 100 모두의 소망이었다. 아마 '소리 없이 강한 제습기'라는 심플한 컨셉으로도 해당 브랜드는 제습기 시장을 평정할 수 있었을 것이다. 하지만 담당자들의 생각은 소비자들의 생각과 달라 보였다. '진동, 노이즈를 소비자들이 불편해 하는 것 알아. 하지만 그것은 너무 심플해서 별로 중요하게 여겨지지 않아 분명히 다른 것에 대한 더 디테일한 소비자들의 미충족된 욕구가 있을 것이다.'라는 더 독특한 것에 대한 근시안에 빠져서 헤어나오지 못하는 것을 목격했다. 물론 밤에 은은하게 뜨는 LED 조명, 아름다운 모양, 컬러, 디자인 등 모든 것이 다 중요하다. 왜냐하면 요즘은 모든 제품이 다 잘 만들어져 나오기 때문이다. 하지만 예를 들어, 제습기에서 은은한 LED 조명 등을 비롯한 1년에 한두 번 사용할까 말까 하는 다양한 기능의 버튼이 소비자들의 구매 욕구를 자극할까? 아니면 소리가 없어서 꿉꿉한 장마기간에도 조용하고 안락한 수면을 보장해 주는 제습기가 구매 욕구를 자극할까? 질문하고 싶다. 그 담당자를 다시 만난다면 말이다. 아마 그들의 기술력이 그때까지는 저소음을 만들 수 없었기에 다른 부가적인 것에 집착했다면 조금은 이해가 될 것 같기도 하다.

에스노그래피 연구의 유형

1. 실무에서 활용도가 우수한 4가지 유형

에스노그래피 연구 유형에 대해서는 연구자별로 다양한 의견이 있는 듯하다. 하지만, 단어의 차이 혹은 각 방법론이 지닌 핵심 특성들 간의 결합 방식의 차이일 뿐, 큰 틀에서의 차이는 크지 않은 편이다. 이에 실제 마케팅 분야에서 많이 사용되는 방법론 위주로 소개하고자 한다.

이 모든 세부 방법론에 목적 및 상황, 주제에 따라서 비디오로 촬영을 하거나, 사진을 찍는 작업들이 곁들여진다.

① Home Visiting
② Shop– Alongs (Accompanied Shops)
③ Town Watching
④ Shadow Research

① Home Visiting

에스노그래피 연구에서 Home Visiting은 활용도가 높은 방법론 중의 하나이다.

가정 내 이용 상황과 관련된 제품 활용 행태에 대한 이해 및 미충족 욕구 발굴에 유용한 Home visiting의 경우에는 다음의 경우에 특히 유념해야 한다.

자신이 관찰이 대상이 된다는 것 자체가 부담이 될 텐데, 이 자체보다 더 어려워하거나 혹은 불편해 할 수 있는 것이 무엇일까? 길거리, 카페, 식당, 소매점과 같은 외부 공간보다는 본인들의 '집'에서 진행되는 경우이다. 나 사는 모습을 생판 모르는 남에게 공개한다는 것은 웬지 평가 받을 것 같기도 하고, 여러 가지로 신경 쓰이는 면이 꽤 있지 않을까?

특히, Home Visiting은 글로벌 회사의 외국인 마케터나 브랜드 담당자가 궁금해하는 경우가 많고 그들이 직접 방문에 참여한다. 예를 들어 아시아 리전의 헤드(Head)급도 직접 Home Visiting에 참여한다. 이럴 경우에 외국인 헤드급, 통역사, 연구원, 담당 브랜드 매니저. 이렇게 하면 벌써 4명이나 된다. 이론적으로 2-3명 정도가 적당하다고 하지만 현실적으로 힘들 때가 있다. 그래도 최소한의 인원이 방문하는 것이 중요하다. 집 공개를 허락한 소비자가 불편해 한다면, 그 소비자를 만나서 솔직하고 심도 있는 대화가 생각보다 어려울 수도 있기 때문이다.

Home Visiting의 경우, 소비자에게 생각보다 많은 사람이 방문해도 긴장하지 말고 자연스러운 모습을 보이는 것이 중요하다고 미리 귀띔해 주어라.

또, Home Visiting 시, 마치 손님접대를 하는 것처럼 평소와 다르게 때 빼고 광내는 집 단장을 일부러 하는 사람들이 있다. 만약, 청소나 혹은 주방에서의 설거지 행태를 관찰하는 조사인데, 일부러 집을 쓰윽 깨끗하게 정리해 놓으면, 우리는 방문해서 볼 것이 없는 불상사가 발생하는 것이다.

그리고 식품 관련 조사인데 정작 방문했더니, 리쿠르팅 시에 분명히 확인했던 제품이 냉장고에 없는 경우도 경우도 있다.(분명, 사진으로 찍은 것을 보내주어서 연구자가 정확히 확인했는데) 깜짝 놀라서 무슨 일이냐고 하면, 어제 딸 생일 파티라서 친구들이 놀러 와서 다 먹었다고 한다. 이럴 경우에는 어서 슈퍼 가서 사오라고 해야 한다. 당연히 거짓으로 물건을 채우는 것이 아니라, 원래 리쿠르팅 당시에 있었던 제품을 채우는 것이다. 평소에 사용하지 않는 제품을 구입하지 말라고 해야 한다.

그러므로 연구자들은 소비자에게 사전에 주의사항을 공지하여 이러한 불상사를 피해야 한다.

② Shop-Alongs(Accompanied Shops)

- 제품이 판매되는 소매점 등에서 소비자들의 제품 구매 행동 관찰
- 사전 계획을 비롯한 구매와 관련된 전반적인 전체 과정을 이해

- 매장 레이아웃, 제품 진열 등의 소비자의 동선 이해 및 개선
- 실제 경쟁 제품의 제품력 및 디자인 영향력 파악 등

③ Town Watching

- 거리 관찰 및 행인 인터뷰
- 연구 목적에 부합되는 특정 집단의 트렌드, 동선, 방문 지점 등에 대한 이해

④ Shadow Research

- 연구 주제와 관련되 제품/서비스를 사용하는 소비자와 그림자처럼 붙어 지내면서 관찰
- 구매 과정, 사용 과정을 심층적으로 관찰하면서 진행
- 사전 계획 단계와 현장 구매 단계의 영향 요소 차이 규명
- 사용 과정의 특성이나 감정을 더 깊이 있게 알고 싶을 때
  예 로그인 정보탐색 온라인쇼핑/게임 이용
- 여러 소비자를 팀 단위로 관찰이 필요한 경우
- 신제품 출시 전 구매율 실험
  예 온라인 쇼핑몰의 사이트 개선 [PC 옆]/게임 과정/아이폰 이용자 불편 사항 혹은 대학생들 놀거리/문화 현장 따라 다니기(집단 내 역할과 관계 이해)

또 이러한 방법론과 함께 빈번하게 사용되는 것들이 Photo Diary인데, 이는 Diary Description Interview(DDI)라고도 칭해진다. 즉, 특정 제품을 소비하는 소비자들이 직접 제품을 사용하는 내용 혹은 자신의 일상을 시간별, 요일별, 특이 사항별로 기록하는 방법이다. 보통 사진 첨부를 부탁하기 때문에 포토 다이어리(Photo Diary)라고 칭한다. 연구자들이 소비자들의 생활을 모두 관찰할 수 없다는 에스노그래피의 한계를 극복하는 똑똑한 방법이다.

소비자들이 본인의 제품 사용 행태에 대해 매일매일 특정 항목별(사용 시점, 사용 제품, 사용 횟수 등)로 작성된 일지를 작성하게 해서, 소비자들이 제품을 사용할 때의 관점을 파악할 수 있다. 연구자가 미리 기본 포맷(Format)과 작성방법에 대하여 가이드라인을 준다. 그리고, 포토 다이어리(Photo Diary)를 이용할 때, 소

비자의 라이프스타일을 좀 더 디테일하게 보고 싶다면 주중과 주말이 모두 포함될 수 있도록 스케줄링하라. 특히 FMCG 군의 경우, 주말과 주중의 패턴에는 반드시 차이가 난다. 미묘한 것을 잡을 수 있어야 진정한 승자가 될 수 있기 때문이다.

요즘에는 웹 혹은 모바일로 언제 어디서든 접속해서 기록할 수 있도록 준비되기도 한다. 솔직히 이 방법론은 에스노그래피 연구 외에 단독 혹은 다른 스몰데이터 방법론과 함께 병행되어 사용되기도 한다.

소비자를 직접 만나서 그들과 심층적 대화를 하는 **스몰데이터를 진행하는 것의 장점은 반드시 구조화되고 정형화된 고정화된 프레임에 고착되는 것이 아니라, 연구자 혹은 브랜드 매니저, 마케터의 창의성과 연구목적, 처한 상황에 맞춰서 유연하고 영민하게 요리조리 조합될 수 있다.** 그렇기 때문에 1+1이 반드시 2라고 할 수는 없다. 창의력에 따라, 능력에 따라 1+1=5가 될 수도 있다.

Photo Diary 사례 ❶

소비자의 일상을 매 시간마다 밀착 취재하기 어려운 현실을 고려하여 타겟 소비자의 관심사 및 일상을 일기형태로 직접 촬영한 사진과 함께 기록한 내용. 대면 접촉이 힘든 경우 간접 관찰의 역할 수행 가능.

No 1 Play ➔ Restaurant-Café-Museum-Street-Shopping Mall etc.

주로 어디서 노시나요? 친구들과 혹은 혼자서 주로 어디에 가시는지요? 그리고 그 곳이 왜 좋으세요? 그곳에 가셔서 즐긴 일상 사진을 담아 주세요. 되도록 여러 장도 좋습니다. 그리고 그 사진을 설명해 주세요. Box size는 본인이 알아서 조절하시되, 되도록 다양한 사진과 이야기를 적어 주세요.

첫번째 사진의 장소인 무지라는 곳은 간단한 캔버스화와 심플한 생활용품을 팔고 있어 간단하고 저렴한 상품을 찾기에는 안성맞춤인 곳입니다. 그래서 지나가면서 꼭 한 번쯤은 들리곤 합니다. 현재 무지의 네이비 컨버스화를 보유하고 있습니다. 두 번째 사진은 계절밥상이라는 프랜차이즈 점입니다. 여러 명의 친구가 모여서 메뉴를 정할 때 통일이 되지 않을 경우 무조건 프랜차이즈 식당을 선택해서 다양하게 골고루 음식을 먹는 편입니다. 다양하고도 계절에 맞게 바뀌는 메뉴가 신선해서 저뿐만 아니라 친구들도 좋아하는 곳이기도 합니다. 꼭 계절밥상이 아니더라도 강남에는 빕스, 애슐리 등등 프랜차이즈들이 많습니다.

세번째 사진은 강남역 폴더 매장입니다. 이곳에는 다양한 신발매장들이 진열되어 있고 2층으로 구성되어 있어 더욱 신발을 구경하기 편하고 넓은 장소입니다. 탁 트어진 공간으로 신발을 살 일이 없어도 꼭 방문하게 되는 그런 장소입니다. 전 매장에서 포인트를 모아서 쓸 수 있기 때문에 포인트를 모으는 재미도 쏠쏠합니다.

주로 어디서 노시나요? 친구들과 혹은 혼자서 주로 어디에 가시는지요? 그리고 그 곳이 왜 좋으세요? 그 곳에 가셔서 즐긴 일상 사진을 담아 주세요. 되도록 여러 장도 좋습니다. 그리고 그 사진을 설명해 주세요. Box size는 본인이 알아서 조절하시되, 되도록 다양한 사진과 이야기를 적어 주세요.

저는 강남역에 들리면 항상 나이키 매장을 갑니다. 제가 지금까지 봤던 나이키 매장 중에서 손에 꼽을 정도로 규모가 크고 직접 농구를 해보거나 직접 런닝머신을 체험할 수 있는 다양한 체험거리가 있기 때문입니다. 또한 다양한 옷과 신발들이 자주 새로 바뀌고 남자친구에게 선물 할 수 있는 아이템들도 많아 꼭 강남역에 들리면 가게 되었습니다.

제가 강남역에서 자주 방문하는 곳은 11번 출구 근처에 있는 메가박스입니다. 강남역에는 cgv도 있고 메가박스가 2곳이나 있지만 11번 출구 근처에 있는 메가박스가 음식점 상가들과 음식점 로드들 근처에 있어 더욱 편리합니다. 그리고 sk텔레콤 vip멤버십이 있어 할인의 폭이 가장 크기 때문에 메가박스를 자주 찾습니다.

또한 제가 자주 방문하는 곳은 강남역 11번 출구 근처의 코코이찌방야입니다. 제가 카레를 좋아해서 카레 맛집을 자주 찾아다니는 편인데 이곳 강남역 코코이찌방야 매장이 제일 맛있고 넓습니다. 그래서 그런지 다른 카레집보다 항상 웨이팅이 길지만 저는 강남역에 오면 코코이찌방야를 자주 들르는 편입니다. 저는 그 중에서도 크림이 들어간 오믈렛을 가장 좋아합니다. 또한 코코이찌방야는 전 매장에서 포인트를 모아서 쓸 수 있기 때문에 포인트를 모으는 재미도 쏠쏠합니다.

No 2 Contents ➔ Movie-Drama-Book-Animation-News-Journey-Cook etc.

요즘 관심 있는 분야가 무엇인가요? 그리고 여러분의 취미가 무엇인가요? 그런 이야기와 관련된 공간입니다. 관심있는 연예인 이나 유명인사 이야기도 좋아요. 관심있는 것은 무엇이든지 이야기해주세요.

요즘 저는 여행에 관심이 많습니다. 직장생활을 하기 전 최대한 많은 경험을 하고 싶어 최근에는 홍콩과 마카오를 가기도 했습니다. 앞으로는 호주와 베트남을 가보고 싶고 현재 그 여행계획을 실천에 옮기기 위해 계획 중에 있습니다. 그리고 요즘 핫한 프로듀스101 프로그램에 관심이 많습니다. 저는 음악 오디션 프로그램을 꼭 챙겨보는 편이었는데 프로듀스 101은 투표에 직접 참여하기도 하고 음반 또한 퀄리티가 좋아서 더욱 관심이 생겼습니다.
그리고 제가 좋아하는 연예인은 유노윤호입니다. 유노윤호를 10년 넘게 좋아하고 있는데 제대 후 아레나 잡지화보를 찍었다고 했을 때 바로 예약 주문을 하기도 했습니다.

No 3 Daily Life ➔ Company(OR School)

직딩은 직딩대로, 대딩은 대딩대로, 고딩은 고딩대로 하루의 가장 많은 시간을 보내는 곳이 학교 혹은 직장이죠. 그 생활을 대표할 수 있는 일상의 이야기를 기록해 주세요.

주로 대학생들은 지옥철을 경험한다고 합니다. 하지만 저는 4호선을 타고 다녔는데 항상 사람들이 많지 않아서 편안하게 앉아서 학교를 다니고 있습니다. 그래서 더 편하게 앉아서 핸드폰을 보는 시간이 많습니다. 왕복 2시간 거리를 왔다갔다 하면서 지하철 내에서 sns와 네이버, 유튜브 등등 새로운 맛집 정보, 새로운 패션 정보 등등을 얻고 바로 모바일로 결제하기도 하는 시간을 가지고 있습니다.
그리고 학교 내 도서관에는 없는 책들이 없습니다. 그래서 최근 여행에 대한 관심이 많아져 시간이 나는 대로 계획을 세우기 위해 항상 학교 내 도서관으로 가서 책을 열람해 봅니다.

직딩은 직딩대로, 대딩은 대딩대로, 고딩은 고딩대로 하루의 가장 많은 시간을 보내는 곳이 학교 혹은 직장이죠. 그 생활을 대표할 수 있는 일상의 이야기를 기록해 주세요.

저희 학교에는 낙산공원으로 이어지는 훌륭한 경치를 가지고 있습니다. 학교가 작아 편의 시설이 많이 부족한데 낙산공원으로 이어지는 공원 덕분에 좋은 공기 속에서 쉬는 시간을 많이 가질 수 있습니다. 하루에 한 번씩은 공강이 1시간씩 있고 낙산공원이 제가 다니고 있는 공대와 위치가 가까워 쉬는 시간과 공강을 이용해 친구들과 함께 먹을 것과 마실 것을 사와 담소를 나누거나 시간을 보냅니다.
두 번째 사진은 학교 중앙 로드입니다. 교양과 전공 두 개를 듣는 날에는 꼭 이 거리를 건너야 하고 이곳에서는 학교 축제와 행사가 있을 때면 항상 북적이는 장소이기도 합니다. 이 곳에서 각종 이벤트와 행사를 같이 하기 때문입니다. 또한 저는 항상 이곳에서 타과 친구들을 자주 마주치며 그들과 대화를 주고받습니다. 세 번째 사진은 열람실 사진입니다. 열람실에는 시험기간에 최적인 장소입니다. 그리고 시험기간이 아니더라도 취업준비를 하기 위한 장소이기도 합니다. 분위기가 조용해서 순간 집중력을 높여주고 시간을 보람되게 쓸 수 있어 저는 열람실에 자주 방문합니다.

No 4 Sports

운동하시죠? 운동하시는 모습이 담긴 이야기를 하는 공간입니다. 이왕이면 본인이 자주 착용하시는 스포츠 웨어(운동화 포함)를 착용한 모습을 보여주세요. 그리고 그 옷을 입었을 때의 느낌 같은 것 있잖아요. 내가 이 옷을 입고 운동하면 남들이 날 어떻게 봐주면 좋겠어 라든가 혹은 내 기분이 이런 느낌이 들어서 이 옷을 입고 운동을 하게 되죠 이런 것들이랍니다.

첫 번째 사진은 쇼핑하다가 요가복을 사기 위해 상하의를 입어본 사진입니다. 바로 입어보고 마음에 들어서 그 자리에서 구매 했습니다. 스포츠 웨어는 확실히 재질이 좋고 땀을 흘려도 잘 흡수 해주고 신축성이 좋아서 편안함 그 자체인 것 같습니다. 그리고 옛날부터 운동을 즐겨 했기 때문에 운동에 대한 욕심, 그리고 운동복에 대한 욕심도 있는 편입니다. 이 운동복을 입으면 왠지 운동이 더 잘 되는 기분이 들고 더욱 운동에 대한 욕심도 생기게 되는 것 같습니다. 그리고 타이트한 타이즈가 내 몸매를 속임 없이 보여줘 더욱 자극을 많이 받습니다. 두 번째 사진은 헬스장에 가서 찍은 사진입니다. 주로 헬스장에는 헬스복이 구비되어 있어 한 번 입고 세탁을 해주기 때문에 편리하게 시설을 이용할 수 있습니다 . 특히 헬스트레이닝을 하면 땀이 많이 나기 때문에 더욱 제 옷보다는 헬스장에 있는 옷을 입고 운동하게 되는 것 같습니다. 그리고 저는 무리가 가지 않는 선에서 가벼운 아령부터 몸풀기를 시작하고 스쿼트를 정해진 개수만큼 해냅니다.

세 번째 사진은 요가하기 전에 찍은 사진입니다. 그날 날씨에 따라서 긴 팔 티셔츠를 입거나 반팔 티를 입고 요가가 쭉쭉 뻗는 자세가 많아서 주로 엉덩이를 살짝 가리는 길이감의 티셔츠를 많이 입습니다. 그리고 제가 좋아하는 연예인은 유노윤호입니다. 유노윤호를 10년 넘게 좋아하고 있는데 제대 후 아레나 잡지화보를 찍었다고 했을 때 바로 예약 주문을 하기도 했습니다.

No 5 Sports

혹시 스포츠 웨어를 운동할 때만 입으시나요? 저는 가끔 집에서 홈웨어 대신으로도 입고, 잠깐 잠깐 외출할 때도 스포츠웨어를 입고 돌아다닐 때가 있어요. 라이크라 바지가 편하잖아요 ^^ 여러분들의 그런 모습을 보고 싶고요. 왜 운동할 때가 아님에도 불구하고 스포츠 웨어를 입게 되는지 그런 이야기도 다 풀어주세요.

저는 스포츠 웨어를 일상생활에도 입고 잠깐 집앞 슈퍼에 갈 때도 입고 격식을 차려야 하는 곳이 아니면 자주 입는 편입니다. 그래서 더욱 상의 같은 경우는 좀 더 캐쥬얼하고 발랄한 스포츠 웨어를 찾게 되는 것 같습니다. 밑에 추리닝을 입어도 되고 청바지에 입어도 되고 어디든 어울립니다.

운동할 때도 어울리고, 외출복으로도 편안하게 입을 수 있는 옷은 정말 일석이조입니다. 그리고 스포츠 웨어는 편안하기도 하고 브랜드 이미지도 좋기 때문에 운동 할 때가 아니어도 입을 수 있어 어떤 옷을 입어야 할지 고민할 필요도 없습니다.

그리고 요가할 때 입으려고 구매한 타이즈를 가까운 곳으로 외식할 때, 장을 볼 때도 자주 입습니다. 타이즈는 신축성이 좋아서 배가 불러도 편안한 느낌을 주고 동시에 슬림핏으로 인한 멋도 주기도 합니다. 그리고 요즘 엘리베이터가 아닌 계단을 이용하고 있는데 계단을 오르내리기에도 매우 편안합니다.

No 6 가장 아끼는 나의 소장품

가장 아끼는 것이 무엇인가요? 살아있는 것 , 숨쉬지 않는 것 모두 모두 좋습니다. 그것 혹은 그 사람을 보여주세요.

저는 토이스토리 애니메이션을 정말 좋아합니다. 그래서 픽사 전시회도 미리 예매하여 찾아가고 굿즈도 다양하게 구매를 하였습니다. 또한 이번 홍콩 여행에서도 디즈니랜드를 꼭 들려 사진도 많이 찍었고 피규어를 사는 등 정말 토이스토리에 대한 애정이 넘칩니다. 그래서 저는 앞으로 계속 이 캐릭터를 모을 예정이고 미국 디즈니랜드도 꼭 가서 토이스토리 캐릭터를 만나보고 싶습니다.

No 7 내가 가장 하고 싶은 것

10년 후의 나의 꿈 이런 것을 이야기하는 것이 아니라, 지금 당장이라도 내가 가장 하고 싶은 것들 있잖아요. 아니면, 한달 후 혹은 내가 돈을 조금 모은 후에 (예를 들어 지금보다 형편이 조금이라도 나아지면) 하고 싶은 것들, 일상 탈출 이런 것도 좋아요. 그것들에 대해서 이야기해주세요.

현재는 대학생이기 때문에 거금을 주고 어떤 것을 하기에는 조금 망설여질 때가 있습니다. 이제 곧 여름이 오면 워터파크를 가야 하기 때문에 눈썹 자연 문신을 하고 싶습니다. 또한 피부에도 관심이 많아서 피부 관리도 받아보고 싶습니다.
그리고 평소에 신발 욕심이 많아서 아디다스 나이키 운동화 공식 홈페이지, 매장에 가서 구경을 많이 하는 편입니다. 여유가 생긴다면 사고 싶은 신발 3켤레를 동시에 사고 싶습니다.

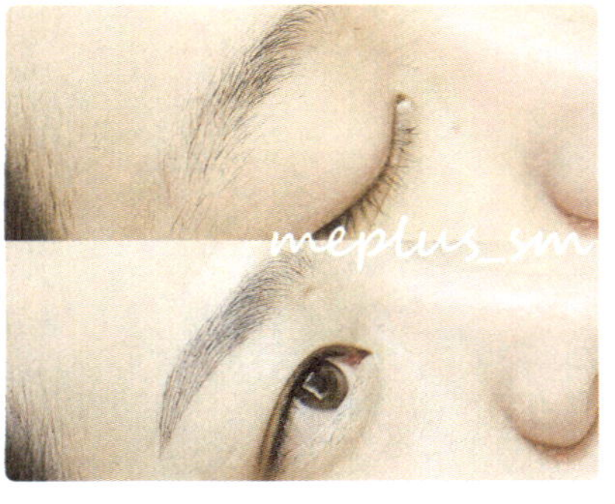

Photo Diary 사례 ❷

우선 바쁘신데, 이번 조사에 시간을 내 주셔서 감사합니다. 특히, 코로나 바이러스로 인해 우리 모두가 힘든 시기에 조사에 응해 주셔서 더욱 더 진심으로 깊이 감사드립니다.

이번 조사에서는 아름다운 우리 주부님들의 요리와 관련된 진짜 리얼한 모습을 살짝 구경하려고 합니다.

한번, 이번 기회에 '나의 요리 다이어리'를 사용하시면서 아, 내가 이런 식으로 요리했구나 하는 것을 한번 생각해 보시는 나름 재미있는 기회도 될 수 있을 것입니다.

절대 꾸미지 말고 평소에 요리하는 대로 다이어리에 임해 주시면 됩니다.
특히, 사진 촬영은 필수인 것 아시죠 ! 굳이 뽀삽처리하지 않으셔도 되요.

저희가 방문해서 주부님께서 예쁘게 꾸민 다이어리 내용을 한번 같이 볼 예정이예요.
KF 94 마스크와 위생 장갑끼고 방문할 예정이니 걱정하지 마세요.

* Ppt 슬라이드는 주부님 마음대로 추가해서 사용하세요.

1. 우리 집 주방 모습입니다.

주방의 모습과 식탁의 모습을 모두 공개해 주세요. 예를 들어, 냉장고 전경, 요리 기구들을 모아 놓는 곳, 찬장 등 구석구석 빼먹지 마세요!

절대 한 가지! 촬영을 위해서 청소하시면 안 돼요 ~! 사람들은 다 사는 게 비슷비슷하니, 굳이 꾸미지 마세요 ^^

사진의 사이즈는 주부님 편하신 대로 조정하시면 됩니다. 그리고 사진을 담는 PAGE도 무한대 가능합니다. 즉, PPT 슬라이드 한 장에 여러 컷이 들어가도 되고, 1-2장이 들어가도 됩니다. 단, 사진 사이즈를 왜곡시키지 마세요.

주방 전체

식탁

● 아래와 같은 소비자의 주방사진을 보고, 스몰데이터 전문가로서 어떤 통찰력을 발휘할 수 있을까?

김치냉장고

양념 선반

냉장고

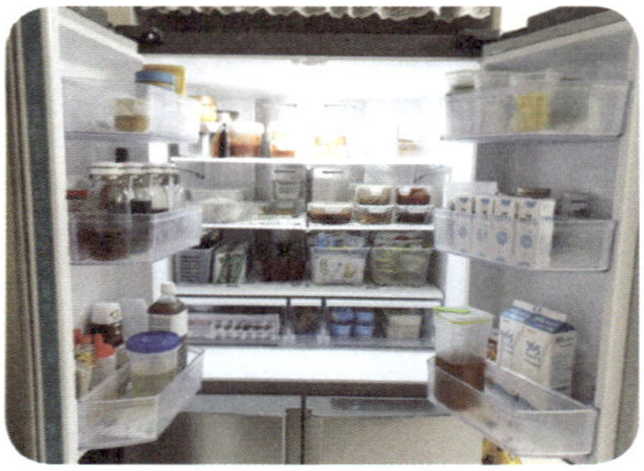

냉장고 안

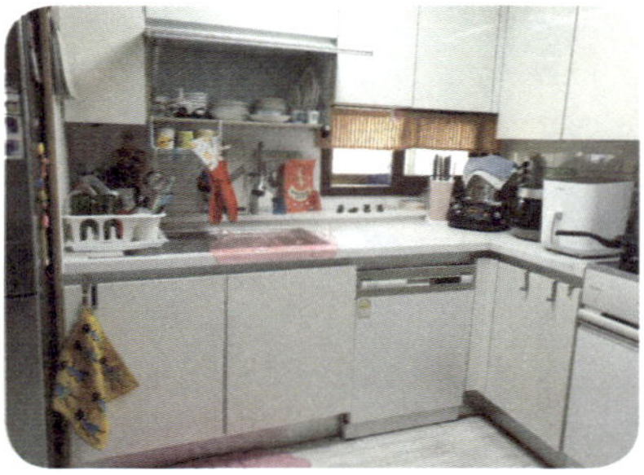

주방 양 옆

보조 식탁

2. 내가 요리하는 과정에 대한 사진입니다. (요리 한 가지)

압력솥으로 요리를 해주시면 됩니다.
대신 밥은 제외, 평소에 자신있게 많이 해드시는 요리 기준입니다.
그 요리 도구를 사용하기 전(BEFORE) 중간(DURING)
후(AFTER)의 단계를 구분해서 사진을 찍고 그 옆에
간단한 멘트를 기록해 주세요.

예를 들어,
BEFORE 단계에는 재료를 손질하는 모습,
DURING 단계에는 요리기구를 사용하는 모습,
특히 이 단계에는 또 주부님의 스타일에 따라서
다시 몇 개의 단계로 더 구분될 수도 있을 것 같아요.
AFTER 단계에는 다 조리된 음식을 덜어서,
식탁에 담는 모습이 포함될 것 같아요!

마치, 인스타 혹은 블로그에 나도 한번 해본다 하는
마음으로 재미있게 해주세요!

- 압력솥 주방용구를 사용하는 전 과정을 보면서, 어떤 신상품 발굴 기회를 찾을까!

요리 전(Before)

➔ 뜨거운 물을 미리 준비해서 녹이는 시간이 필요함. ○○소스의 미리 배합하는 시간이 맛 증가

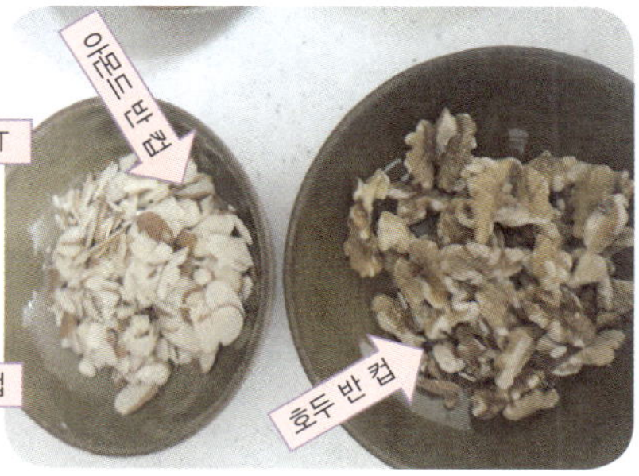

요리하는 단계(During)

1. 견과류 제외, 미리 소스 만들기

풍련 압력 밥솥 / 10살

Pot 자체의 온도 전달률이 다른 점이 부편, 밑바닥은 뜨근, 위는 온도차로 인해 차가운 기운이 있어서, port 자체의 열전도률이 골로구 되지 않은 점 ➔ 타는 이유가 됨, 센불이 아니라 처음부터 중불로 시작하는 노하우 생성

2. 찹쌀 2컵은 1시간 불려서 넣고 소스를 넣어준다. (단, 물기 X)
3. 골고루 저어가며 견과류를 섞어준다.

소비자들이 주방용구를 사용하면서 느끼는 Pain Piont는 무엇일까?

4. 강불로 유지하다가 추가 돌기 시작할 때 중불로 바꿔준 뒤 타이머를 4분 맞춘다. ➔ 불조절을 안 하면 타는 타이밍은 음식 내음으로 확인을 하기도 함, 추가 돌기까지는 지켜보는 단점이 있음.

5. 꼭 김이 다 빠질 때까지 기다린다. ➔ 자연적으로 빠지는 시간이 10분정도 소요. 다른 일을 함. 김빠지면 맛이 없음.
   ➔ 수분을 빨리 빼면 음식 맛이 덜해짐, 수분 증발 가속화

6. 온기가 있을 때 참기름을 넣어주고 잘 저어준다. 장조림은 중간에 꽈리고추, 달걀 등을 넣을 수 없으니, 오히려 일반 냄비가 용이함

7. 한 수저씩 모아 랩 위에 올린다.(크기는 테이프 심 정도가 먹기 좋다.)

요리 후(After)

8. 예쁘게 포장하면 완성.

- 요리가 완성된 다음, 소비자의 행동에서 어떤 시장 기회를 모색할까!

2. HY Mariampolski에 의한 에스노그래피 연구 유형

∴ 이 부분은 Hy의 이론, 필자의 경험, 일반사례를 종합했다.

앞의 4가지 유형 외에 에스노그래피의 유형을 하이 매리엄폴스키(Hy Mariampolski)** 의 것을 기준으로 다시 한 번 정리하고자 한다. 하이의 분류를 실제 활용하기 편하게 필자가 조금은 각색했음을 미리 알린다. 그 이유는 특정 유형에 얽매이지 말고 바로 여러분들이 필요에 의해 자체적으로 분해 조립해서 재창조하라는 의미이다. 우리가 어려운 수학 문제를 푸는 경우에도 반드시 한 가지 길이 존재하는 것이 아닌 것과 같다.

표 2 에스노그래피 연구 유형

	사적 장소	공공 장소
제한된 기간/구체적 과업	Section A ① 제품 사용 관찰 & 구조화된 제품 사용법 ② 맥락적 사용성	Section C ① 동행 구매 ② 구조화된 제품 사용법 ③ 게릴라 에스노그래피
열린 기간/총체적 소비 경험	Section B ① 문화연구 ② 일상적인 하루	Section D ① 구매 관찰 ② 암행 쇼핑

2-1 Section A

즉, 사적 상황에서 이루어지고 기간이 제한적이며, 구체적 과업이 중요한 경우에 해당된다. Home Visitng이 전형적인 경우에 해당된다.

1) 제품 사용 관찰 & 구조화된 제품 사용법

- 내 제품이 사용되는 모든 사적 장소에 우수한 참가자가 리쿠르팅된다면 어디든지 괜찮다고 생각하면 된다. 즉, 화장실 및 집안 청소, 부엌에서의 요리와 식사 과정, 세탁기/에어컨/냉장고/공기 청정기 등 각종 가전 기구의 사용 및 배치 현황, 아기 기저귀 갈아주기, 의료 기구의

** **하이 매리엄폴스키**: 퍼듀대학교에서 사회학과 인류학을 전공, 이후 캔자스 주립 대학교에서 조교수 생활, 1980년대에 QualiData Research Inc. 설립 후 질적 연구의 실용화에 기여

사용 관찰 등이다. 대신, 이와 관련된 전체과정을 관찰하기 위해서는 제품 특성에 따라서 시간이 꽤 소요될 수 있다.

- 구조화된 제품 사용법은 신제품에 대한 소비자 반응 및 기존 제품의 대안적 활용 방안, 새로운 사용 습관을 분석하기 위한 것이다.

2) 맥락적 사용성: 맥락은 에스노그래피 영역에서 매우 중요한 개념

CASE: 세계 최대 완구 회사의 순위가 변동된 순간

어린이와 잘 놀아서 바비 인형을 이긴 이야기이다. 바로 레고의 이야기다. 1932년 덴마크의 목수 올레 키르크 크리스티얀센이 조립식 블록 완구를 내놓았는데, 이것이 레고의 시초이다. 1980년대 후반 레고는 기본 특허가 만료되었다. 그러자 세계 여러 나라에서 레고와 유사한 블록 완구를 제조하는 업체들이 속속 등장했다. 특히, 1990년대 들어서 더욱 최악이 된다. 소니의 플레이스테이션과 같은 비디오 게임의 등장과 함께 레고의 위상은 추락한다. 계속되는 적자에 허덕이자 많은 금융회사가 적대적 M&A의 대상으로 레고를 지목

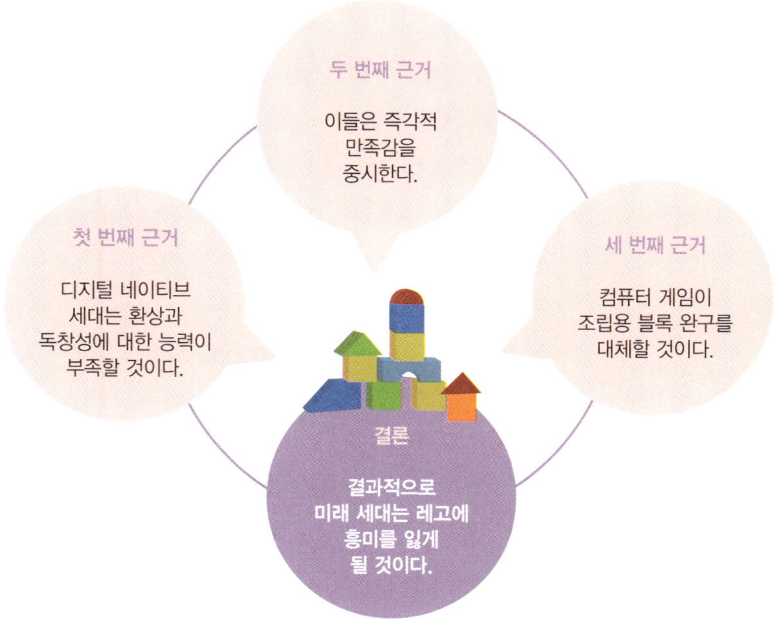

하기도 했다. 한때 세계 최대의 장난감 회사였던 마텔(이 세상 여자 어린이들의 한때 로망인 바비 인형을 만든 회사)이 레고를 인수할 것이라는 소문도 돌았다. 레고로서는 온통 자존심이 상하는 일뿐이었다. 또 그 와중에 빅데이터 연구를 통해서 다음과 같은 참담한 결과를 접하기도 한다.

그렇다면 빅데이터와 직접적인 관련이 약한 사업은 다 접어야 한다는 말인가. 만약, 필자가 레고의 CEO라면 위의 빅데이터 결과에 부르르 떨면서 아래와 같은 제안을 했을 것 같다.

'우리 레고도 미래 세대의 성향을 반영하자. 그래서 그들이 좋아하는 충동적, 순간적, 즉각적 특징이 가미된 최고의 디지털화된 블록 게임으로 이 시장을 수성하자. 요즘은 빅데이터 시대다. 모든 빅데이터가 동일한 결론을 내렸으니, 그에 따른 의사결정에 의심할 여지는 거의 없다!'

하지만 레고의 CEO는 격이 달랐다. 레고는 많은 이들이 신뢰하는 빅데이터 결과를 의심한 것이다. 그리고 다시 한 번 점검하는 과정을 거치는 것으로 중지를 모은다. 이에 앞에서도 소개한 마틴 린드스트롬에게 SOS 한 것이다. 마틴 린드스트롬과 레고는 책상을 벗어나 현장으로 나갔다. 독일의 중소 도시에 거주하는 열한 살 소년이 사는 한 가정을 방문했다. 소비자에 대한 깊은 이해를 위해서였다. 당연히 이들은 소년의 집에서 인터뷰를 진행하면서 관찰도 병행했다. 그러면서 소년이 좋아하는 것, 싫어하는 것, 성격, 취미생활 등 모든 일상을 하나씩 하나씩 지혜의 현미경을 통해 들여다보았다. 그러면서 소년의 삶에 공감해 나갔다. 이러한 과정을 통해 이 소년이 레고 광이면서 또한 열정적인 '스케이터 보더'라는 사실을 알게 된다. 그들은 소년에게 따뜻하게 질문했다.

'너에게 가장 자랑스러운 물건이 무엇이야?'

소년은 곧바로 한쪽 면이 닳아서 울퉁불퉁해진, 낡은 아디다스 운동화 한 켤레를 가리켰다.

'이 낡은 운동화는 영광스러운 우승컵이자 금메달이에요.'

그 운동화는 한쪽 면이 너무 닳아서 직각으로 깎여 있었고, 뒤꿈치에는 큰 흠도 있었다. 너무 여러 번 신어서 밑바닥은 밋밋해져 있었다. 보통의 깔끔한 엄마라면 대번에 아들 몰래, 혹은 강제로라도 내다 버렸음직한 운동화였다.

하지만 소년에게 그 낡은 운동화는 운동화 이상이었다. 바로 그 운동화는 '내가 이 도시에서 최고의 스케이터 보더야'라는 메시지를 전하는 하나의 매개물이자 상징이었던 것이다. 소년에게서, 그리고 소년의 운동화에서 이들은 반짝이는 인사이트를 얻게 되었다. 아이들은 결코 즉각적인 결과만을 추구하지 않는다는 것! 이는 기존 빅데이터 결과에 반하는 결론이었다.

레고 사람들이 얻은 인사이트를 자세히 풀면 다음과 같다.

01 아이들은 어떤 기술을 통달해 최고 수준에 오르면
친구들 사이에서 명성을 얻는 것을 중요하게 생각한다.
그게 어떤 분야이건 상관없이.

02 그것이 내게 가치 있고 유용하다면 시간이 얼마나 걸리든 상관하지 않는다.
잘할 때까지 끈질기게 매달린다.
즉, 본인이 원하는 구체적 결과를 얻기 위해서 최선을 다한다.

이후 레고사는 빅데이터에 근거한 전략 방향을 수정했다. 그리고 레고사가 간직해 온 브랜드 정체성에 다시 초점을 맞추었다. 그동안 축소했던 블록 크기를 되돌렸고, 또 한편으로는 더 작고 더 정교한 블록을 추가해서 사용 설명서의 난이도를 높였다. 더 큰 노력을 기울여야 조립에 성공하도록 제품 전략을 바꾼 것이다. 이 전략은 결국 성공했다. 그들의 브랜드 본질로 다시 컴백한 것이다. 그 결과, 2014년에는 자신들을 집어삼킬 수 있었던 마텔의 매출을 넘어서게 된다.

레고의 사례는 소비자가 살아가는 전후 맥락에 대한 공감이 관찰과 병행되어야 함을 증명한다. 소비자가 살아가고 있는 일상생활에서의 맥락(Context: 정황/상황/전후 사정으로 이해하자)을 이해하는 것은 중요하다. 당신은 소비자이다. 다시 당신으로 빗대어 보자. 당신이 제품을 사용하고 구매할 때를 상기해 보자.

당신은 오로지 그 특정 제품 자체만으로 구입하고 사용하지 않는다. 즉, 그 제품을 바라보는 당신의 프레임에는 많은 것들이 영향을 주기 마련이다. 예를 들어, 당신이 처한 물리적 환경과 사회적 흐름, 당대를 이끄는 문화 혹은 트렌드, 당신 가정만이 지닌 특유의 역사, 당신만의 성향, 주변 사람과의 관계 등

이 많은 것들이 복합적으로 당신이 제품을 바라보는 시각에 영향을 준다. 그러므로 다양한 상황적 맥락을 고려하면서 관찰해야만 한다.

이는 피상적, 단편적인 생각에서 벗어나게 해준다. 이런 식으로 소비자에게 한 발짝 더 가까이 가라. 그들의 내면세계에 대해 더 깊게 공감하라. 그러면서 바라보고 스킨십하라. 소비자가 처해 있는 맥락 속에서, 내 제품과 소비자를 연결하는 쫀쫀한 끈을 찾아야만 한다. 어차피 명품은 한 끗 차이다.

2-2 Section B

사적 상황에서 이루어지는 것은 Section A 유형과 유사하지만 기간이 제한되지 않은 총체적 소비 경험 관점의 연구이다.

1) 문화 연구

솔직히 이 분야는 마케팅 분야에서 흔히 이루어지는 영역은 아니라고 본다. 하지만, 해외로 진출하려는 회사의 경우에는 유용하지 않을까 한다. 특정 제품에 대한 소비자 인식 및 사용 상황, 사용 방법 등은 문화적 배경과 많은 연관성을 지니고 있기 때문이다.

민족적, 사회 경제적, 직업적, 종교적, 감정적 특징에 기초하여 연구자가 연구하고자 하는 집단을 총체적 관점에서 이해하는 것이다.

'문화'라는 개념 자체가 얼마나 매우 광범위하고 깊은 주제인지 다 공감할 것이다. 어디 하루이틀 관찰하는 것으로 만족이 될까. 이러한 연구는 장기간의 기간을 확보하고 2차 자료(Secondary Data)에 대한 해석도 함께 규명하는 것이 필요하다.

2) 일상적인 하루

특정 유형의 소비자가 사용하는 제품에 내포된 원칙, 기대 심리 등을 밝히기 위해 일상 생활에서 발생하는 일련의 활동이나 문제를 통찰하기 위한 유형이다. 즉 하루 종일 관찰하고 함께 있는다는 것이다. 하지만 현실적으로 한계가 많은 편이다.

그래서 대부분 DDI 혹은 포토 다이어리(Photo Diary)로 대체하거나, 가정 내에 고정 비디오 카메라 등을 설치해서 간접 관찰을 하기도 한다. 요즘은 관찰 예능 프로그램이 활성화되어 있으니, 이 방송 시스템을 그대로 에스노그래피에 적용시키는 것이 보다 현실적이고 투입(Input) 대비 산출(Output) 측면에서도 효과적일 것 같다.

이 유형도 맥락과 관련되어 새로운 통찰력을 얻기에 적합하다고 본다.

문화 연구와 일상적인 하루 연구 유형의 에스노그래피와 관련성 높은 사례를 한 가지 소개하고자 한다. 개별 브랜드 전략을 수립하는 거대한 다국적 기업인 P&G는 소비자와의 직접적인 공감과 대면 접촉을 통한 스몰데이터를 통해 마케팅 전략을 수립하여, 많은 개별 브랜드마다 괄목한 만한 성과를 낸 브랜드로 유명하다. 하지만 잘 나가는 브랜드도 위기의 순간은 있는 법인데 이때도 P&G는 소비자를 통해 해답을 얻었다. P&G는 '살아보기'(Living It) 라는 프로그램을 통해 자사 직원들을 소비자 자택에 일정 기간 거주시키며 소비자 삶 속에 철저하게 동화되도록 했다. 즉, 함께 식사하고 쇼핑하며 소비자들이 각자 시간과 돈을 어떻게 사용하는지, 어떤 제품을 구매하고 어떤 불편함을 호소하는지 꼼꼼히 살폈다. 그야말로 동거동락을 한 셈이다. 물론 어느 정도 기간을 정하고 진행된 프로그램이긴 하지만, 대부분의 Home Visiting과 같은 유형의 방법론이 하루 혹은 짧은 몇 시간 안에 이루어지는 것에 비해서 소비자와 함께 산다는 것은 바쁜 마케터들에게 쉬운 일은 아닐 것인데, 이들은 실행에 옮겼다. 그리고 위기 상황에서 벗어났으니 이 시간은 결코 헛된 시간이 아닐 것이다. **생활용품 제조업체로서 자사 브랜드 제품이 소비자 삶과 얼마나 맞아떨어지는지 하나하나 따져본 것이다. 이것이 진짜 에스노그래피의 진수이다.** 또한 이들은 일해보기(Working It) 라는 프로그램을 통해서 소비자를 인격적으로 이해하기 위해 노력한다. 직원들이 매장 카운터 뒤에 머물면서 소비자들이 특정 상품을 구매하거나 혹은 구매하지 않는 이유를 파악하고 분석한 것이다. 제조사 관점에서 혁신의 일환으로 내놓은 것들이 오히려 소비자에게 혼란을 안겨주는 것은 아닌지도 함께 고려하면서 관찰한 것이다.

이러한 노력을 통해 한때 멕시코 섬유유연제 시장 60%를 차지한 다우니 싱글 린스를 비롯해서 화장지 차밍, 섬유탈취제 페브리즈 등의 브랜드 성공은 타의 추종을 불허한다.

일종의 혁신을 일상화한 것이고, 에스노그래피 방법론에 가장 충실한 것이다.

2-3 Section C

공공적 상황에서 이루어지는, 기간이 제한적이면서 구체적 과업이 중시되는 연구이다.

1) 동행구매(Shop Alongs 혹은 Accompanied Shops)

슈퍼마켓, 백화점, 약국, 화장품매장, 복합 문화 공간, 편집숍 등에서 실제로 소비자와 함께 쇼핑을 체험하는 방법론이다. 온라인 및 모바일 쇼핑이 대세라고 해도 쇼핑과 관련된 인간의 본질은 직접 내 눈으로 보고 비교하고 때로는 점원과의 의사소통과 분리될 수 없다고 주장하고 싶다. 게다가 매장 내 환경, POP물, 예를 들어, 화장품 셀프 테스트존이 잘 구성되어 있는가, 동선 구성, 계산대의 대기 상황 등 모든 것이 관찰 대상이 된다. 자사 브랜드 매장 외에도 주요 경쟁사 매장도 반드시 함께 비교해야 한다.

소비자가 어떤 부분에서 구매 계기를 느끼게 되는지, 반대로 어디서 구매 장벽을 느끼게 되는지 그리고 MOT는 어디서 나타나는지 소비자가 겪는 내적 경험에 대한 통찰력을 얻을 수 있다.

하이 매리엄폴스키(Hy Mariampolski)는 음식 재료 구입 과정에 대한 동행 조사를 수행하고 그 재료를 사용해서 소비자가 음식을 준비하는 과정을 관찰한다고 했는데 이 또한 다른 유형을 결합하는 것이다. 즉 Shop Alongs 방법론을 진행한 후에 Home Visiting을 진행하는 것으로 이해하면 된다.

2) 구조화된 제품 사용법

하이 매리엄폴스키(Hy Mariampolski)는 이러한 경우에 유용하다고 소개했다.

예를 들어, 교통 체계 개선을 담당하는 기관이 이용객을 대상으로 기차 혹은 버스의 신모델을 동반 시승하는 것이다. 정부 기관에서 활용하면 좋을 듯하다. 이와 걸맞는 최적의 사례는 아니지만 자동차는 사적인 공간임과 동시에 공적인 공간에서 움직인다는 측면에서는 적합성(fit)이 있어 보이므로 이해를 돕기 위해 벤츠의 '이노베이션 스튜디오'와 '레드 버튼 시스템'에 대해서 소개하고자 한다.

벤츠는 2009년에만 2000개 이상의 신규 특허를 등록해 독일 자동차 산업 분야에서 특허 취득 1위를 차지했고, 요즘 핫한 전기차 분야 관련 특허만 600여 개에 이른다고 한다.

그들은 스투트가르트에 있는 '메르세데스-벤츠 이노베이션 스튜디오'에서 일종의 창의 워크숍(Creative Workshop)의 형태로 일반 소비자, 철학자, 사회학자, 심리학자 등의 다양한 분야의 관계자들과 함께 아이디어 논의를 한다(IBM이 주로 하는 JAM형식을 차용하기도 한다).

그런데 이들은 고객과의 핫라인(Hot Line)을 설치해서 언제 어디서든 고객의 이야기를 귀담아 듣는 레드 버튼 시스템을 운영하고 있다. 즉, 고객이 실제 생활에서 차와 관련된 아이디어가 생각나거나 불편함을 느꼈을 때 차에 장착된 빨간 버튼을 누른다. 그러면 즉시 리서치 센터와 화상 전화로 연결되고 소비자들은 그들의 의견을 실시간으로 전달하는 것이다. 독일 내의 약 2,000여 명의 소비자를 대상으로 그들이 일상 생활을 하다가 나오는 의견을 즉각적으로 수용하는 것이다. 마치 에스노그래피가 현장에서 나타나는 것을 캐치하는 묘미가 있듯이, 자동차에 관한 아이디어도 당연히 자동차를 운전할 때 가장 많이 떠오르지 않을까? 또 메모는 귀찮을 때가 종종 있지만 화상 전화는 메모를 이기는 법이다. 이 방법은 눈에 보이지 않는 관찰 기법(Invisible Observation)으로 카테고리를 하나 만들어도 될 충분한 연구가치를 지닌다고 본다.

3) 게릴라 에스노그래피

TV 프로그램 중에 게릴라 데이트라는 것이 있었다. 그 인터뷰를 연상하면 된다. 하이는 이를 특별한 준비 없이 공공장소에서 무작위적인 관찰로 정의했다. 예를 들어, 대중적인 클럽, 바, 펍에서 사람들이 술을 마시는 상황이나, 소비자들이 특정 제품을 구매하는 행위를 관찰하는 것이다.

이는 에스노그래피의 리허설로 활용하기에 바람직하다. 사람들이 기분 나빠할 수 있으니, 너무 티나게 하지는 말자. 우선 무작정 나가서 부딪혀 보는 것이다. 여기서의 트레이닝이 실전에 많은 도움이 될 것이다.

필자는 실제로 글로벌 주류 회사와 함께 이자카야나 펍에서 에스노그래피를 진행해 본 경험이 있다. 여기서 실제로 그들은 맥주와 어울리는 안주로 어떤 것을 선택하는지, 그들이 그 자리에서 약간의 수고를 들여 맥주를 제조해 보는 것에 대해 어떤 감성을 느끼는지, 퇴근 후 지쳤지만 친한 친구들과 함께 하는 소박한 그들의 일상 대화에서 '술'이 차지하는 가치가 무엇이지, 자사 브랜드의 차별화된 가치 제안에 대해 어떻게 인식하는지의 내용이 도출되었다.

이러한 방법론들은 **'진짜 소비자들이 해당 제품을 소비하고 구매하는 현장 지향적 성격'**을 지닌다는 점에서 브랜드와 관련된 차별화된 생생한 날것의 인사이트를 얻을 수 있는 기회이다.

2-4 Section D

즉, 공공 상황에서 이루어지고 기간이 제한되지 않은 총체적 소비 경험 연구이다. 여기에는 구매 관찰 연구와 암행 쇼핑 연구가 포함된다.

이는 특정 소비자의 행동에 초점을 두는 다른 유형의 에스노그래피와 달리 판매 및 구매의 맥락을 총체적으로 관찰할 때 용이하다. 매장 내 주요 지점에 관찰자가 상주하거나 비디오 촬영 장치를 설치하는 것이다. 이는 리테일 에스노그래피(Retail Ethnography)라고도 한다. 요즘은 소매점이 독특한 경험 가치 제공을 중시하므로, 이와 관련된 인사이트 도출에 용이할 것이다. 리테일 분야에서 전통적으로 격언처럼 내려오는 진실이 존재한다. '고객에 매장에 더 많이 머물수록 더 많은 것을 구매할 확률이 높아진다'는 것이다. 단순히 조사원을 고용해서 판매 직원들의 서비스 수준을 평가하는 것으로, 보편적으로 알려진 암행 쇼핑 연구 방법을 벗어나 매장에서 소비자를 관찰하는 것은 매우 중요하다.

지금 소개할 사례는 맥도날드 밀크셰이크의 성공담이다.

모든 제품에는 일종의 라이프 사이클과 같은 제품 수명 주기가 존재하고 모든 브랜드는 쇄신을 통해 소비자들에게 새로운 모습으로 다가가야 하는 일종의 숙명을 안고 있다. 맥도날드도 예외는 아니었다. 2000년대 초반 맥도날드는 밀크셰이크 판매 증진을 위한 시도를 했다. 대부분의 브랜드가 그러하듯이 맥도날드도 타겟 확장, 패키지 디자인 변경, 맛과 사이즈의 다양화 등과 같은 온갖 방법을 고민했다. 기존의 핵심 소비자층인 9~13세 아이들을 위한 맛과 컵 사이즈에서 다양성을 추구했다. 그러나 판매 증가는 그들의 기대에 미치지 못했다. 이를 극복하기 위해 맥도날드는 '혁신 기업의 딜레마'로 유명한 하버드 경영대학원 클레이튼 크리스텐슨 교수에게 SOS를 보냈다.

컨설팅 의뢰를 받은 클레이튼 크리스텐슨(Clayton M. Christensen) **교수 일행은 며칠 동안 매일 10시간씩 맥도날드 매장에서 소비자들을 관찰하기 시작했다. 예를 들어, 밀크셰이크를 누가 주로 사 가는지, 어느 시간 대에 몇 명의 고객이 매장에 오는지, 소비자들은 어떤 옷을 입고 있는지, 남자인지 여자인지, 어른인지 아이인지, 어떤 메뉴를 고르는지 등을 매의 눈으로 살피고, 그 정보를 꼼꼼하게 기록했다.** 그 결과는 다음과 같다.

밀크셰이크의 판매량은 출근 시간대인 오전 8시 이전의 판매량이 전체의 절반 이상이다. 고객들은 대부분 다른 메뉴를 추가로 주문하지 않고 밀크셰이크 한 개만 구매해서 곧장 차로 가져간다. 그렇다면 이 고객들은 대체 누구일까? 바로 출근하는 성인 남성들이다. 알다시피 밀크셰이크는 점성이 높아서 오래 먹을 수 있는 특징을 지녔다. 빨대로 이를 다 먹는 시간은 약 23분 정도라고 한다. 바로 이것이 출근하는 성인 직장 남성들의 마음을 사로잡은 것이다. 출근길의 지루함과 운전할 때 비어 있는 한 손의 허전함을 채워 준 것이다. 게다가 포만감도 크고 달콤하기까지 하니, 운전하는 직장 남성들의 편한 친구가 되기에 아주 적합한 제품이었던 것이다. 이에 맥도날드는 성인 남성들을 위한 맞춤형 판매 전략을 집행한다. 즉, 아침에 매장을 찾는 성인 남성 소비자를 위해서 우선 카운터 안쪽에 비치돼 있던 밀크셰이크 기계를 카운터 앞으로 이동한다. 바쁜 출근길에 최대한 신속하게 밀크셰이크를 주문, 수령할 수 있도록 배려한 것이다. 또한 밀크셰이크의 점성을 더욱더 쫀쫀하게 높였다. 더 오래 빨아먹을 수 있게 만든 것이다. 그 결과, 미국 시장에서 밀크셰이크의 매출을 무려 7배나 상승시킨다.

에스노그래피 연구가 유용한 경우와 실전방법

1. 에스노그래피 연구가 유용한 경우

개인적으로 소비자 마음을 이해하는 데 있어서 무슨 법칙처럼 '이런 경우에는 반드시 하세요. 이런 경우에 효과적입니다'라고 단정 짓고 싶지는 않다. 하지만 상대적으로 더 유용한 방법론은 존재한다고 본다.

1) 연구 목적이 총체적인 관점에서 소비자를 이해할 필요가 강한 경우

소비자들이 특정 제품을 구입, 사용하는 상황에서 있어서 제품뿐 아니라, 그들의 의식, 가치관, 라이프 스타일, 미충족 욕구 등을 함께 총체적 관점(Holistic Perspective)에서 넓게 이해할 필요가 있을 때 보다 유용하다. 예를 들어, 세상에 없는 새로운 범주에 속하는 완전히 새로운 제품을 개발하고 싶을 때, 이러한 전반적인 상황을 둘러볼 필요가 더욱 강하지 않을까. 이럴 경우에는 특히, 기존 자료도 부족할 터이니, 마케터나 브랜드 매니저, 카테고리 매니저들은 안개 속에서 헤맬 확률이 높기 때문이다.

2) '바로 그곳'에서 소비자가 어떤 행위를 하는지가 더욱 필요한 상황

근무 환경, 집안에서 제품을 직접 설치하고 사용하고 보관하는 모습이 필요한 경우, 상점에서 소비자 동선 파악 및 행동 분석, 또는 진짜 게임 하고 노는 모습, 요리하는 모습 등 실험 공간이 아닌 특정한 소비자의 행위가 유도되고 발현되는 장소에서 나타나는 모습에 대한 연구가 필요한 경우이다. 솔직히 대부분의 제품과 서비스에 해당되는 상황이 아닐까 한다.

3) 문화에 대한 연구가 수반되어야 하는 경우

문화란 무엇일까? NAVER의 어린이 백과사전에서 인용한 가장 쉬운 정의로는 '문화는 한 사회나 집단이 가지고 있는 독특한 생활 방식을 뜻해. 한 사회 안의 사람들이 함께 배우고 공통으로 가지게 되는 모든 생활 방식을 말하지. 음식, 옷, 집을 비롯해서 풍습, 도덕, 종교와 같은 것들을 문화라고 해.'라고 나와 있다.

예를 들어, 상류사회의 문화, 저소득 층의 문화, 아웃사이더의 문화, 약자(Under Dog)의 문화, 어촌의 문화, 한국에 거주하는 이슬람 가정의 문화, 트렌드세터들의 패션 세계 등등 많은 것들이 떠오른다. 그들은 자신들의 독특한 문화 세계 속에서 어떤 생각을 하고 지낼까? 이러한 특정 집단에 어떤 식으로 커뮤니케이션하는 것이 좋을까? 우리 제품이나 브랜드, 서비스를 그들은 어떤 식으로 수용할까 혹은 거부할까 등과 관련된 인사이트가 필요한 경우에도 에스노그래피가 더욱 유용할 것이다.

특히, 해외 글로벌 기업들이 다른 나라 소비자들의 이해하기 위해서 에스노그래피 방법론을 중요시하는 경향이 있다. 동일 국가 내 가정마다 문화가 다르고 세대, 성별 등의 요소에 따라서 문화가 다른 법인데, 경계를 넘는 국가 간의 문화라는 것은 그 문화의 관점에서 이해하지 않는 이상, 헛다리를 짚을 확률이 매우 높아진다. 다음의 사례는 이 관점에서 중요한 통찰력을 보여준다.

인도에서 인도 주부들을 위한 우물이 설치되었으나, 크게 실패한 사례가 있다. 1980년대 인도의 마하라 슈트라라는 곳에서 유니세프의 구호 활동이 진행되어 이들은 그 곳에 거주하는 주민들을 위한 의료, 주거 활동의 다양한 지원 사업을 진행하였다. 이에 이들은 오후 2시만 되면 인도의 주부들이 무거운 물 항아리를 머리에 이고 지고 물을 길러 나가는 것을 목격한다. 이에 유니세프는 이들의 노고를 덜어주기 위해서 집 근처에 물 펌프를 설치한다. 하지만 이 편리한 물 펌프를 사용하는 주부들은 한 명도 없었다. 그 이유는 다음과 같다.

외지에서 이 마을로 멀리 시집 온 며느리들에게 물을 긷는 2시간은 노동의 시간이 아니라 자유의 시간이었던 것이다. 외지에서의 고달픈 생활, 게다가 시어머니의 천대에서 벗어날 수 있는 시간이 바로 이 시간으로 자신과 유사한 처지에 있는 다른 며느리들을 만나서 눈치 안 보고 신세 한탄을 하는 그들만의 힐링 시간이었던 것이다. 외부인이 좋은 의도를 지니고 시도한 프로젝트가 그것을 사용하는 소비자가 살아가는 문화라는 맥락을 고려하지 않았을 때 발생한 참사로 보인다.

4) 어린 세대(Generation)에 대한 이해

아직 말을 못하는 아기들(엄마가 아기를 키우는 모습이 관찰 대상이 된다), 아직 의사 표현이 서투른 초등학생이나 중학생들을 대상으로 특정 제품 개발에 대한 연구가 필요할 경우에 유용하다.

에스노그래피의 '맥락' Deep Dive

주부들이 사용하는 종이 타월은 일반적으로 판단되는 종이 타월의 기능 외에도 청결이나 세균 번식, 환경오염물질 발생과 같은 제품의 본원적 기능까지 연결되어 있을 수 있다. 종이 타월은 '깨끗하게 닦아 준다'라는 기능적 특징 외에도 환경오염물질 발생과 같은 '건강관련 걱정', 또 나아가서는 '환경오염, 깨끗한 지구 만들기'와 같은 보다 넓은 관점에서 판단되어야 할 제품일 수도 있기 때문이다.

또 예를 들어, 젊은 소비자들이 친구들과 모여서 이야기하는 자리에 참여해 보자. 그들의 대화 주제일 것 같은, 맥주, 공부, 연애, 혹은 최신 IT 기기 등에 대해 자유로운 대화를 경청하다 보면, 여러분들이 고민하는 것에 대한 '유레카 같은 인사이트'를 얻을 수 있을 것이다. 가족 혹은 친구들과 함께하는 일상의 맥락 속에서 그들이 자사의 제품을 어떤 식으로 인식하고 있는지 캐치할 수 있을 것이다. 라이프스타일에 대한 전반적인 이해 속에서 내가 알고 싶은 것들을 좁혀나가야 한다. 제품이나 서비스는 소비자의 일상의 다양한 면과 깊은 상관 관계를 지니고 있다. 단순히 덩그러니 그 제품 하나 동떨어져 있는 것이 아니라는 점을 상기했으면 한다.

2. 마케터의 관점에서의 실전 활용 방안

이제 여러분들은 실제 현장으로 나갔다.

나가서 관찰하고 때로는 그들의 일상의 일부가 되어 보고, 궁금한 것들을 확인하면 다 끝나는 것일까? 이런다고 우리가 원하는 것을 다 얻을 수 있다면 얼마나 좋을까. 그러나 그렇지 않을 수도 있다. 에스노그래피 연구를 진행할 때, 더욱 세심한 관점에서 바라보아야 할 것들이다. 주의 깊게 관찰해야 할 것들을 정리해 보겠다.

1) 소비자들의 제품 사용과 관련된 전체 과정에 대한 관찰

새로운 세탁기 기능 발굴과 같은 NPD(New Product Development)라고 가정하자. 이럴 경우, 세탁기를 사용하는 과정은 다음과 같다.

- 세탁 전에 빨래를 어디에 두고 있는지
- 어떤 식으로 세탁기에 빨랫감을 넣는지 } Before 세탁
- 세탁 후에 빨래는 어떤 식으로 수거하는지 – During 세탁
- 어떤 식으로 건조하고 어떤 식으로 정리하는지
- 세탁 후에 세탁기를 어떤 식으로 관리하는지 } After 세탁

이 모든 과정을 보아야 한다. 즉, Before 세탁 → During 세탁 → After 세탁으로 단계를 구분하고, 다시 또 각 단계를 세분화해서 관찰해야만 한다. 이러다 보면, 새로운 세탁기에 대한 아이디어 발굴은 물론이고, 사전 또는 사후 행동과 관련해서 세탁기와는 다소 다른 축의 새로운 제품에 대한 시장 발굴 아이디어도 건질 수 있을 것이다.

'Before 제품 사용' 단계와 관련 특히, FMCG 카테고리라면 소비자들이 제품을 어떤 식으로 혹은 어떤 감정으로 해당 제품과 조우하는지를 디테일하게 느껴보아라. 감성적 제품군(예: 화장품)이라면 어떤 감성적 가치를 사전에 부여해야 하는지 혹은 실용적 제품군이라면 어떤 식으로 패키지나 내용물을 구성해야 할지에 대한 인사이트를 획득해 보아라.

또한 예를 들어,

• 소비자들이 다 사용한 제품 용기를 어떤 식으로 활용하는지
• 제품을 대량 구입한 후에는 어떤 식으로 소분하는지
• 일인 가족, 핵가족 시대에 맞는 실용적인 포인트는 무엇으로 가져갈 것인지와 같은 내용을 단계별로 관찰하길 바란다.

2) 제품이 실제 사용되고 있는 장소 확인

우리 스스로의 생활을 한번 떠올려보면 편하지 않을까 한다.

예를 들어,

• 실제로 상온보관이면 충분한데, 찝찝한 마음에 냉장고에 보관하는 경우가 있지 않은가?
• 실제로 어떤 제품을 설치할 때, 사용 설명서를 꼭 따랐나?

아닌 사람도 많을 것이다. 물론 준수하는 경우도 있지만 내가 처한 상황 및 내 주관적 경험에 의해서 내가 편한대로 임의적으로 사용하는 경우가 상당히 많이 존재한다.

• 혹시 사용설명서를 따르고 싶어도 집안 내부 구조상, 혹은 인테리어상, 소비자 편의 등의 이유로 다르게 하고 있지 않은가? 부엌, 화장실, 다용도실 등에 무엇을 보관하는가? 아이들 놀이방에 있어야 할 제품이 부부 침실에 놓여 있는 경우도 있을 것이다.

이렇게 소비자들의 제품 사용 장소에 대한 관찰을 통해서 그들의 사고 방식, 제품에 대한 기대와 기대 불일치 혹은 내면의 욕구를 읽어야 한다. 이는 해당 제품군 확장을 위한 아이디어나 '유레카' 같은 혁신적인 신제품 개발의 실마리를 제공해 줄 것이다.

3) 소비자들의 자의적 해석에 의한 새로운 용도의 관찰

소비자들은 은근히 발명왕인 듯 하다.

주부 대상의 TV 프로그램 본 적 있는가! 특히 그들의 살림살이 노하우 공유는 에디슨을 능가할 때가 있는 듯하다. 특히나, One Source-Multi Use를 실현, 해당 제품의 브랜드 담당자들을 기쁘게 하는 경우가 꽤 있는 듯하다. TPO가 확장되면 매출이 증가할 확률도 높아지기 때문이다. 예를 들어, 식초만 해도 그렇다. 더운 여름 날, 오이 냉국에 들어가는 식초의 맛은 정말 감칠난다. 이 흔하디 흔한 식초만 보더라도 유튜브에 검색하면 65가지 활용법이 나온다. 이를 마케터나 브랜드 매니저가 스스로 먼저 계몽 활동을 전개했을까? 그럴 수도 있을 것이다. 하지만 이는 뜻하지 않은 의도에 의해 창출된 소비자와 기업 간의 일종의 협력 창조(Co-Creation) 결과일 수도 있다. 필자는 화장품 회사에서 식초를 주원료로 한 린스 제품까지 구입해 본 경험이 있다. 정수리에 나는 불쾌한 향을 제거해준다는 최종 혜택(End-Benefit)을 내세운 것이다. 솔직히 사용 방법이 조금 귀찮아서 자주 사용하지는 않는다. 1+1 제품인데 아직 한 병은 어느 한 귀퉁이에 고스란히 진열되어 있다.

요리 제품만 해도 그렇다. 요리를 하다 보면, 일종의 나만의 SCAMPER*** 를 통해 마치 나 스스로가 창의력이 우수한 셰프가 된 듯한 착각 한두 번은 해보았을 것이다. 구매한 제품의 기능이나 효과가 만족스럽지 못할 때도 본인만의 해결책을 만들어 내지 않는가. 이 또한 기존 제품의 개선 사항, 혹은 또 다른 창의적인 제품 개발의 컨셉이 될 수 있을 것이다.

이와 유사한 선상에서 제품의 새로운 장점을 캐치할 수도 있을 것이다. 마케터(혹은 브랜드 담당자)의 주관적 견해와 해당 제품을 사용하는 소비자의 주관적 느낌은 당연히 다르다. 물론 일치할 수도 있다. 제품에 대한 장/단점 인식은 소비자가 처한 생애주기, 과거에 사용 경험 유무, 개인적 기대 심리 및 가치관, 처한 사회/경제적 환경 등에 따라서 다르게 평가될 것이다. 그래서 에스노그래퍼는 소비자의 이러한 복합적 환경 안에서 제품을 사용하는 소비자를 이해해야 한다. 이를 통해서 때로는 그들의 감성적 가치를 파악하라. 또 이를 새로운 제품 발굴의 기폭제로 활용하거나 새로운 학습 요소의 발굴, USP로 연

*** **SCAMPER 창의력 증진기법**: S=Substitute, C=Combine A=Adapt M=Modify P=Put to Other Use E=Eliminate R=Reverse를 뜻한다.

결지을 수 있어야 한다.

4) 정말 그 제품에 만족하는지, 그렇지 않은지를 캐치하기

예를 들어, 냉장고 FGD를 할 경우, '불편한 것 없으셨어요? 혹은 새로운 기능 추가되었으면 하는 것이 무엇인가요?'라고 질문하면 마음씨 넉넉한 우리 주부 대부분은 '새로 구입했는데, 디자인도 좋고, 연비도 좋고 소리도 약하고, 홈바도 편하고 수납도 넓고 다 좋아요'라는 반응이 대부분이다. 하지만 Home Visiting에 가면 상황이 역전되는 경우가 무척 많다. 서랍은 왜 2단으로 해서 물건 쌓아 놓기 힘들게 만들었냐, 홈 바 문이 실제로 자꾸 열린다, 아이들이 자주 이용하는데, 이게 어쩌고 저쩌고… 현실과 실험실과의 차이가 발생하는 것이다.

물론 에스노그래피가 진행되는 현실 세계에서도 위와 같은 그들의 말과 행동, 숨겨진 속마음, 말하기 귀찮은 것들 사이의 차이가 존재할 수 있음을 간과하지 마라. 그래서 실제 제품을 사용한 소비자의 모습에서도 그들의 단순한

말과 실제 얼굴 표정이나 보디랭귀지 혹은 뒷처리 단계에서의 행동에서 실제 제품에 만족했는가 그렇지 않은가를 캐치해야 한다.

예를 들어, 청소나 설거지를 한 다음에 말로는 이 정도면 만족해요 라고 넘어갔으나 실제로 얼굴에는 아쉬운 표정이 그득하다든가 혹은 그들의 몸이(제품으로 해결되지 못함을 어떻게든 마무리하고자 마음에) **무엇인가의 후속 행동을 하고 있다면 이는 진정한 수준의 만족이 아닐 수 있기 때문이다.** 이때는 밑져야 본전이라는 마음으로 다시 한번 철저한 분석(Deep Dive)을 해보자.

쪼개서 세밀하게 관찰하는 찐팁

관찰을 할 때, 한 가지 팁을 제공하겠다. 현장에서 관찰을 한다고 하면 아마 막연할 것이다. 이럴 때는 소비자가 특정 제품 및 서비스를 사용하기 전부터 사용한 이후의 모든 프로세스를 쪼개서 보는 것이 중요하다. 이때 잘 쪼갤 수 있는 한 가지 방법론이 있는데, 바로 소비 체인(Consumption Chain)이다. 이것은 소비자가 제품(혹은 서비스)을 소비하는 모든 과정을 의미한다. 소비자가 어떤 제품 혹은 서비스를 소비하는 전체 경험에 대한 과정을 도면화하는 것이다. 그다음에는 단계별로 예상 가능한 소비자의 경험을 정밀 분석하는 작업이다.

1단계: 소비자의 소비 체인을 파악하고, 이를 자세히 그려본다. 이를 통해 특정 서비스 혹은 제품을 소비하는 전체 경험에 대한 과정을 파악한다.

2단계: 단계별로 소비자의 경험을 정밀 분석한다. 즉, 소비 체인의 각 단계에 대해 소비자의 구매 및 소비와 관련된 행동을 쪼개서 관찰하는 것이다. 소위 불만사항(Pain Point)을 발견하는 것이 필요하고, 각 단계에서 발견한 불만사항(Pain Point)을 해결하기 위한 당신만의 아이디어를 전략적으로 발전시키면 된다.

그 과정을 단계별로 정리하면 다음과 같다. (물론 각 서비스 혹은 제품별로 소비 체인은 동일하지 않을 것이다. 하지만 소비 체인의 과정은 대다수의 산업군에서 공통으로 통용될 것이다.) 그림 7의 단계들을 보라. 소비의 각 단계를 매우 촘촘하게 쪼개지 않았는가? 이를 기초로 하여 여러분이 속한 산업군에 맞게 세부 단계를 가감하는 방식을 취하면 된다.

유사한 개념으로는 서비스 청사진(Service Blueprint) 있다. 이는 1982년 하버드 비즈니스 리뷰에서 은행 관리직에 종사한 린 쇼스택(Lynn Shostack)이 처음 소개한 개념이다. 이는 기업이 제공하는 서비스 프로세스를 그 특성이 잘 나타나도록 도식화 · 가시화한 후 각 접점에서의 개선 사항을 창출하는 것을 의미한다. 도식화 또는 가식화란 쉽게 말해, 종이에 모든 과정을 스케치하듯이 그리는 것이다. 이 그림을 그릴 때는 서비스가 진행되는 과정에서의 소비자 동선과 예상되는 행위 그리고 이에 필요한 직원들의 역할, 물리적 설비 등의 모든 것을 포함하는 것이 중요하다. 이렇게 서비스 청사진을 만들어 놓으면, 단계별 문제점을 더욱 쉽게 찾을 수 있다. 나아가 총체적 관점(Holistic Perspective)에서 전체적으로 서비스를 혁신할 방안을 창출하는 데 유리한 조건을 갖출 수 있다. 높은 전망대에 오르면 풍경이 한눈에 들어오듯 서비스 청사진을 들여다보면 서비스의 모든 과정이 시원하게 보이기 때문이다. 특히 이는 '공간'과 관련된 산업군에서 소비자를 관찰하고 아이디어를 도출하고 전략을 수립하는 데 더욱 유용할 것으로 판단된다. 오프라인의 모든 공간은 물론 온라인 쇼핑몰도 일종의 가상 공간이니까, 다 적용해 보자.

우선 이의 이해를 위해 여행이나 출장을 가서 호텔을 이용한 경험을 상기해 보자. 그러면서 다음 그림 8을 보자. 서비스 청사진을 더욱 명확히 느끼기 위해서. 백문불여일견(百聞 不如一見)! 필자는 서비스 청사진은 본질적으로 소비 체인의 연장선이라고 본다. 소비 체인은 소비자가 단계별로 기업과 상호작용을 할 수 있는 접점을 나열한 것이다. 서비스 청사진도 유사하다. 이는 소비 체인에 해당되는 내용을 포함하여 당신이 모든 서비스를 보다 입체적으로 조망할 수 있도록 도와줄 수 있다고 생각한다.

그림 7 소비자 여정 지도

CONSUMER CONSUMPTION CHAIN

STEP 1 소비자들은 언제 제품의 필요성을 느끼는가?

STEP 2 소비자들은 제품을 언제, 어디서, 어떻게 접하게 될까?

STEP 3 소비자들이 구매 후보 제품 대안을 압축한 다음 최종 의사결정을 내리는 과정은 어떤 식으로 이루어질까?

STEP 4 소비자들은 어떻게 제품을 주문하고 구매하는가?

STEP 5 제품이 어떤 식으로 소비자들에게 배달되는가?

STEP 6 제품이 배달된 이후에 소비자에게는 무슨 일이 일어나는가?

STEP 7 제품이 어떤 식으로 설치되는가?

STEP 8 제품의 결제는 어떤 식으로 지급되고 있는가?

STEP 9 제품이 어떤 식으로 사용되는가?

STEP 10 소비자들이 제품을 사용하는 동안 어떤 식으로 도움을 요청하는가?

STEP 11 소비자들은 제품과 관련해서 어떤 환불이나 교환 정책을 원하는가?

STEP 12 소비자들이 사용하는 제품은 어떻게 수리되고 A/S 되는가?

STEP 13 제품이 더는 사용되지 않거나 처분될 때, 어떤 일이 발생하는가?

STEP 14 소비자들이 제품을 사서 집으로까지 가는 과정에 불편한 점은 없을까?

출처: MacMillan, I. C., & McGrath, R. G. Harvard Business Review

그림 8 호텔 숙박 서비스에 대한 서비스 청사진

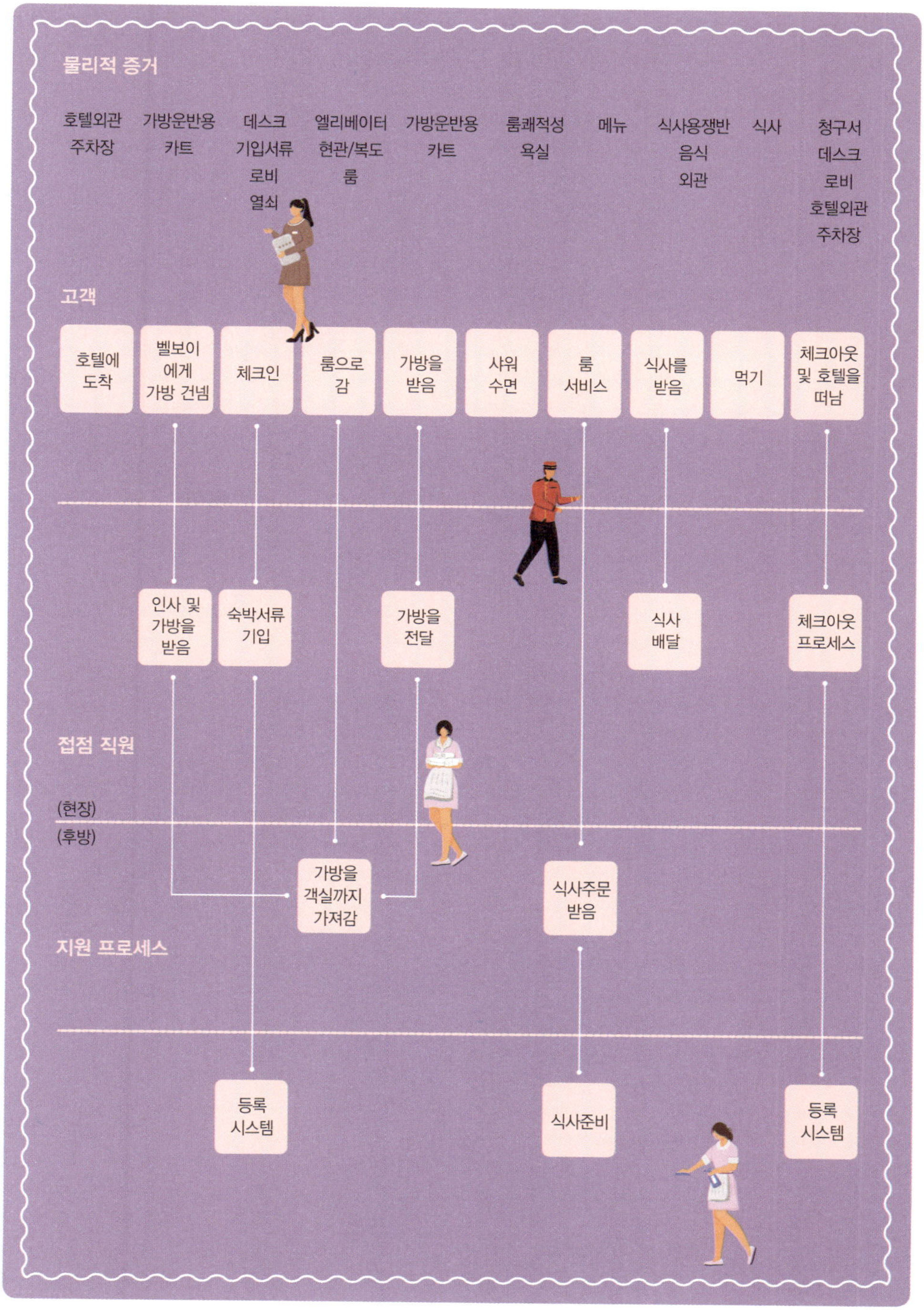

출처: Service Quality Handbook by ED. EE Scheuing and WF Christopher. Copyright 1993 by AMMGMT ASSN / AMACOM(B). Reproduced with permission of AM MGMT ASSN / AMACOM (B) in the format Textbook via Copyright Clearance Center.

CHAPTER

FOUR

스몰데이터 방법론 넷째,

Z-MET(Zaltman Metaphor Elicitation Technique)

– 이미지와 은유의 결합

스몰데이터 방법론 넷째, Z-MET(Zaltman Metaphor Elicitation Technique) – 이미지와 은유의 결합

은유의 힘

1. 은유의 힘

Z-MET 방법론의 큰 축은 은유이다.

은유(Metaphor)는 Meta(Over) + Phora(Carrying) 즉, 의미의 이동과 전환을 의미한다고 한다. 한자적 의미로는 隱 숨을 은, 喻 깨우칠 유, 法 법 법이다.

예를 들어 보자.

내 마음은 호수요

고요한 내 마음을 잔잔한 호수에 빗대어 표현한 것과 같이 대상을 다른 대상의 특성에 은근히(간접적으로) 빗대어 표현하는 방법이다. 은유법은 주로 '……은/는……이다'로 표현한다. 천재 학습 백과 초등 국어사전에 나와있는 몇 가지의 예를 더 들어 보겠다.

- 개나리는 봄을 밝히는 노란 전구
- 물웅덩이는 나를 비추는 거울이다.
- 눈은 세상을 하얗게 지우는 지우개

여태까지는 국어사전에 충실한 설명이었다. 위의 내용을 보면, '은유'라는 것은 생각하지 못했던 것과의 새로운 인사 혹은 만남으로 여겨지지 않는가. 마음이 호수라니. 내 마음은 그냥 마음에 그쳤을 뿐일 텐데. 마음을 호수에 은유하니, 우리의 두뇌 속에 새로운 관점의 생각이 떠오르도록 자극하는 기분이 들 것이다. 내 마음이 평온할 때는 '호수'일 수 있지만, 화가 나있을 때는 '활화산'으로 은유할 수도 있을 것이다. 이렇게 평소에 생각하지 못했던 것들과의

Elvis Preseley의 All Shock Up의 가사의 은유 부분

자연스러운 조우를 통해 새로움을 창조해주는 것이 은유가 지닌 가장 큰 역할이 아닐까 한다.

아인슈타인은 문제를 시각화하고 해결하는 방법으로 은유와 유추를 사용했다고 한다. **아리스토텔레스도 약 2200년 전부터 '은유'의 가치를 중요시했다. 그는 '일상적인 말은 우리가 이미 알고 있는 것만을 전달한다. 신선한 내용을 가장 잘 이해할 수 있는 방법은 은유로 이해할 수밖에 없다.**'라고 하였다.

제임스 기어리(James Geary)*는 미국 태생이고 런던에서 작가활동을 하고 있으며, TIME지의 전 편집자였다. 그는 2009년 TED 강연에서 일반 대중을 대상으로 '은유적으로 말하기(Metaphorically Speaking)'라는 주제로 강연한 적이 있다. 제임스 기어리는 오바마 대통령의 정치적 수사에서부터 주택 거품, 그리고 대화에서 광고에 이르기까지 매일 겪는 우리의 경험들이 은유에 의해 주조된다는 것을 보여 준다. 기어리는 은유에 대한 아리스토텔레스의 연구에서부터 은유가 뇌에서 어떻게 처리되는지를 밝힌 신경과학의 최신 성과에 이르기까지 독자들을 이끈다. 그는 재정적인 의사 결정, 효과적인 광고, 리더십, 학습, 그리고 그 외의 많은 분야에 은유가 미치는 영향을 이야기한다. 예를 들어, 로미오의 절규인 '저기가 동쪽이니까 줄리엣은 태양이로구나!(It is the East,

* Geary's Guide to the World's Great Aphorists와 뉴욕 타임스의 베스트셀러 The World in a Phrase: A Brief History of the Aphorism, 그리고 The Body Electric: An Anatomy of the New Bionic Senses를 출간 또한 자신의 홈페이지를 통해 'All Aphorisms, All The Time'이라는 아포리즘에 관한 블로그를 운영 중

and Juliet is the Sun!)'는 문학에서 가장 잘 알려진 은유 중 하나이겠지만, 은유는 사랑에 사로잡힌 시인들의 발명품 그 이상의 것으로 칭송하기도 한다. 또한 그는 TED 강연에서 은유의 왕으로 엘비스 프레슬리(Elvis Presley)를 꼽기도 한다. 그의 노래인 All Shock Up의 가사에서 Touch=Chill, Lips=Vocano, She=Buttercup로 은유한 것을 예시로 들면서. 그는 은유적 사고는 자기 자신을 포함하여 남을 이해하고 배우고 의사 소통하고 어떤 것을 발견하는 데 필수라고 한다. 이미 우리는 1분에 6개의 은유를 이야기하고 있기 때문에 은유적 사고는 우리 주변에 이미 비밀스럽게 존재하는 말솜씨이자 생각의 방식이라는 것이다.

2. 은유를 활용한 성공 사례

최초의 디지털 카메라

가장 가시적인 예를 소개하겠다. 은유의 힘을 보여주는 사례로 코닥(Kodak)이 있다.

코닥은 1888년 최초로 카메라를 발명한 회사이다. 1970년대 당시 코닥의 연구진들은 필름의 단가를 낮추고자 하는 프로젝트를 진행하고 있었다고 한다.

필름의 정의는 '빛에 노출되면 표면에 변화가 일어나 영상이 포착되는 화학물질'이다. 하지만, 이러한 정의에 의하면 연구진의 고민은 당연히 화학물질이라는 분야 내에 초점화된다. 즉, 기존의 생각에 고착된 프레임 내에 머물 수밖에 없는 것이다. 왜냐하면 구체적인 말로 구체적인 생각을 하는 사람은 필연적으로 생각의 범위를 축소해서 집중하기 때문이다. 하지만 그러한 정의에 충실하면 세상에 존재하는 물질 중에서 필름 단가를 낮출 수 있는 방법은 지금까지도 없다고 한다. 그러던 와중에 스티븐 사손이라는 연구원 한 명이 조금 엉뚱하지만 추상적인 생각을 제시했다.

'결국 필름이라는 것도 무언가를 담는 그릇이 아닐까?'

필름을 그릇으로 은유하여 새로운 만남, 새로운 결합을 창출한 것이다.

말장난 같은 이 은유가 매우 놀라운 결과를 만들었다. 즉, 이를 통해 기존에는 없었던 전혀 다른 프레임이 작동한 것이다. 즉, 필름 = 무언가를 담는 그릇이 그 범주에 포함될 수 있는 다른 대안들을 제시한 것이다. 그리고 그 무언

스티브 사손과 최초의 디지털 카메라

가를 담는 그릇 중 하나가 바로 그때 당시 '이 세상의 모든 소리를 담는 그릇'인 카세트 테이프였다고 한다. 이는 또 스티븐 사손의 아이디어를 자극하였다. 즉, '그렇다면 왜 렌즈로부터 나온 이미지가 필름으로만 가야 하지? 같은 그릇이니까 카세트테이프로 갈 수도 있지 않을까?'라고 말이다. 여기서 영상을 바로 입히는 아날로그 방식이 아니라 디지털로 변환시켜 보자 하는 2차적 아이디어로 자연스럽게 연결되었다고 한다. 즉, 그의 은유적 정의에 자극받은 코닥 엔지니어들이 카세트 테이프를 필름 대용으로 사용해 디지털 카메라를 만들었다고 한다. 소위 성공 제품 개발로 연결되는 자연스러운 실마리가 된 것이다. 우리가 평소에 그냥 쉽게 무심코 지나쳤던 은유를 통해서 말이다.

Sausage Fun

어릴 적 도시락 반찬 1위 아이템 – 울퉁불퉁 짤막짤막 길쭉길쭉한 일명 프랑크 소시지가 기억나는가. 요즘도 가끔 식당에서 보면 반가운 아이템이다. 러시아에 기반을 둔 브랜드 에이전시인 '지킬 앤드 하이드(Jekyll and Hyde)'는 '은유'를 활용해 재미있는 프로모션을 진행했다. 이들은 '소시지'와 '풍선'이 유사하게 생긴 점에서 착안하여 다양한 동물 풍선 모양의 소시지 제품을 프로모션

지킬 앤 하이드의 동물 풍선 모양의 소시지 제품
출처: http://worldbranddesign.com/turn-sausages-into-balloons-limited-promotional-packaging-design

용으로 제작했다. 소비자들이 기존 소시지의 일률적인 크기, 형태에 느낀 '익숙한 싫증'을 은유를 활용해서 위트 있게 치유해준 것이다.

많은 이들이 지닌 소시지 모양에 대한 통념이 깨질 것 같다. 도무지 소시지 같아 보이지 않다. 기발하다. 예쁘다. 특히, 어린이를 둔 주부들의 눈길을 사로잡을 것 같다. 기린, 말, 강아지 등 형태도 다양하다. 형태만큼 맛도 다양해 보인다. 소고기와 돼지고기의 만남 & 닭고기와 소고기의 만남 등. 이 정도의 제품 디자인이라면, 필자는 그냥 선물로 누군가에게 살짝 줄 것 같다. 마치 소시지가 아닌 것처럼 하면서 말이다.

은유의 가치와 역할에 대해 이해했는가. 은유에 기반한 Z-MET의 개념으로 깊게 들어가 보겠다.

95대 5의 분할

1. Z-MET의 개념

Z-MET은 상대적으로 생소할 수 있고, 실제로 이 기법을 사용하기 위해서

는 굉장히 숙련된 기술이 필요하다. 그래서 본격적인 소개 전에 약간의 완충을 두어서 '시각적 언어'와 관련된 이야기를 먼저 소개하고자 한다. 약간의 완충 지대를 두어서 좀 더 여러분이 편하게 접근했으면 하는 마음이다.

즉, **Z-MET은 Zaltman Metaphor Elicitation Technique 즉, 잘트먼식 은유 추출 기법의 약자이다.** 제럴드 잘트먼(Gerald Zaltman)은 하버드대 경영대학원의 마케팅 교수이자, 하버드 대학의 학제 연구 센터인 마음/뇌/행동 연구소의 소장이다.

No.5436380. 이것은 무슨 숫자일까? Z-MET이 조사 방법으로 최초로 미국 상무성의 특허를 획득한 바로 그 숫자이다. 모든 생물에 그 나름대로의 존재의 이유가 있듯이 모든 방법론에는 단점과 맹점이 있더라도 존재의 이유가 분명히 있다. 그런데 최초로 미국 상무성의 특허를 획득했다니, 기대되지 않는가?

이 방법론은 연구자의 숙련된 인터뷰 기술, 면접에 소요되는 꽤 긴 시간들, 말과 그림이 함께 하는 인터뷰 자료를 분석하고 정리하는 과정에서의 고도의 두뇌 외에도 정말 많은 노동집약적 에너지가 동시에 요구된다. 하지만 한번 이 방법론의 학문적 깊이와 결과물을 접하고 나면, 참 대단한 기법이구나, 하는 생각이 절로 들 것이다.

그림 9

어려우면 위의 이미지처럼 이해하라. 와이프가 밥을 먹으라고 한다. 남편은 잔디 위에 작은 돌 하나만 빼고 간다고 한다. 그런데 남편 눈에 보이는 대로 그 작은 돌의 실체는 작은 돌이 아니었다. 저렇게 파 내려 가다가는 평생 와이프와 저녁을 못 먹을 수 있다. 즉, 우리의 내면 세계가 그러하다. 스스로든 혹은 소비자의 내면을 파악하든 우리는 그 위의 아주 일부분만 의식하고 나머지는 의식하지 못한다. 저렇게 깊은지조차 모른다는 것이다.

위의 이미지를 보시면 어떤 단어가 떠오르는가? '빙산의 일각'과 연결될 것이다.

이 방법론의 창시자 잘트먼은 '95대 5의 분할'이라는 표현을 통해 다음과 같은 주장을 하였다.

'소비자의 95%의 인지 과정은 우리가 지각하지 못하는 저 밑에 깔린 심층의식 차원에서 이루어진다.' 그리하여 우리는 고작 5%의 인지 과정이 고차원적 의식 차원에서 발생한다는 이야기이다.

앞서 소개한 코카콜라의 'New Coke'가 왜 실패했을까? 물론 다양한 것들이 복잡하게 얽혀 있겠지만, 단순히 구조화한 설문지라는 형식에 입각하여 소비자들이 표현하는 문자적 언어에 의존한 부분도 상당히 크지 않을까 싶다. 이 방법론은 문자적 언어에서 보여주는 것 이상의 인지 과정을 규명하는 데 큰 의미가 있다. 특히, '문자'라는 개념 저편에는 존재하는 '이미지'가 지닌 중요한 역할을 부각시켰다고 할 수 있다. 이를 통해 문자적 언어가 제대로 표상하지 못했던 소비자 심층에 숨겨진 중요한 사고를 표면화시킨 것이다. 이미지를 이용한 은유를 통해 5%의 표면에 드러나 있는 소비자의 표층적 사고 및 더 깊은 곳에 숨어 있는 95%의 소비자가 지닌 심층적 사고를 다 이해할 수 있다는 것이다.

잘트먼은 또 이런 이야기를 하였다.

'경영자들이 저지르는 실수가 있다. 마치 'New Coke' 사례처럼. 경영자들은 엄청난 양의 소비자 행태와 관련된 데이터를 보유하면 마치 자동적으로 소비자에 대한 깊이 있는 이해가 가능할 수 있다는 오류를 범한다.'

즉, 200,000샘플링=엄청난 데이터에 기반한 자신 있는 의사결정이지만, 데이터의 양과 소비자에 대한 이해는 별개의 문제라는 것이다.(소비자를 심층적으로 이해하지 못했기 때문에 New coke가 실패했음을 강조했다.)

이 방법은 아래와 같이 정의될 수 있다.

소비자들이 직접 준비한 그림을 가지고 그 속에 숨겨진 은유를 전문 인터뷰어가 2시간 동안의 인터뷰를 통해 추출함으로써 잠재니즈를 파악하는 일대일 심층면접기법으로, 신경생물학, 인지심리학, 언어학, 예술치료 등의 다양한 학문분야의 연구성과에 기반하여 개발된 기법

여기서, 누군가는 질문을 할 수도 있다. New Coke는 약 200,000여 명의 샘플링을 대상으로 진행해서 방대한 양의 소비자 데이터를 확보했다고 자신 만만해 했었는데, 그러면 Z-MET은 몇 명에게 인터뷰를 하면 방대한 양의 데이터보다 더 값진 것을 얻을 수 있냐고 말이다.

이 방법론의 연구자들은 이렇게 주장한다. 예를 들어, 8명으로 이루어진 FGD를 2시간 동안 실시한 결과와 1명을 대상으로 2시간 동안 1:1 심층 인터뷰(Z-MET은 기본적으로 심층 인터뷰를 기반으로 진행된다)를 통해 도출된 결과는 차이를 보인다. 하지만 1:1 심층 인터뷰의 샘플 수가 8명 이상일 경우, 8개 이상 진행한 FGD 결과와 차이가 나지 않는다고 한다(Griffin and Hauser 1993). 그리하여 보통 Z-MET의 표본크기는 최소 12명으로 한다. 그 근거는 Eastman Kodak,

DuPont, General Motors 등의 합동조사(Consortium Research) 결과에서 뒷받침된다. 1:1 인터뷰의 경우 12명 이상일 경우 결과 내용이 안정적인 경향을 보이기 때문이다(아래 그림 참조).

그림 10 표본크기와 추출된 주요 구성 개념수–일대일 인터뷰

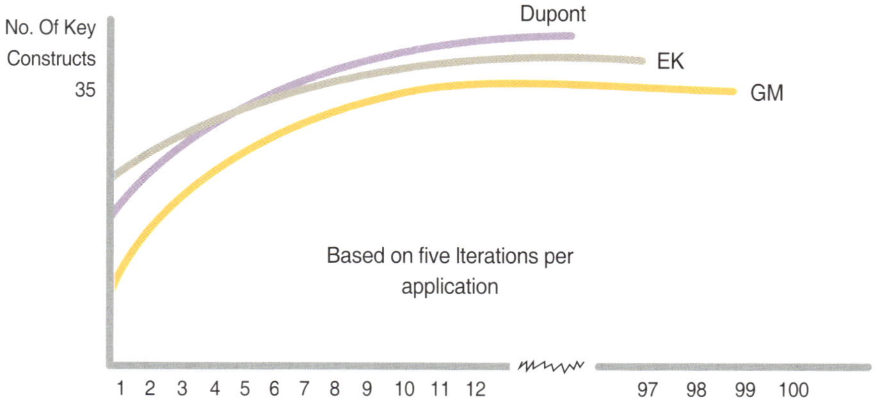

출처 : 새로운 고객니즈 이해수단 : Z–MET by. 정효명

2. Z–MET 인터뷰 기법 – 래더링 기법

즉, Z–MET에서의 핵심은 '은유'와 '래더링 기법'이라는 것이다. 물론 이외에도 더 많은 것을 알면 좋지만, 우선 기초가 탄탄한 것이 제일 중요하다.

잘트먼 교수가 언급한 은유에 대한 주장은 다음과 같다.

① 우리 인간이 하는 커뮤니케이션의 대부분은 비언어적이다.

② 우리 인간이 하는 사고는 이미지에서부터 발생한다.

③ 은유는 사고의 본질적 단위이다.

④ 감각 이미지는 중요한 은유를 제공한다.

⑤ 인간의 지식과 행동을 대변하는 정신 모형(Mental Model)은 스토리 구조를 지니고 있다.

⑥ 사고의 심층 구조는 접근될 수 있다.

⑦ 이성과 감정은 혼합되어 있다.

쉽게 이해되는 내용이 절대 아니므로 좌절하지 말고 포인트만 잡아가라.

Z-MET은 바로 '이미지'와 '은유'를 연결하여 소비자 내면의 깊은 곳을 알아내는 것이다. 즉, 소비자들이 선택한 이미지가 지닌 의미를 '은유'를 통해서 일반적인 문자적 언어로 표현하는 것 이상의 것을 얻어내는 것이다. 이를 적절하게 끌어내고 해석할 수 있다면 소비자들의 표층적인 사고 외에도 심층적인 사고를 알아낼 수 있다는 것이다.

또한 은유는 인간의 사고와 감정을 드러낼 뿐 아니라 감출 수도 있다고 한다. 이 감춰진 인간의 사고도 도출해야 한다. 예를 들어보자.

아래의 그림에서 무엇이 보이는가? 오리 혹은 토끼? 사람들은 동일한 그림이나 데이터를 보고도 전혀 다른 답변을 하기 마련이다.

잘트먼은 Lifetime Television Network사의 프로젝트를 수행했다. 연구 주제는 여성들이 자신들의 일과를 어떻게 바라보는가와 관련된 것이었다. 한 여성 참가자가 황량한 벌판에 외롭게 서 있는 한 그루의 나무 그림을 가지고 왔다. 이 그림을 통해 외로움, 자녀 양육의 어려움, 남들이 자신을 알아주지 않음을 대변하였다. 하지만 인터뷰어가 다른 방식으로 접근하자, 그 여성은 동일한 그림에 대해 전혀 다른 해석을 내렸다고 한다. 우리가 본 토끼와 오리가 함께 숨어 있는 그림처럼. 그녀의 새로운 해석은 '어려운 상황에 직면했을 때의 용기, 이를 극복했을 때의 성취감 같은 것'이었다. 나무를 가져온 다른 참여자들도 그 나무에서 외로움과 강인함이라는 이중적인 은유를 언급했다고 한다. 그

비트겐슈타인의 오리-토끼 그림

래서 이 회사는 이 아이디어를 활용해서 '외롭지만 강한 여성'을 주제로 하는 드라마를 제작하기로 결정했다고 한다.

그러면, 은유를 추출하는 과정에서 또 하나의 중요한 핵심은 바로 무엇일까? 바로 인터뷰어의 '효과적인 캐묻기(Probing)'이다. 인터뷰를 주도하는 연구자는 Z-MET에 참가한 소비자가 마음을 열고 본인이 지닌 마음의 창을 잘 들여다 보게 해주고 그 내용을 잘 공유할 수 있도록 진행해야 한다. 좀 더 고차원적으로 말해보면 효과적인 캐묻기 방식과 소비자가 지닌 창조적인 정신 활동을 기반으로 시각적 은유 저변에 숨겨 있는 은유까지 표현할 수 있도록 하는 것이다.

이를 위한 캐묻기를 '래더링 기법(Laddering Technique)'이라고 할 수 있다.

일명 '사다리 타기'로 인터뷰이가 응답한 내용을 기준으로 꼬리에 꼬리를 잡아가면서 그 인터뷰이의 마음 가장 깊은 곳에 있는 가장 중요한 가치를 도출

래더링 기법 Case

Coke 사례를 많이 언급했으니, 기승전-Coke로 보자.
바로, 사다리 꼭대기에 응답한 저 말이 저 인터뷰이가 지닌 속마음, 최종적인 가치라고 보면 된다.

④ 질문자 : (드디어 먹이를 찾았다는 느낌으로) 왜 타인에게 매력적으로 보여야 해? 그게 왜 너한테 중요한 것이야?
응답자 : 자기 관리 잘하는 사람으로 비쳐지고 사람들에게 자존심도 좀 살릴 수 있고, 그러다 보면 더 행복해질 것 같아서야.

③ 질문자 : (좀 더 궁금하다는 얼굴로) 체중이 안 느는 것이 왜 너한테 중요한 것인데?
응답자 : 남들에게 좀 더 매력적으로 보이지 않을까?

② 질문자 : (나도 예상했다는 듯이) 너한테 칼로리가 Zero인 게 왜 중요해? 너 그렇게 뚱뚱하지도 않잖아.
응답자 : (왜 당연한 것을 또 묻지 하는 시큰한 태도로) 그건 마셔도 체중이 안 늘잖아.

① 질문자 : 너 왜 맛없어 보이는 너는 다이어트 콜라를 먹는 거야?
응답자 : (당연하다는 듯이) 칼로리가 Zero잖아.

하는 방법이라고 보면 된다.

이 사다리는 3개의 계단으로 구성되어 있다.

① 사다리의 첫 번째 계단 → 해당 제품이 지닌 물리적 속성

② 사다리의 두 번째 계단 → 소비자가 해당 제품이 지닌 물리적 속성에서 얻는 혜택, 사다리의 첫 번째 계단에서 소비자가 얻어 가는 것

③ 사다리의 마지막이자 세 번째 계단 → 소비자가 사다리의 두 번째 계단에서 궁극적으로 느끼는 심리적 & 감성적 가치

Probing은 Laddering의 종결판
첫 Step으로 5Why가 존재할 뿐

Probing 기법

↓

5 Why, Deep Dive Version

(1) 래더링은 소비자가 제품 속성들을 어떻게 자신의 존재감과 의미 있는 연상으로 변형시키느냐에 대한 이해를 증진시키는 방법.

(2) 수집된 자료의 결과는 통계처리를 통해 정량적으로 분석가능. 정성과 정량의 성격을 동시에 지니는 방법론.

(3) 속성(A: Atrribute),
결과(C: Consequence)
가치(V: Value) 전반에 걸친 핵심적 지각 요소들 간의 연결관계를 파악

A: 속성 – 제품에 존재하는 특성
C: 결과 – 속성에 의해서 소비자에게 제공되는 결과
V: 가치 – 결과가 강화하는 소비자의 개인적 가치

기억 나시죠!
5 WHY!

(4) "왜 그것이 당신에게 중요합니까"라고 직접적으로 질문함.

(5) 래더링에서 말하는 래더(Ladder)는 소비자가 특정 제품군에서 제품(혹은 브랜드) 간의 차이를 구별하는 기초 요소들의 결합.

유사한 사례를 한 번 더 소개하면 다음과 같다.

Laddering **[항공기 서비스에 대한 laddering 최종 결과표(가치단계도)]**

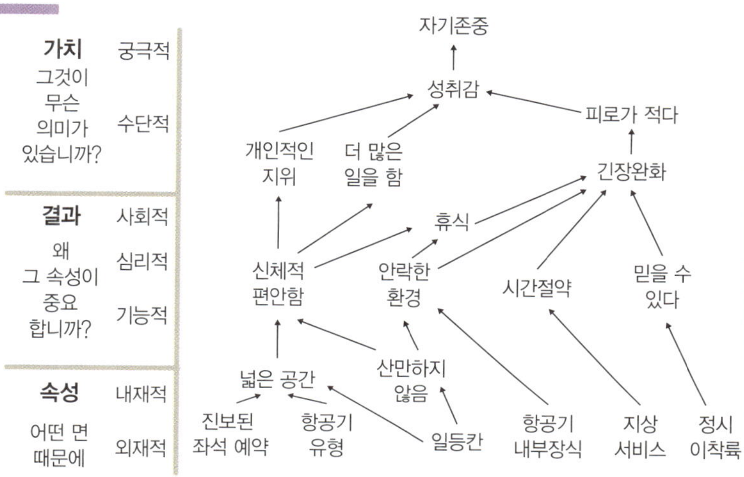

래더링 인터뷰 단계 속성 – 결과 – 가치 도출 각 단계에서 활용할 수 있는 세부 질문형태의 예시는 다음을 참조하길 바란다.

Laddering **Laddering 인터뷰 세부 질문 형태**

속성 → **결과** → **가치**

속성

(+) 그 제품의 어떤 점이 좋습니까?
(+) 다른 브랜드보다 더 좋아하는 이유는요?
(+) 다른 브랜드와의 차이점은 무엇입니까?
(+) 그 제품의 장점은 무엇입니까?
(–) 그 제품의 어떤 점이 마음에 들지 않습니까?
(–) 그 제품의 개선점은 무엇이라고 생각하나요?
(–) 그 제품을 사용하지 않는 이유는요?
(–) 그 제품의 단점은 무엇입니까?

결과

(+) ~ 때문에 좋아하는데, 그것으로부터 무엇을 얻습니까? (얻는다고 생각하십니까?)
(+) 그것이 왜 당신에게 중요합니까?
(–) 왜 그것을 피하려고 하십니까?
(–) 그것을 하지 않은 이유는 무엇입니까?

가치

(+) 어떤 종류의 느낌입니까?
(+) 그것이 당신에게 어떤 느낌을 줍니까?
(+) 그 느낌을 설명해 주십시오.

결국, Why를 통해 소비자가 궁극적으로 원하는 가치, 브랜드와 Emotional Bonding을 엮어갈 수 있는 내면의 세계를 파악하기 위해서 "말"을 바꿔서 질문하는 것.

3. Z-MET 진행절차

전문적으로 Z-MET을 진행하지 않는 이상, 10단계를 모두 거치면서 활용하기는 쉽지 않을 것 같다. 하지만 원론을 알아야 응용을 하고, 거기서 내가 필요한 것, 그리고 할 수 있는 것을 취사 선택할 수 있다. 아래 표를 참고하길 바란다.

표 3 Z-MET 10단계 프로세스별 인터뷰 Key Point

단계	프로세스	인터뷰 Key Point
1	스토리텔링 단계 (Storytelling)	**준비한 이미지와 관련된 대한 생각과 감성 표현 단계** • Z-MET은 인터뷰에 참여할 사람들에게 미리 연구 주제를 1~2주 정도 전에 알려준다. 그래서 연구 주제와 관련된 자신의 느낌이나 생각을 가장 잘 반영한 이미지를 찾아 오도록 일종의 과제를 준다. • 그들이 찾아온 이미지에 대해서 왜 그 이미지가 연구주제와 관련되는지를 가장 처음으로 확인하는 단계이다. • 필자는 이 단계에서 응답자들이 자신의 생각을 다듬을 수 있도록 유도하고, 편안한 분위기 속에서 그들의 무의식을 다시 한번 활성화 할 수 있는 계기를 마련하기 위해 다음과 같은 방법을 이용하기도 했다. – 자유연상 이미지(Free association) – 문장 완성법 • Why 캐묻기를 슬슬 시작하는 단계이다. **질문예시** '그러한 이미지를 선택한 이유는 무엇인가요? 그 그림은 어떤 것을 묘사한 것인지 설명해 주세요. 그러한 이미지와 연구 주제와는 어떤 관련이 있다고 생각하시나요?' 이와 같이 응답자의 주요 응답 포인트별로 계속 캐묻기를 시도하는 것이다.
2	누락된 이미지 확인 단계 (Missed Issues and Images)	**미리 준비한 '그림 이미지 북'을 통해 연구 주제와 관련된 그림을 한 번 더 찾도록 하여 응답자의 무의식을 더 풍성하게 촉진하는 단계** • 참석자들에게 패션잡지(남성/여성용 별도 준비) & 시사 잡지 & 리빙과 육아 관련 잡지를 비롯하여 웹에서 다운로드한 다양한 그림의 '이미지 북'을 주고 연구 주제와 관련된 다시 찾아보도록 하는 단계이다. • Z-MET에 참여하는 개인별 수준 차이 혹은 상황/시간 관리 등에 있어 당연히 그 질에서 편차가 발생할 수 있다. 그래서 다시 한번 인터뷰 진행 현장에서 동일한 과제를 부여하는 것이다. 잘 준비한 사람도 새롭게 제시된 자극물을 통해 또 다른 각도의 이미지를 선택할 수 있기 때문이다. **질문예시** '혹시 과제를 수행하면서 마음 속에 느낌이 있었는데, 본인의 느낌을 적절하게 표현해 주는 이미지가 없었나요? 여기에서 다시 한번 찾아볼까요?

단계	프로세스	인터뷰 Key Point
2	누락된 이미지 확인 단계 (Missed Issues and Images)	아니면 본인이 준비한 이미지를 좀 더 보강할 만한 이미지가 있는지도 다시 확인해 주세요.' 이러한 단계를 통해서 참석자들의 생각과 느낌의 상태를 더더더 끌어올릴 수 있는 장점이 있다. 그들이 워밍업 및 사전 준비 단계를 통해 활성화된 무의식을 보다 풍성하게 촉진될 수 있는 또 한 번의 기회를 제공하는 것이다. 내가 준비한 이미지를 통해서 내 생각을 설명한다고 하더라도 이 말 말고 또 다른 각도로 이런 말도 하고 싶은데, 나의 이 생각을 좀 더 자극시켜줄 만한 것이 있으면 좋겠다 라고 생각할 때가 있다. 바로 그 점을 공략하는 단계인 것이다. 필자의 경험상, 연구 주제와 관련된 새로운 관점의 이미지를 추가되기보다는 기존에 품었던 자신의 생각과 감성을 더욱 강화해 주는 이미지를 찾게 된다. 이는 숙제를 굉장히 잘했거나 아니면 우리 뇌가 느끼는 일종의 한계일 수 있다. 그렇다고 절대 이 과정은 쓸모없는 것은 아니다. 어떤 경우에는 양적으로는 굉장히 많은 이미지를 찾아왔지만 해당 이미지를 가지고는 본 연구의 핵심 목적을 달성하기 좀 매우 힘든 이미지만 잔뜩 골라온 것이다. 예를 들어, '편의점 PB'와 연상되는 이미지를 골라오세요 라는 과제에 실제로 본인이 좋아하는 편의점에서 판매되는 수박 우유, 스누피 우유 등과 같은 제품 사진만 잔뜩 골라오는 경우가 극소수 있다. 그렇기 때문에 이러한 상황에 대비할 수 있는 일종의 Plan B 같은 역할의 단계이다. 실제로 올슨 잘트만 연구소(OZA)에서는 예를 들어, 미키마우스라는 캐릭터의 본질을 조사하는 연구에서, 소비자들에게 미키마우스나 디즈니가 포함되어 있거나 관련된 그림은 제외해 달라고 부탁한다고 한다. 이렇게 해야만 소비자들이 해당 주제에 대해서 좀 더 깊이 있게 생각할 수 있어서 보다 가치 있는 통찰력을 발휘할 수 있기 때문이다.
3	과제 분류 단계 (Sorting Task)	**응답자가 생각하는 의미상의 기준에 따라서 그들이 골라온 이미지들을 각각 세트로 분류 후, 세트별로 제목 선정 & 분류 기준을 확인하는 단계** 1, 2단계에서 수집된 이미지들이 얼마나 방대하겠는가. 우리는 먼저 한번 정리를 하면 다음 단계로 넘어가는 데 훨씬 수월하지 않겠는가. 그래서 이 단계에서는 인터뷰이가 스스로 생각하는 기준에 따라서 이미지들을 유사한 것끼리 묶고 다른 것들끼리 분류하는 작업을 진행해야 한다. 그런 다음에 세트별로 제목을 붙이거나 분류 기준이 무엇인지 이야기를 좀 더 정리해서 계속 이어나갈 수 있기 때문이다. 이때, 그룹핑(Grouping) 개수는 본인 마음대로이다. 적어도 최소 2개 이상이면 돼요 라고 하면 대부분 5–8개 정도로 그룹핑한다.
4	구성 개념 도출 단계 (Construct Elicitation)	**켈리의 레퍼터리 그리드 기법과 래더링 기법 진행 단계** 켈리의 레퍼터리 그리드 기법을 활용하여 응답자 임의로 선택한 3가지 그림을 유사한 둘과 나머지 하나로 나누게 했다. 그 다음에는 또 그 분류 기준 및 차이점에 대해서 편안하게 이야기를 했다. 이후, 속성, 결과, 가치로 구성된 래더링 기법(Laddering Technique)을 진행하는 단계이다.

단계	프로세스	인터뷰 Key Point
4	구성 개념 도출 단계 (Construct Elicitation)	필자는 개인적으로 이 단계가 Z-MET의 정수가 아닌가 한다. 이를 또 이론적으로 '수단-목적 연쇄 형태로 변인을 밝혀낸다'라고도 한다. 그래서 각 구분된 개념과 개념들 사이의 관계가 어떤 것인가도 살포시 이해할 수 있다. 주요 질문은 아래와 같이 진행했다. **질문 예시** '당신은 연구주제에 대해서 독특하다고 언급했는데, 이렇게 QQ(attribute)가 들어 있는 제품을 접하면, 일반 제품을 접하는 것과 비교 시, 당신에게 어떤 것이 좋을 것 같으세요?(benefit) 그렇다면 그런 좋은 점으로 인해서 최종적으로 당신은 어떤 기분이 들 것 같아요? (emotional value) 혹은 남들에게 이런 제품을 선호하는 나는 어떤 이미지로 비춰질 것 같아요?' social value의 질문 단계를 통해서 attribute→physical benefit→emotional(혹은 social) value를 도출함.
5	대표 이미지 추출 단계 (Most Representative Image)	**연구 주제를 대표하는 이미지와 그 이유를 확인하는 단계** 일명, 핵심 주제를 명확하게 하는 단계이다. 우리도 학교에서 그 과를 대표하는 과대표를 선출한다. 그중에서 너한테 가장 중요한 느낌이나 이미지는 무엇이니? 왜 그렇게 생각하니? 이것보다 저것이 더 중요한 이유가 무엇이니?와 같은 질문을 통해서 도출하는 것이다. '반드시 긍정적 이미지만을 대표로 선택할 필요는 없다'라고 해두는 것도 좋다. 이러한 방법론이 잘못 흐르면, 소비자 인식상에 형성된 긍정적인 것들만 도출하고 연구자가 행복해 할 수 있다. 그래서 괜히 발생할 수 있는 응답자 편향도 방지해서 객관성도 유지해야 하는 것도 필요하고 그들의 솔직하고 오픈된 생각이 중요하다. 중립/부정/긍정 다 상관없다고 사전에 말하라. 나중에 Pros & Cons로 구분해서 정리하면 된다.
6	상반된 이미지 추출 단계 (Opposite Image)	**응답자들이 직전까지 언급한 주제와 상반되는 이미지를 유도하는 단계** 우리 인간의 심리행동에는 '환기'라는 것이 있다. 일종의 이러한 우리의 심리적 행동적 기제를 이용하는 단계라고나 할까. 표면보다 더 깊이 소비자의 마음을 이해하기 위한 것이다. 우리도 이야기를 하다 보면, 꼬리에 꼬리를 물고 또 생각이 떠오를 때가 있다. 그때는 기존에 했던 이야기를 보강하는 것일 수도 있다. 혹은 완전히 다른 방향성의 이야기가 될 수도 있다. 그 누구도 예측할 수 없다. 바로 이러한 디테일한 것도 놓치지 않겠다라는 집념이 반영되는 단계라고나 할까. **질문 예시** '아까 이야기한 것과 좀 반대되는 분위기의 이야기는 혹시 있나요? 아니면 혹시 이야기하는 동안에 새롭게 떠오르는 것은 없을까요?' 2단계에서 했던 것과 유사하게 새로운 이미지를 찾을 수 있는 기회를 제공하기도 했다. 여기서는 일종의 센스와 요령도 필요하다. 아이디어가 우물처럼 샘솟는 응답자들도 물론 많지만 그렇지 않을 경우도 있을 것이다. 즉, 응답자 성향에 따른 개인 수준 편차를 고려해야 한다. 피로감을 느끼고 힘들어 하는 응답자는 그냥 넘어가라. 다른 응답자에게 도출하는 것도 좋다. 생각이 별로 없는 사람에게 자꾸 Why 캐묻기를 하면, 실제로 그들이 별로 중요하게 여기지 않는 것도 이야기를 하게 된다. 일종의 캐묻기 모순(Probing Paradox)이 발생하는 것이다.

단계	프로세스	인터뷰 Key Point
6	상반된 이미지 추출 단계 (Opposite Image)	그래서 상반된 이미지에 대해 이 사람이 더 이야기를 들려줄 사람인지의 여부를 즉, '간'을 슬며시 보면서 연구자가 판단해야 한다. 유사한 뉘앙스의 내용만을 지속적으로 언급하는 경우에는 알아서 이 단계를 종료해야 한다. 사람들은 자기가 어떤 단계에서 더 이상 새로운 이야기를 잘 못 만들어 낸다고 생각하면 좌절하는 사람도 있다. 겉으로도 괜히 미안해 하고 혹은 내 수준이 여기까지인가 스스로 자책할 수도 있다. 또, 무엇보다도 중요한 것은 응답자가 일종의 낙담을 느낄 수 있다는 것이다. 앞으로도 중요한 단계가 꽤 남아있는데, 그들이 피로도를 느끼고 에너지를 다 소모하게 만드는 것은 전체적인 관점에서 볼 때, 상당히 비효율적인 것이다. 대부분의 사람들은 자신이 처음 제시한 내용에 앵커링(Anchoring)되는 경우가 많다. 그래서 그 닻에 스스로 걸려서 새로운 관점으로 또 다른 생각을 만들어 내는 경우는 많지 않은 것 같다. 이렇기 때문에 많은 사람들이 발상과 관련된 방법론에 대해서 제시하는 것 같다. 우리, 앵커링(Anchoring)되지 않도록 노력하자. 보다 오픈된 프레임으로 이를 향해 노를 저어라.
7	감각적 이미지 확인 단계 (Sensory Image)	**응답자의 사고와 감정을 보다 풍부하게 이해하기 위해 맛, 감촉, 색깔, 소리, 냄새 등의 감각에 비유하는 단계** 응답자의 감성을 더 깊게 이해하기 위해서 비시각적 은유를 요청하는 것이다. 예를 들어, 편의점 PB를 맛/컬러/소리/냄새/감촉 등의 오감에 비유해서 표현할 수 있도록 요청하는 것이다. 응답자 각각의 표현, 그 자체에 주목하기보다는 그러한 감각 표현이 편의점이 지닌 어떤 속성(Attribute), 혜택(Benefit), 가치(Value)와 연결되는지에 주목하는 것이 핵심이다. 이 단계만 보더라도 Z-MET의 각 절차가 얼마나 촘촘하게 구성되어 있는지 알 수 있지 않은가? 무의식을 이해하기 위해서라면 하나라도 더 해보겠다, 더 삽질해보자라는 것이 느껴진다. 안타까운 점은 이 단계까지 가면 사람들이 힘들어 한다. 나의 생각을 맛으로 감촉으로 컬러로 소리로 냄새로 표현하는 것, 정말 생소하지 않은가. 답하라고 해도 쉽지 않을 듯 하다. 본인이 생각하기에 답하기 어렵다고 느껴지는 것을 응답자에게 요구하지 마라. 미리 이에 대한 자극물이나 Plan B를 준비하라. 그래서 이 단계에서도 연구자가 자극물을 활용하는 것도 좋은 듯 하다. 예를 들어, 컬러의 경우에는 PANTONE 컬러북을 보여 주어라. 이 방법을 다른 프로젝트에서 자극물로 활용해 봤는데, 꽤 유용했다. 

단계	프로세스	인터뷰 Key Point
7	감각적 이미지 확인 단계 (Sensory Image)	아마도 이런 유형의 은유 표현 자체가 생소한 면도 있었을 것이고, 이전의 여러 단계를 통해 할 말은 거의 다 해서 새로운 표현을 통해 자신의 이야기를 또 다른 방향성을 지니고 전개하기 힘든 점도 작용했을 것이라고 보인다. 즉, 방법론은 신선했지만 연구자로서 쉽지 않았던 단계였던 것으로 기억된다. 즉, 이 단계를 통해서 새로운 관점의 내용을 추가로 도출하는 데 스스로 약간의 한계를 느꼈다는 표현이 적절하겠다. Z-MET은 오감을 이용했지만, 또 다른 연구자는 이를 응용해서 또 다른 비유법을 활용해도 좋을 듯 하다. 어차피 모든 방법론 그 누군가의 소소한 창의력에 의해서 개선되고 발전되는 것 아닐까?
8	정신적 지도 작성 단계 (The Mental Map)	**이미 도출된 구성 개념들을 이용한 일종의 정신적 지도 작성 단계** 도출된 구성 개념을 인터뷰어가 종합적으로 리뷰하는 단계이다. 다시 한번 확인 사살을 하는 것이라고나 할까. 인터뷰이가 표현한 의도를 연구자가 정확하게 이해했는지를 확인하는 것이다. 그런데, 그냥 확인하면 재미없잖은가. 그래서 서로 다른 축의 의미를 지닌(구성) 개념들을 하얀 도화지 위에 나열해 놓는 것이다. 그런 다음에 그러한 구성 개념들이 서로 동떨어져 있는 것도 있을 수 있고 (상대적으로) 어떤 것들은 약한 관계 혹은 어떤 것들은 서로 강한 연결고리를 지닐 것이다. 그러면서 일종의 지도를 만들어 가는 단계이다. Z-MET을 비롯한 모든 스몰데이터 연구에는 연구자의 통찰력과 경험, 센스, 지적 능력, 사물에 대한 이해, 사람에 대한 이해 등이 매우 중요하다. 이 단계에도 역시 연구자의 통찰력이 매우 강하게 작용한다. 물론 참석자 스스로 지도를 그려보게 할 수도 있는데, 아마 쉬운 작업은 아닐 듯 하다. 그래서 결국 연구자의 몫이다!
9	한 장의 그림으로 재구성하는 단계 (The Summary Image)	**기존 선택한 이미지를 수정 혹은 변형하는 단계** 응답자들이 자신의 결론을 한 장의 그림으로 재구성하는 단계이다. 즉, 여태까지 선택한 이미지를 기반으로 그들의 은유를 총 정리하는 것이다. 기존에 선택한 이미지를 변형, 축소, 확대 등을 통해 재구성(일종의 꼴라주 기법 활용)하도록 도와주고, 이에 대한 간단한 스케치를 요청한다. 혹은 관련된 짧은 꽁트 혹은 스토리텔링을 부탁하기도 한다. 즉, 응답자 본인이 직접 선택한 이미지들을 다시 오리고 덜 중요한 부분은 잘라내고, 더 중요한 것은 크게 색연필로 칠하기도 하고, 다른 이미지와 결합해서 다른 뉘앙스의 표현을 덧붙이게 하는 것이다. 여태까지 진행한 내용에서 자를 것은 자르고 중요한 것은 더 중요하게 다듬는 것이다. 결론으로 나아가는 목전에 있는 단계이다. 이 또한 부담감을 느끼는 일부 응답자가 있다. 우리가 시를 쓰거나 꽁트를 만드는 것은 쉽지 않다. 아마 언어 문장력이 우수한 사람들 혹은 미술 전공자들을 일부 Z-MET 대상자로 삼는 것도 나쁘지 않을 듯 하다. 그리고 이 단계에서도 일부 참석자들이 힘들어 하면 그냥 그들의 감성과 인식 등을 재확인하는 수준으로 넘어가는 센스가 여기서도 필요하다. 그리고 지금 정도 단계면 시간적으로도 꽤 지났기 때문에 모두에게 달달한 군것질이 필요한 단계이기도 하다. 혈당이 떨어지면 두뇌 회전이 느려지고 짜증이 난다.

단계	프로세스	인터뷰 Key Point
10	공유 개념도 도출 단계 (The Consensus Map)	**주요 구성 개념들이 포함되는 지도나 인과관계 모델(Casual Model) 창출 단계** 공유개념도 이야기는 별도로 설명하겠지만 Z-MET에서 중요한 개념 중의 하나이다. 필자의 경우, 녹취록을 기준으로 Christensen and Olson(2002)이 제시한 기준에 의거하여 작성했다. 이 단계도 쉽지 않다. 가장 에센스이기도 하다. 필자의 경우에는 8단계에서 도출한 정신적 지도가 많은 도움을 주었다.

10단계를 보면, 만만한 기법이 아니라는 것을 다시 한번 느꼈을 것이다.

즉, Z-MET은 문자적 언어를 통해 명확히 표출되기 어려운 소비자들의 중요한 인식 및 감정 체계를 은유를 통해 표층적 사고는 물론이요, 심층적 사고까지 이해할 수 있는 방법론이다. 이 방법론은 시각적 이미지의 사용, 1:1 심층 면접법, Kelly Repertory Grid, Laddering Technique 등이 복합적으로 함축되어 있다. 즉, 삼각기법이 적용된 연구 방법론인 것이다.

또한, Z-MET은 이미 타당성이 검증된 방법론이다. 즉, 좀 새롭게 보여서 이 방법으로 진행한 '결과물에 대해서 믿을 수 있어?'라는 챌린지에 기존 연구 방법론을 통해 도출한 결과와 일관성을 지닌 결과물이 나온다는 의미이다. 즉, 1:1 심층 면접의 샘플 수가 8인 이상이고, 8그룹 이상 진행한 FGD의 결과와 Z-MET 결과는 거의 비슷하다는 것이다(Griffin, Abbie, and Hauser 1993).

4. 공유 개념도

다음 이미지는 필자가 '편의점 자체 브랜드 PB의 소비가치'라는 연구 주제하에 직접 진행하여 도출한 공유 개념도이다.

여러분들이 이 공유 개념도를 처음 접하고 난 후, 어떤 느낌이 드는지 궁금해진다.

사람들의 사고의 묶음 같은가! 한 페이지로 요약되니, 사고(Key Word)를 중심으로 소비자들이 어떤 가치를 느끼고 있는지 쉽게 파악할 수 있지 않은가! 래더링 기법이 사다리 모양으로 올라가는 반면에, 이는 사고(Key Word) 간의 상호작용과 각 연결성을 보여준다. 각 개념들은 분리된 것이 아니라, 다면적 구조

그림 11 전략적 경기장인 공유 개념도

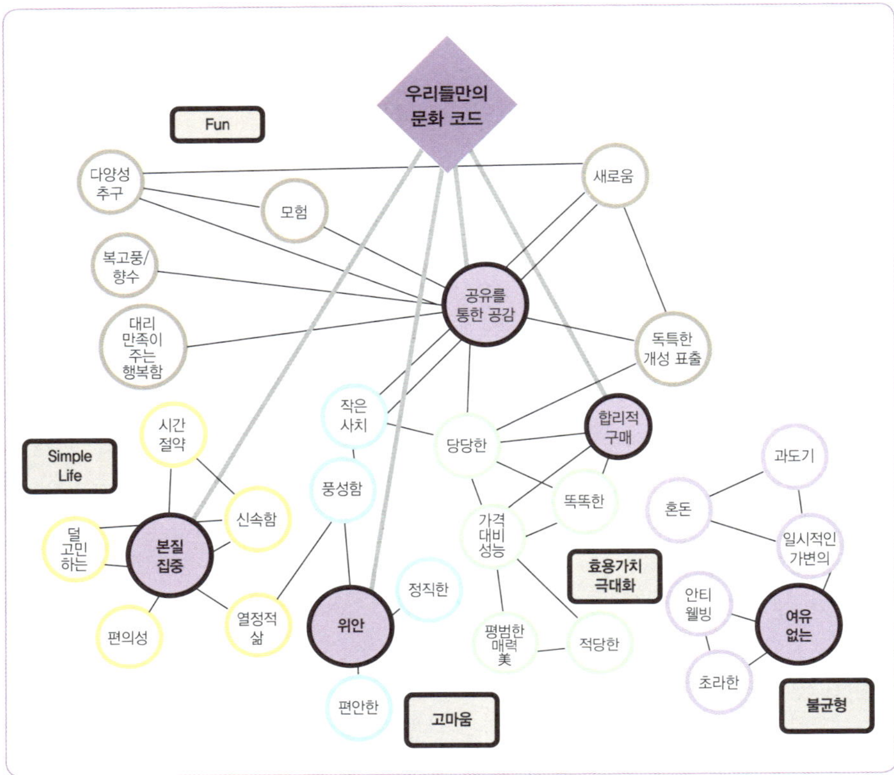

출처: 은유추출기법(Z-MET)을 활용한 편의점 자체 브랜드 소비에 관한 질적분석, 소비자학연구

를 보이면서 연계 구조를 보인다. 그래서 네트워크가 형성된 듯한 기분도 든다. 왜냐하면 소비자 행동 유발 요인은 분리된 것이 아니기 때문에 당연히 네트워크를 형성할 수밖에 없기 때문이다. 소비자가 살고 있는 사회적 맥락 속에서 자연스럽게 사고(Key Word)들 간의 연계가 형성되므로 이 부분이 반영된 것이다. 바로 이러한 것들이 공유 개념도가 지니는 특징이다.

즉, 공유 개념도(Consensus Map)는 특정 소비자 집단이 특정 주제에 대해 공유하는 사고와 감정 그리고 그것들 간의 연계 구조를 보여주는 것이다. 그럼 이 공유 개념도가 왜 필요할까? 잘트먼은 이를 '마음 시장의 로드 맵' 혹은 '전략적인 경기장'이라고 표현한다. 이를 통해 기업은 신제품 개발, 포지셔닝 전략, 커뮤니케이션 전략 등을 세울 수 있다.

공유 개념도를 잘 보자. 사고(Key Word, 원래는 구성개념, Construct라고 불리나, 쉬운 이해를 위해 여기서는 그림 11의 박스 혹은 원형 내의 속한 단어로 생각하라.)가 다른 여러 개의 사고(Key Word)와 빈번하게 연결되는 것이 보인다. 그리고 어떤 사고들끼리는 좀 더 얇은 라인으로 혹은 좀 더 굵은 라인으로 구성되어 있음을 볼 수 있다. 그리고 가장 상단의 마름모(우리들만의 문화 코드)는 공유 개념도를 구성하는 다양한 사고들을 대표하는 최종 결말 상태(End State) 혹은 종합 목표(Overall Goal)라고 보면 된다.

King of King인 것이다. 해석 연습을 한번 해 보자.

이 공유 개념도를 통해 편의점 자체 브랜드는 대학생들을 위한 어떤 PB 제품 전략을 내세우는 것이 좋을까?

PB가 가성비에서 출발한 것은 다 알 것이다. 그런데 이 공유 개념도를 보면, CVS PB는 가성비(효용가치 극대화) 외에도 다양한 가심비를 충족시켜 주고 있음을 볼 수 있다. 예를 들어, 백종원, 김혜자 도시락이 그들에게 부여한 고마움, 소위 병맛 같은 제품들이 주는 즐거움(Fun) 등이 도출된 바, CVS PB가 굉장히 발전했음을 보여준다. 하지만, 반(反) 웰빙(Anti Well Being)과 같은 불균형적인 식단, 영양소를 커버하는 제품이 출시되어야 한다. 직장인 뺨치게 바쁜 대학생들이 고민 없이 제품을 고를 수 있도록(편의점이 마구 고민하면서 물건을 사는 공간은 아니다) 직관적으로 제품의 특징을 강조한 제품 구성의 강화, 지쳐서 집으로 돌아가는 나를 위로해 주는 적절한 가격의 개성 만점의 제품 구비, 그래서 편의점에서 산 것이 아닌 것처럼 자랑스럽게 SNS에 도배할 수 있는 아이템 발굴 등이 필요함을 내포하고 있다. 또한 궁극적으로 CVS PB를 통해 대학생 그들만의 리그를 강화해 주는 혹은 그들만의 문화 코드를 이야기 해주는 독특한 것(Something Unique), 다른 것(Something Different)과 관련된 제품 전략이 궁극적으로 필요하다고 할 수도 있다. 신제품 개발과 관련해서 이 정도 수준에서 간단한 해석을 마치겠다.

Z-MET을 활용한 마케팅 사례

1. Two drinks in One _ 코카콜라

이미지 안에 숨겨진 은유를 찾는다 조금 생소할 수 있을 것 같아서, 이의 대표적인 성공 사례를 소개하고자 한다.

여러분들은 콜라 하면 일반적으로 어떤 느낌이 떠오르는가? 그들의 광고를 파노라마처럼 생각해 보자. 아마 '해변에서의 즐거움', '갈증 해소', '에너지 충전', '빨강 산타 할아버지의 행복함' 등. 어떤가, 전반적으로 활기차고 활동적인 느낌이 강하지 않은가? 우리가 기존에 많이 접한 이미지이다.

그런데, Z-MET을 통해서 콜라에 대해 '고요함', '쓸쓸함', '정신 이완'이라는 느낌을 앞서 언급한 이미지와 동시에 소비자들이 느끼고 있더라는 것이다. 하단 그림을 보면 알 것이다. 즉, 많은 사람들이 붐비는 축구 경기장에서 명상하고 있는 불교 수도자의 이미지가 발견된 것이다. 그래서 이를 Two Drinks

그림 12 Two Drinks in One

출처: 구글 이미지 검색

in One이라고, 말 그대로 하나의 음료에 두 가지 의미가 함께 들어 있다는 것이다. 이러한 Z-MET의 결과를 보고 경영진들은 우리는 여태까지 코카콜라의 절반만 마케팅하고 있었구나 하는 반성과 함께 새롭게 도출된 내용을 마케팅 전략에 반영했다고 한다. 한번 생각해 보자. 실제로 우리는 사람들과 피자를 시켜 먹는 시끌벅적한 분위기에서도 콜라를 먹지만, 그냥 혼자 과제를 하면서 조용히 정신 집중하면서 홀짝거리기도 한다. 그런데 이 느낌은 95%의 우리 의식 저 밑에 숨겨져 있었던 감정이었던 것이다.

2. 불편함 속에 잠재된 Sexy Appealing _ Dupon

듀폰(Dupont)사는 미국의 유명한 화학 회사이다. 이 회사는 1927년부터 비밀리에 새로운 합성섬유 개발 연구에 착수해서 1939년에 드디어 나일론(Nylon)이라는 합성 섬유를 만들었다. 나일론으로 처음 만든 것은 칫솔이었다고 한다. 이후에 낙하산 재료, 여성들의 스타킹도 만들었다. 듀폰이 나일론이라는 소재로 만든 제품 중의 하나인 '스타킹!' 솔직히, 여자들 중에 평생 이 제품 사용하지 않은 사람 있을까? 그런데 솔직히 말해서 오래 신고 있으면 편하지는 않다. 이렇게 듀폰사는 여성들이 팬티 스타킹 착용을 불편해 하고 싫어함에도 불구하고 그 수요가 많다는 것을 알게 되었다. 그래서 기존의 연구 방법이 해당 제품에 대한 여성 소비자들의 잠재 니즈를 명확히 파악해 주지 못하고 있다고 판단했다.

그래서 20명의 여성 소비자를 대상으로 Z-MET을 실시했다. 그 결과 여성 소비자들이 팬티 스타킹에 대해 '나무에 매달린 스틸 밴드', '꼬인 전화기 코드', '땅에 떨어진 아이스크림' 등과 같은 싫어하는 감정과 함께 '고급 승용차', '화병에 평화롭게 꽂혀있는 꽃', '실크 드레스' 등의 이미지를 동시에 지니고 있음을 발견한 것이다.

남자는 여자들에게 멋있게 그리고 여자들은 더 예쁘게 보이고 싶은 것은 당연한 욕망 아닐까? 그래서 듀폰사는 이 결과를 통해서 여성들이 이성들에게 섹시하고 우아하게 어필하고 싶어 하는 잠재 심리를 캐치한 것이다. 이후에 직장 여성을 슈퍼우먼으로 표현하던 기존의 광고 패턴에서 탈피하고 대신 좀

출처: 구글 이미지 검색

더 섹시하도 고혹적인 이미지를 포함시키는 컨셉으로 광고를 변경하여 상당한 성과를 거두었다.

이 프로젝트를 담당한 글렌다 그린(Glenda Green)은 이렇게 말했다.

'다른 연구 방법으로는 결코 얻지 못할 강렬함, 질감, 깊이를 발견했어요. 특히, 성적 이슈들도 포함해서요. 또한 양말에 대한 애증의 태도보다도 더 복잡한 무엇인가를 발견할 수 있는 기회가 되었지요.'

3. 아가의 예쁜 궁둥이는 엄마에게는 패션의 하나 _ 킴벌리 클락

킴벌리 클락(Kimberly-Clark)은 미국의 개인 용품 제조 관련 기업이다. 크리넥스, 여성 위생용품, 스캇, 그리고 앤드렉스 화장지, 와이팔 기능성 화장지, 킴와이프스 과학용 청소 화장지 및 하기스 일회용 기저귀 등의 브랜드를 보유한 회사이다. 우리나라에서도 1970년에 유한양행과 합작투자해서 유한 킴벌리로도 친근하다. 기저귀 브랜드 하기스도 친근할 것이다.

출처: 구글 이미지 검색

킴벌리 클락은 Z-MET을 통해서 부모에게 있어 어린 자녀의 기저귀는 한 번 쓰고 버리는 1회용 아이템이 아니며, 내 금쪽 같은 자녀 성장 단계 중에서 매우 특별한 단계에서 사용할 수 있는 일종의 의상(Clothing)으로 인식되고 있음을 발견한 것이다.

그리하여 Huggies Pull-Ups라는 유아용 트레이닝 팬츠를 개발하여 큰 성공을 거두었다.

4. 어린 시절로 돌아가고 싶게 만들어 주는 달달함 _ 네슬레

네슬레도 친근한 브랜드일 것 같다. 필자는 매일 아침 네스프레소 커피 캡슐과 함께 아침을 시작한다. 여기도 참으로 많은 브랜드가 나온다. 그리고 어머니께서는 필자가 어렸을 때, Gerber 이유식을 했다고 그러는데, 먹었던 기억은 없지만 방에 Gerber 이유식 모델 아기 사진이 있었던 것만은 정확히 기억이 난다. 네슬레라는 브랜드도 참 역사가 깊은 브랜드인 것은 확실하다.

네슬레는 크런치 바가 소비자에게 제공하는 혜택이 무엇인지 궁금했다고 한다. '크런치 바' 하면 바쁜 일상에 찰나의 달달하고 소소한 즐거움을 주는 간식이라는 것은 다 공감할 것이다.

그런데 이러한 표면적인 소비자 감성 외에 더 깊은 것을 담당자들은 알고 싶었다. 아마 모든 브랜드의 궁금 사항일 것이다.

그래서 Z-MET 기법을 적용했다. Z-MET에 참가한 사람들이 어떤 이미지를 가지고 왔을까? 바로 픽업트럭, 나무 울타리, 교외 잔디밭에서 노는 아이들, 눈사람, 할아버지의 시계, 미국 국기 사진 등의 그림을 준비해 왔다고 한다. 그리고 이들은 이런 이미지들이 어린 시절의 소중한 추억을 의미하는 것을 알아냈다. 예를 들어, 픽업 트럭은 출근길에 흔히 이용하던 수단이기보다는 어린 시절로 돌아가는 타임머신을 의미하고 있었던 것이다. 그래서 연구자들은 이런 이미지를 통해서 소비자들의 내면에 네

출처: 구글 이미지 검색

슬레 크런치 바가 소비자들에게 궁극적으로 주는 가치를 무엇으로 정의했을까? 바로, '시간'이라는 심층 은유를 추출해냈다. 크런치 바의 맛이나 질감, 소리 같은 감각적 혜택이 '어린 시절의 추억'이나 '안도감' 같은 감정적 혜택을 환기시킨다는 사실을 발견한 것이다.

이제는 '이미지'와 '은유'를 연결하여 소비자 내면의 깊은 곳을 알아내는 것에 대해 감이 좀 잡혔을 것이다.

예를 들어, 우리가 일반적으로 상기하는 코카콜라의 즐거움은 앞에서 소개한 그림 9에서 남편이 삽으로 터치한 돌산의 일각이고, 조용한 명상은 그 아래 숨어 있는 굵은 바위 덩어리라는 것이다.

결론적으로 이미지와 은유를 활용하면 일반적인 문자적 언어로 표현하는 것 이상의 것을 얻어낼 수 있다.

이제 스몰데이터의 구체적인 방법론에 대해 모두 공부했다.

다음 장부터는 스몰데이터의 결과물 정리 방법에 대한 또 다른 공부를 시작하자.

CHAPTER FIVE

스몰데이터 방법론 다섯째, 스몰데이터를 통해 도출한 자료정리 방법→컨셉 작성

스몰데이터 방법론 다섯째, 스몰데이터를 통해 도출한 자료정리 방법→ 컨셉 작성

스몰데이터를 정리하는 도구

1. 신제품의 정의 및 범위

결국 당신이 스몰데이터를 통해서 소비자의 깊은 마음을 이해하는 것의 종착역은 새로운 제품 혹은 서비스를 만들고자 하는 것일 것이다. 스몰데이터를 통해 도출된 내용을 정리하는 방법 즉, 당신이 도출한 아이디어 및 자료를 정리하는 것에는 다양한 방법이 있을 수 있다. 여기서는 실무적 활용도가 높은 컨셉을 중심으로 이야기하겠다. 컨셉은 당신이 얻은 데이터를 결국 매우 간단하지만 중요한 핵심을 한두 페이지 수준으로 정리해 놓은 것이다.

컨셉을 작성하기 전에 이론적으로 제품의 구성과 개념 요소에 대한 이해가 필요하다. 그래서 컨셉을 만들기 전에 원론적 개념인 제품에 대한 이론적 정의를 가볍게 확인하고 가자.

보통 우리는 제품이라고 하면, 단편적으로 우리 눈에 보이는 것만을 연상할 수 있는데, 다차원적인 제품 개념의 관점에서 보면 ① 핵심제품 ② 유형제품

그림 12 제품구성의 3단계

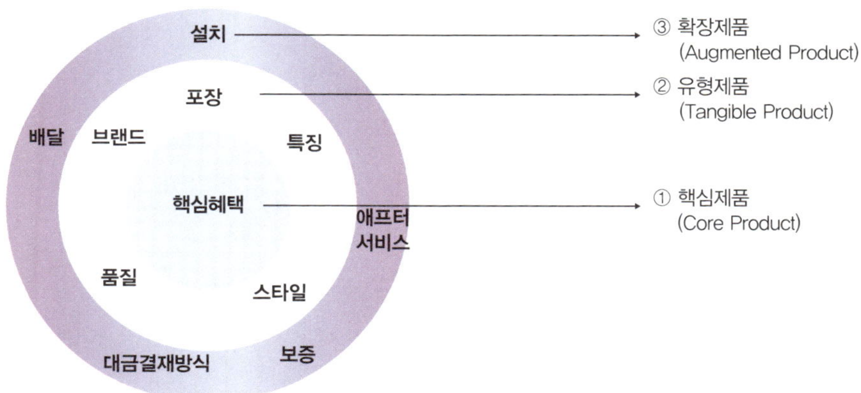

출처: 마케팅원론. 학현사.

③ 확장제품의 3가지로 구분할 수가 있다. 필자가 지금부터 하는 이야기는 제품에는 이 3가지의 유형이 다 포함된 것으로 이해해 주길 바란다. 그러므로 여러분들이 현재, 어떤 상황에 처해있는지 어떤 고민을 하고 있는지 모르지만, 아주 특이한 경우가 아닌 이상, 신제품이라 함은 상기 3가지 영역을 모두 포함한다.

신제품이라는 것을 연상할 때, 보다 큰 프레임으로 바라봐야 한다. 그래야만 근시안에서 벗어날 수 있고, 보다 넓은 관점에서 크게 시작할 수 있다. 그러면서 점점 좁혀 들어가면서 생각하는 것이 필요하다. 출발점에서부터 '작은 감각'으로 시작하면 더 이상의 발전이 힘들 수 있기 때문이다. 그러므로 제품을 개발할 때, 제품을 이용할 소비자들의 부가적인 가치에 대해서는 넓게 생각해야 한다.

그림 13 제품의 5가지 차원

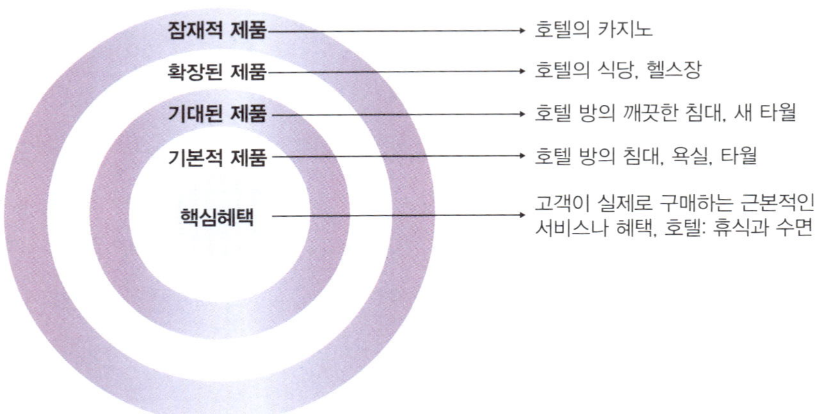

출처: Kotler, 마케팅원론.

위 다이어그램을 보면 맨 위에 제시한 것과 일맥상통한 그 무엇을 여러분들 나름대로 느껴야 한다. 그런 다음에 여러분들이 처해 있는 상황을 스스로 잘 정의하고 지금부터 필자가 이야기할 것들과의 전략적 적합성(Strategic Fit)과의 연결고리를 잘 창출하는 것이 필요하다.

여기서 우리가 약간은 간과할 수 있는 제품과 관련된 일종의 근거 없는 믿음(Myth)를 한번 더 짚고 가겠다. 앞서 언급했듯이, 하늘 아래 새로운 것은 없다. There is nothing new under the sun. 아니 보다 정확히 정정하자면 아주 없지는 않다. 드물고 그만큼 힘들다는 것을 의미하는 것이다.

그래서 신제품에 대한 정의도 아래를 반영한다. 그러므로 우리는 신제품이라는 개념을 생각할 때, 원초적 신제품 즉, 하늘 아래 새로운 제품이라는 부담스러운 사고에 머물러 고생할 필요가 없다는 것이다.

그림 14 신제품의 범주

원초적 신제품	New-to-the World Products, 전적으로 새로운 시장을 창출하는 신제품
신제품 라인	New Product Line, 기업이 처음으로 진출하는 기존시장에 대한 신제품
추가 제품	Additions To Existing Product Line, 기업의 기존 제품라인을 보완하는 신제품
개량 제품	Evisions To Existing Products, 성능이 개선되었거나 지각가치가 높아져서 기존제품에 대체되는 신제품
리포지셔닝 제품	Repositioning, 새로운 시장이나 세분시장을 목표시장으로 하는 기본제품
비용인하 제품	Cost Reductions, 보다 저렴한 비용으로 동일한 성능을 발휘하는 제품

출처: 경쟁우위창출을 위한 마케팅전략, 비즈프레스.

2. 컨셉 개념 및 작성방법

혹자는 컨셉을 제품 컨셉, 브랜드 컨셉, 서비스 컨셉으로 구분해야 한다고 한다. 물론 맞는 의견이다. 하지만 이 책에서 제품 컨셉 하나로 통일해서 설명하고자 한다. 물론 디테일한 부분은 차이가 날 수 있지만, 핵심 원리에는 변화가 없다. 원리를 이해하면 응용하는 것은 여러분들이 충분히 자신의 상황에 맞게 조정하면 된다.

우선 컨셉에 대한 정의를 해보자. 쉽고 간단하게 접근하자.

여러분들이 세상에 알리고 싶은 것의 특징을 간결하게 정리한 것이다. 앞의 모든 스몰데이터를 통해서 도출된 인사이트와 아이디어를 구체적으로 기록한 것이다. 이렇게 정리하는 과정을 통해서 어떤 부분이 강점인지 혹은 보강이 필요한 부분이 무엇인지를 더욱 명확하게 알 수 있다.

모든 컨셉에는 다음의 3가지는 반드시 포함되어야 한다. 즉 제품의 속성 및 특징(Attribute)과 그 속성 및 특징이 이 제품을 사용하는 타겟 소비자에게 줄 수 있는 핵심 편익(End-Benefit) 그리고 그 내용을 접하는 소비자 입장에서 어떠한 점이 그러한 혜택을 소비자에게 줄 수 있는지에 대한 근거(RTB: Reason to Believe)인 것이다.

위의 나열한 3가지 구성요소들을 기반으로 좋은 컨셉은 다음 요소들이 포함되어야 한다.

Benefit that is meaningful	목표 소비자에게 의미 있는 혜택(Benefit)을 전달.
Elimination of a negative	제품 속성의 부정적인 요소를 제거.
Superior product	성능/품질 면에서 경쟁사보다 뛰어난 제품을 제공.
Trend that is growing	새로운 시장 트렌드를 반영.
Competitive advantage	타 제품에 비해 경쟁적 우위 요소.
New TPO	제품이나 서비스를 새로운 사용 환경에서 사용하는
Established brand name	이미 구축된 긍정적 브랜드 이미지와 연결.
Price or value advantage	가성비 면에서 돈을 지불할 만한 가치.

출처 : 신제품 마케팅 전략. 박영사

위의 내용을 더욱 간단히 정리하면 아래와 같다.

(1) Uniqueness
- 다른 제품과 차별화되는 즉, 소비자 입장에서 독창적이라는 평가.

(2) 구체적인 설명을 통한 이해력 도모, 결국은 선택과 집중이 필요
- 초등학생 교육을 받은 사람도 이해할 수 있는 수준의 간결한 문장
- 엔지니어 입장에서의 소비자가 이해할 수 없는 지나친 기술적 과정 및 단어 배제
- 과한 수식어 혹은 모호한 문구를 사용하지 않는 담백한 문장 구성
- 이미지 혹은 도식화를 통한 간결한 설명도 바람직함

(3) 심플함
- 불필요한 군더더기가 없는 단순성
- 가장 핵심적인 기능과 서비스를 선택해서 이를 중점적으로 설명

(4) 구현성
- 현실적으로 실현 가능한 내용을 서술할 것

제품 명
→ 제품의 Key benefit 즉, 핵심적인 한 문장을 기술
예) 이 제품은 _____ 을 통해서 _____ 을 제공합니다.

Brand Logo

소비자가 이해할 수 있는 Visual Image
- 제품 포장 디자인
- 혹은 Service Flow 및 도식도 등

- 핵심 타겟 소비자
- 핵심 기능(features)
- Value Proposition
  사용자 가치 중심으로 기술할 것
  - 이 제품을 소비자의 어떤 needs 및 unmet needs(미충족 욕구)를 충족시켜 주는가?
  - 이 제품을 사용하면 소비자는 어떤 혜택을 누릴 수 있는가?
  - 이 제품을 어떻게 사용할 수 있는가?(사용 시나리오)
  - 이 제품의 특징적 주요 원료(성분) 혹은 어떤 기술적 요소를 통해서 구현되었는가?
  - 이 제품이 소비자에게 줄 수 있는 감성적(Emotional)혹은 상징적(symbolic)혜택은 무엇인가?
  - 경쟁 제품과 다른 특징은 무엇인가?

Price & Place & 기타 사항
1) Price(Size 혹은 단량별로 구체적으로 명시)
2) 어디에서 구입할 수 있는지와 관련된 Place
3) 혹은 부가적 설명과 관련된 것들

실제 컨셉 작성 Case

신선한 재료로 만들어 언제 어디서나 진짜 한국의 맛 그대로!
맛있게 혼밥할 수 있는 1인용 발열식 반계탕

복래 신선 녹두 반계탕

제품특징

건강관리에 투자를 아끼지 않고 간편함을 중시하는 중국의 Z세대, 95허우를 위한 제품 발열팩은 물을 붓기만 하면 식품을 뜨겁게 데울 수 있고, 식사 내내 온도를 유지할 수 있는 발열제로 제작된 팩입니다.
신선 녹두 반계탕은 발열팩을 통해 전자레인지가 없는 곳에서도 간편하게 조리할 수 있고, 음식이 식지 않습니다.
특히 야외 레저활동시, 따로 취사도구가 없더라도 발열팩을 통해 편리하게 취사가 가능합니다.

반계탕 형태의 제품이기 때문에 삼계탕의 양이 혼자 먹기 부담스러운 혼밥러들이 적당량만 즐길 수 있을 뿐만 아니라 화학조미료나 인공첨가제가 들어있지 않고, 무항생제 토종닭, 녹두, 한방재료가 진공 포장으로 제공되기 때문에 건강한 한 끼를 하고픈 소비자들은 걱정 없이 신선하고 영양가 있는 건강한 식사를 할 수 있습니다.

해외에서도 한국 전통 삼계탕의 맛을 경험하고 싶은 소비자들은 한국에서 생산된 신선 녹두 반계탕을 통해 변질되지 않은 본연의 한국 전통 삼계탕 맛 그대로를 접할 수 있습니다.

경희대학교 신상품 마케팅 디자인씽킹 Team Project 결과물: 삼사랑 산악회 팀 양주은, 지한빈, 한아원, 루징(LU JING), 오효림(WU XIAOLIN), 라승지(LUO CHENGZHI)

3. 프로토타입(Prototype) 개념 및 유형

컨셉은 당신이 스몰데이터라는 도구를 통해 도출한 다양한 내용을 글이라는 문장을 통해서 서술식으로 설명한 것이다. 하지만 대부분의 경우에는 설명문구 위주로 구성된 컨셉으로 한계가 있다. 그러므로 반드시 프로토타입을 만들어야 한다.

프로토타입은 설명문을 넘어서, 실제 시제품, 이미지나 사진을 통해서 당신의 생각과 통찰력, 아이디어를 구현하는 것으로 생각하면 된다. 만약, 당신이 새로운 화장품과 관련된 컨셉을 아무리 글로 잘 표현했다고 하더라도 화장품의 실체가 없다면 무슨 소용이 있을 것인가. 당신이 비건 컨셉의 화장품을 출시한다고 가정하자. 최근 넘쳐 나는 다양한 비건 화장품과 비교 시, 해당 제품의 발림성, 향, 촉감 등에 대한 실체가 존재하지 않는다면 그 의미가 약해질 것이다. 물론 실제 기업들은 설명문구만으로 구성된 컨셉 보드를 작성 후, 이에 대한 소비자 평가가 우수하게 나오면 실제 제품을 만드는 순서와 단계로 일을 하기도 한다.

하지만 컨셉은 '내가 제일 잘 나가'라는 문구로 가득 채워진 경우가 많기 때문에 소비자들의 평가가 나쁘지 않게 나오는 경우가 대부분이다. 하지만 그 평가가 정말로 소비자들이 좋게 생각한 결과가 반영되었는지, 단순히 좋은 내용의 글로만 구성되었기 때문에 혹해서 좋은 반응을 나타낸 것인지는 정확히 알 수 없다. 또 다른 경우에는 단순한 설명 문구인 컨셉 보드만으로 소비자들이 해당 제품에 대해 명확히 이해했는지의 여부도 그 누구도 알 수 없다. 부연하자면 당신이 스몰데이터를 통해 도출한 내용을 단순히 문장으로 정리한 컨셉만으로는 소비자들의 완벽한 이해가 부족한 경우가 많이 발생한다. 그래서 설명 문구의 일종인 컨셉 보드와 함께 실제 시제품(베타버전 수준)을 함께 만드는 것이 매우 중요하다. 당신의 아이디어를 더욱 구체적으로 발전시켜주는 훌륭한 도구가 프로토타입인 것이다.

프로토타입은 페이퍼 프로토타입(Paper Prototype) 혹은 사진 프로토타입(Photo Prototype)이 가장 많이 활용된다. 가장 간단하게는 여태까지 작업한 내용을 이해할 수 있는 수준의 기초적인 스케치라고 보면 된다. 혹은 해당 컨셉의 제품을 사용하는 것과 관련된 구체적인 장면을 사진이든 만화이든 아무것이나 이용해서 스토리보드 형식을 빌어서 만들어도 된다. 이미지 하단에는 간단한 설명 문구를 통해 정리하는 것이 효율적이다. 혹은 당신이 구현하고자 하는 것을 동영상으로 만들어도 된다.

정답은 없다. 당신이 하고 싶은 대로 혹은 할 수 있는 수준에서 하면 된다. 만약 여력이 된다면 목업(Mock-Up) 즉 실제 제품과 동일한 크기의 모형을 제작하는 것도 좋다. 물론 제작 비용을 감당할 수 있다면. 이러한 것들은 실제 완전한 상태의 제품이 아니라 일종의 베타 버전이다.

최근에는 디지털 프로토타입으로 디지털 기반의 전문 소프트웨어를 활용해 프로토타입을 제작하기도 한다. Power Mockup, Oven, Sketch, Axure, Framer 등이 있으니 당신의 상황에 따라서 적절히 선택하면 된다.

또한 프로토타입은 다음과 같은 의미를 지닌다.

여기서 **린스타트업(Lean Start Up)의 개념을 이해하는 것이 우선시되어야 한다. 이는 소비자로부터 배우고 소비자에게 최종 혜택(End-Benefit)을 제공하지 못하는 낭비 요소를 줄이는 창업 방식이다. 즉, 소비자가 필요로 하는 실용 가능한 최소한의 기능을 갖춘 제품을 빠르게 만들어서 검증하는 것이다. 여기서 '실용 가능한 최소한의 기능을 지닌 제품'을 MVP(Minimum Viable Product)라고 한다.**

아무리 완벽한 제품/서비스라도 이것이 시장에서 성공할지 그렇지 않을지는 신도 모른다. 그래서 단순한 초기 아이디어를 바탕으로 MVP를 만들고 소비자의 반응 및 이에 따른 데이터를 측정한 다음, 소비자와 시장 환경으로부터 배운 결과를 다시 반영하는 사이클을 반복하는 것이 중요하다. 여기서 MVP의 개념이 바로 프로토타입과 통한다.

아마존에서 12억 달러를 주고 인수한 Delivering Happiness의 자포스(Zappos)를 창업한 토니 셰이(Tony Hsieh)는 어렸을 때부터 뭔가를 창조하는 것을 좋아했다. 그는 1999년 온라인 상거래가 흔하지 않은 상황에서 특히나 신어보고 사는 것이 당연한 것으로 여겨진 신발을 인터넷으로 팔아도 될지 말지 앞이 깜

깜했다. 이때 그는 시간을 끌지 않는다. 바로 프로토타입으로 승부를 본 것이다. 간단한 MVP를 만들었다. 그리고 이를 직접 검증하는 현실적이며 똑똑한 선택을 한다. 근처 신발 가게의 양해를 구하고 신발 사진을 촬영해서 며칠 만에 뚝딱거리면서 만든 판매 사이트에 신발 사진을 업데이트한 후 주문을 받는다. 그런데 주문이 정말로 들어온 것이다. 자포스는 바로 이렇게 탄생한 것이다. 그리고 이들은 이처럼 완벽하지 않은 프로토타입을 점차로 개선해 나가서 오늘날의 성공을 이룬 것이다.

실리콘 밸리의 어느 엔지니어는 이렇게 말한다.

'난 먼저 나쁜 아이디어로 프로토타입을 만들고, 그다음엔 그걸 던져 버립니다. 쓸데없는 짓처럼 보이나요? 절대 그렇지 않습니다. 일단, 프로토타입을 만들어 보면, 더 빨리 내버려야 할 점이 무엇인지 알게 되고, 또 어떤 것들이 제대로 돌아가지 않는지 또 어떤 것들이 새로운 것인지를 발견할 수 있어요. 프로토타입은 창조와 발전의 원천, 좋은 생각이 떠오르지 않을 때, 아주 유용한 방법이에요. 먼저 아무 생각 없이 이를 만들어 보세요.'

Prototype Case Study

제품 Concept

: 면적 조절이 가능한 뒤집개
면적을 넓혀 음식을 예쁘게 조리할 수 있고, 면적을 줄일 수 있어 보관이 용이함

끼적끼적 Dooding

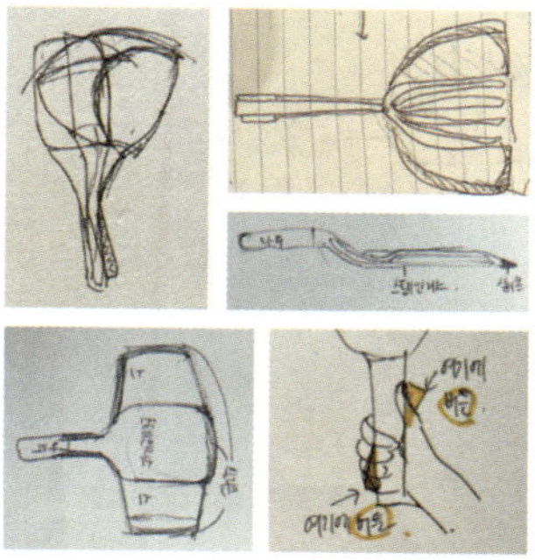

뒤집개 본체에 양 옆의 날개가 보관되는 형태를 만들어 보기로 하고 이를 구체화함

Sketch Prototype

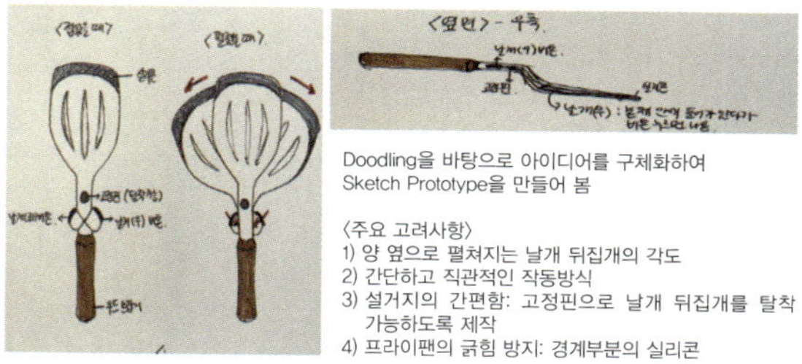

Doodling을 바탕으로 아이디어를 구체화하여 Sketch Prototype을 만들어 봄

〈주요 고려사항〉
1) 양 옆으로 펼쳐지는 날개 뒤집개의 각도
2) 간단하고 직관적인 작동방식
3) 설거지의 간편함: 고정핀으로 날개 뒤집개를 탈착 가능하도록 제작
4) 프라이팬의 긁힘 방지: 경계부분의 실리콘

Paper Prototype

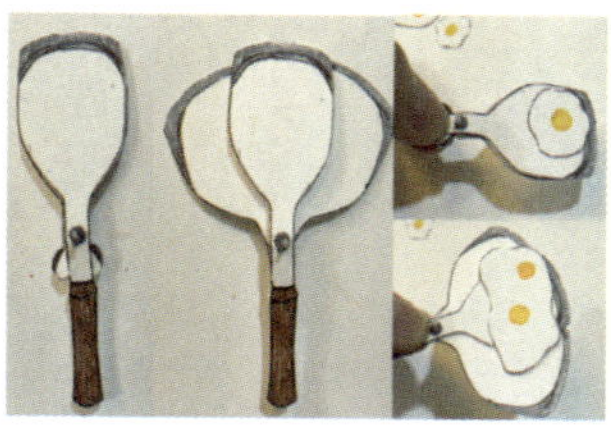

Sketch Prototype으로 마련한 자세한 설계를 가지고 Paper Prototype을 만들어 봄

〈결과〉
1) 손잡이 부근의 튀어나온 버튼을 눌러주는 만큼 뒤집개의 면적이 넓어짐
2) 날개 뒤집개가 본체 뒤집개와 잘 겹쳐지면서도 펼쳤을 때 충분한 면적을 마련해줌
3) 고정핀 제거시, 쉽게 날개 뒤집개 탈착 가능

경희대학교 신상품 마케팅 디자인씽킹 Team Project 결과물:
식스센스 팀 최진석, 동영희, 김예진, 유서붕, 왕침 , 장현우

Concept 커버를 따로 챙길 필요 없는 일체형 커버 우산
우산 안쪽 여분의 천을 밖으로 빼내 커버로 두르는 방식

Sketch Prototype

우산 살은 고정되어 있고
천만 밖으로 빠져나가는 구조

Paper Prototype

벌어진 부분을 어떻게 고정시킬지 문제 발생

개선사항

우산살을 자석으로 해서
붙였다 뗐다 할 수 있게 만듦
벌어진 우산살 사이로
천이 나가는 구조로 변경

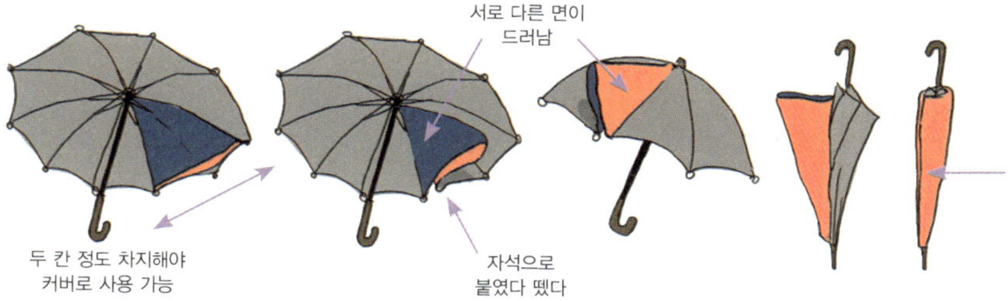

경희대학교 신상품 마케팅 디자인씽킹 Team Project 결과물:
좋은 사람있으면 소개시켜줘 팀 리유, 문준호, 박소영, 박은수, 손예진

Prototype Case Study

Start

전통시장의 마감임박한 상품들을
할인된 가격으로 판매하는
어플리케이션

떨이

오늘만 찾아오는 기회

'저렴한 가격에 남은 상품을
판매한다'는 뜻의 떨이는
전통시장의 부흥에 대한 답을
제시한다.

1. 떨이 어플 접속

2. 판매하고 싶은 제품의 사진촬영

3. 제품명, 가격, 마감시간등록

4. 상품이 판매되면 알람이 도착

5. 고객이 직접 픽업

경희대학교 신상품 마케팅 디자인씽킹 Team Project 결과물:
좋은 사람있으면 소개시켜줘 팀 Project 떨이팀 유지민, 문준영, YIN ZIHENG , LI XINRU

컨셉 및 프로토타입 평가

1. 컨셉 및 프로토타입 평가의 존재 이유

미국에서 1928년 미국의 쥐덫 등을 만드는 회사 '애니멀트랩'의 사장 체스터 M. 울워스는 '리틀 챔프'라는 혁신적인 쥐덫을 시판했다. 당시에는 당시 미국에는 4400여 개 사가 쥐덫을 만들고 있었다고 한다. 그래서 울워스는 더 위생적이고, 더 튼튼하고, 더 예쁘고, 더 편리하고, 특히 당시, 목재 소재였던 쥐덫 시장에 플라스틱 제형을 사용한 '리틀 챔프'를 출시했다. 이렇게 좋은 점이 많은데 가격은 기존 제품 대비 조금 더 비싼 제품이었다고 한다.

그 당시에는 혁신적이었을 것이다. 이는 소위 말하는 '초기 런칭 빨'은 받았

미국의 애니멀트랩사(Animal Trap Co. of America)의 체스터 M. 울워스가 1928년 개발한 쥐덫 '리틀 챔프'. 〈사진=이베이 닷컴〉

으나 결국은 실패했다고 한다. 기존 쥐덫에 비해 예쁜 새 쥐덫을 버리고 싶지 않아, 소비자들은 쥐만 버리고 계속 쓰고 싶었으나 그 과정이 혐오스러워 차라리 구형 쥐덫을 쓰고 통째로 버리는 것을 선택했다는 것이다.

이렇기 때문에 당신이 만든 컨셉에 대한 검증 단계가 반드시 필요하다. 아마 애니멀트랩'의 사장 체스터 M. 울워스가 자신의 신제품을 컨셉화하여 가능하다면 프로토타입을 만들고 예상 타겟 소비자들을 대상으로 하여 간단한 시장성(Market Feasibility)을 검증하였으면 결과가 어찌 되었을까!

그 당시에 저런 작은 혁신적 제품을 만들어 낸 영리하고 똑똑한 사람이라면 해당 제품을 출시하지 않거나(완제품을 만들어서 실패하는 것보다 회사 입장에서는 굉장한 이익) 혹은 소비자들의 저러한 반응을 수정 보완한 제품을 만들어서 시장에 출시하였을 것 같다. 그래서 결과적으로 '런칭 빨'이 아닌 나름 효자 상품으로 칭송 받았을 것 같다는 생각이 든다. 물론 저 제품은 쥐가 사라지는 시대적 흐름에도 영향을 받았을 것 같은 특성을 지니고 있기는 하다.

2. 컨셉 및 프로토타입 평가 방법

컨셉 평가(Concept Evaluation)는 당신이 예상하는 타겟 집단을 대상으로 이의 실제적 시장성을 미리 검증하는 것이다. 그래서 타겟소비자들이 선호하는 부분은 더욱 강화하고 그렇지 않은 부분은 보완 수정하여 원래 지닌 아이디어를 더욱 튼튼하게 만드는 매우 중요한 필수 과정이다.

최근 무료 혹은 간단하게 진행할 수 있는 웹 조사(Web Survey)를 활용하거나 컨셉 매력도 및 수정 보완 사항을 좀 더 깊게 알아보기 위해서는 앞서 설명한 스몰데이터를 얻는 방법 중 1:1 심층면접(1: 1 Depth-Interview) 혹은 FGD를 이용하는 것도 좋다.

기업들은 일반적으로 이 단계에서 C&U Test(Concept & Usage Test)를 진행한다. 용어 그대로 컨셉(Concept)과 실제 제품의 사용성(Usage)을 함께 평가하는 방법이다. 이러한 방법을 통해서 개념 위주의 컨셉과 실제 사용 가능한 제품(완전한 상태의 제품이 아니라 베타 버전 즉 광의의 프로토타입) 간의 예상 간극을 확인해야 한다. 예를 들어, 설명문구인 컨셉은 매우 훌륭한 반면, 베타버전 상태의 제품을 사용해 본 결과, 그 제품이 컨셉에서 주장하는 바를 제대로 구현하지 못했다면 당연히 컨셉과 사용성 간의 호감의 갭이 커지고 이는 시장에서 실패로 직결될 수 있다는 신호가 된다. 물론 그 반대의 경우도 발생할 수 있다. 컨셉의 설명문구 그 자체는 그다지 호감이 가지 않았지만, 시제품(광의의 프로토타입)의 사용성은 매우 좋은 경우이다. 이런 경우는 컨셉의 설명력이 시제품의 매력을 모두 함축하지 못한 것이므로 시제품에서 얻은 좋은 반응 내용을 컨셉에 보강하여 추후 커뮤니케이션하는 방향으로 진행하면 된다.

가전제품 회사에서는 목업(Mock Up)이라고 불리는 실제 제품과 동일한 크기의 모형을 제작해서 컨셉과 사용성 테스트(Concept & Usage Test)를 진행하기도 한다. 제작 비용 및 시간 소요라는 단점이 있지만 시장에 실제로 제품을 출시하기 전에 이러한 소비자 평가를 통해서 장단점을 파악하고 이를 개선 보강할 수 있는 기회를 잡는 것에 비하면 전혀 아까운 시간과 비용이 아니다.

꼭 이렇게 해야 한다는 절대적인 법칙은 없다. 하지만 이러한 평가 단계를 통해서 당신 생각에 대한 좋은 혹은 나쁜 피드백을 더욱 촘촘히 받아 내는 것이 매우 중요한 역할을 한다는 것만은 잊지 말기 바란다.

3. 컨셉 및 프로토타입 평가 항목

(1) 첫 느낌 및 첫 인상

좋은 평가만을 원하는 것이 아니다. 처음부터 긍정적 의견뿐 아니라 부정적, 중립적 의견도 편하게 말해 달라고 질문하라.

(2) 컨셉과 프로토타입(Concept & Prototype)에 대한 핵심 측정항목

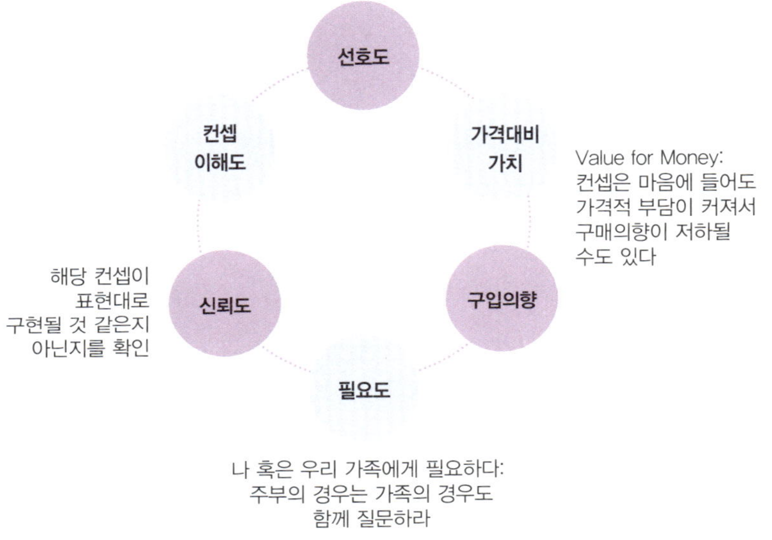

- 이의 항목들은 리커트 척도(5점/7점/9점)로 측정 후, SPSS 통계 처리가 가능. 인터뷰방식으로만 진행할 경우에도 리커트 척도로 평가를 진행한 다음에 소비자들에게 이유 확인

(3) 가격 평가

컨셉에 가격은 우선 넣지 마라. 가격이 없는 상태에서의 구입 의향과 컨셉 평가가 완료되는 시점에서 연구자가 가격을 노출한 다음의 구입 의향을 비교해 보기 위함이다. 그럼 당연히 '가격 대비 가치'와 관련된 질문도 가격 노출 후의 구입 의향과 짝꿍으로 질문해야 한다.

(4) 컨셉과 제품(Prototype) 간의 적합성 평가

컨셉의 설명 문구와 제품의 실제 사용감이 잘 일치하는지를 확인하는 질문이다. 예를 들어 '사용해 보신 제품이 혹은 지금 여러분들이 맛보신 이 제품이 컨셉과 잘 어울리는 것 같아요?' '어울리는 면은 무엇이고 어울리지 않는 것은요?' '어떤 면이 개선되면 컨셉과 잘 어울릴 것 같아요? 실제 맛보고(사용해 보니) 컨셉에 추가되었으면 하는 것이 있다면 무엇인가요?'

이러한 평가 과정에서 잊지 말아야 할 부분이 한 가지 있다. 인간의 뇌는 순서에 의한 영향을 받는다. 즉 순서효과(Order Effect)*를 방지하기 위해서 그룹별 혹은 1:1 심층 개별 인터뷰를 통해 만나는 소비자별로 순서를 달리해서 질문하라. 물론 이는 복수의 컨셉과 복수의 제품인 경우에만 해당된다. 여기에는 소비자와의 대면현장에서 나오는 상황에 따라 캐묻는 것이 가장 중요한 포인트, 동물적인 감각과 해당 컨셉에 대한 많은 사전 지식 혹은 배경을 깨뚫고 있는 연구자의 역할이 매우 중요해진다.

만약, 당신의 시제품이 일회성으로 평가할 수 없는 아이템일 경우에는 다음의 일종의 하이브리드 방법론을 추천한다. 집(혹은 해당 제품이 사용되어야만 하는 장소 총칭)에서 소비자가 직접 제품을 사용해 보게 하는 HUT(Home Usage Test)를 진행하는 것이다. HUT는 제품 카테고리 특징상, 일정 기간 사용해 봐야 하는 경우에 유용하다.

예를 들어, 화장품, 생활용품, 주방용품, 가전 제품, 식품 중에서도 조리 방법 등이 다소 까다로운 제품 등 – 타겟 소비자들에게 택배 등으로 제품을 미리 전달해 주고, 집에서 일정 기간(제품 특성에 따라 달라짐) 사용한 다음에 그들의 반응을 파악하는 것이다. 그들의 사용성 평가가 종료되는 시점에서 책에서 소개한 다양한 스몰데이터를 얻는 방법론을 이용해서 추가적인 데이터를 확보하면 된다.

소비자들은 마케터만큼 제품에 대해 애정이 없다. 그렇기 때문에 사용감과 관련된 알고 싶은 주요 항목을 기준으로 설문지를 미리 만들어서 제품을 사용하면서 그들이 수시로 이를 평가할 수 있도록 진행하는 것도 필요하다.

---

* 동일한 사람에게 둘 이상의 제품을 보여줄 경우, 어떤 제품을 먼저 제시했느냐에 따라서 생길 수 있는 반응에서의 효과를 의미한다. 모든 Test에서 순서를 교차로 동등하게 배분하면 이를 통제할 수 있다.

컨셉 기본 평가 항목

1. 본 제품의 컨셉에 전반적으로 얼마나 마음에 드시는지, 다음 항목에 대해 해당되는 점수를 골라 ○표시해 주세요.

전혀 마음에 들지 않는다	마음에 들지 않는 편이다	보통	마음에 드는 편이다	매우 마음에 드는 편이다
1	2	3	4	5

2. 본 제품의 컨셉이 얼마나 독특하다고 생각되시는지, 다음 항목에 대해 해당되는 점수를 골라 ○표시해 주세요.

전혀 독특하지 않다	독특하지 않는 편이다	보통	독특한 편이다	매우 독특한 편이다
1	2	3	4	5

3. 본 제품의 컨셉이 본인에게 얼마나 필요하다고 생각되시는지, 다음 항목에 대해 해당되는 점수를 골라 ○표시해 주세요.

전혀 필요하지 않는 편이다	필요하지 않는 편이다	보통	필요한 편이다	매우 필요한 편이다
1	2	3	4	5

4. [가격 제시 전] 본 제품의 컨셉을 얼마나 구입하고 싶으신지, 다음 항목에 대해 해당되는 점수를 골라 ○표시해 주세요. 가격을 감안하지 않고 평가해 주세요.

전혀 구입하고 싶지 않다	구입하고 싶지 않은 편이다	보통	구입하고 싶은 편이다	매우 구입하고 싶은 편이다
1	2	3	4	5

5. 본 제품의 컨셉의 예상 판매 가격은 얼마 정도인가요?

______________________________________원

6. [가격 제시 후] 본 제품의 컨셉을 얼마나 구입하고 싶으신지, 다음 항목에 대해 해당되는 점수를 골라 ○표시해 주세요.

전혀 구입하고 싶지 않다	구입하고 싶지 않은 편이다	보통	구입하고 싶은 편이다	매우 구입하고 싶은 편이다
1	2	3	4	5

Case ❷ 컨셉평가+시제품 사용성 평가

소비자가 시제품 사용 전에 컨셉을 먼저 보고, 전반적인 평가를 완료한 후, 시제품을 일정 기간 동안 사용 후, 시제품에 대한 평가를 할 수 있는 순서로 구성하는 것이 바람직함.

Part 1 제품 컨셉 평가

우선 제품에 대한 설명문을 먼저 보여드리겠습니다.
설명문을 꼼꼼하게 읽으신 후 평가해 주세요.

1. 다음 페이지에 있는 컨셉을 충분히 읽어 주세요.
   (→ 컨셉 보드를 이메일 등을 통해 사전에 미리 전달해 놓을 것)
2. 컨셉을 읽으면서, 이 제품은 나에게 어떤 제품일까 하고 한번 곰곰히 생각해보세요.
3. 충분히 생각을 하셨다면, 그 다음 페이지에 제품 컨셉에 대한 질문에 답해주세요.
   (설문지에 정확하게 표기해주세요)

제품 사용하기 전에 먼저 컨셉만 보고 평가를 하셔야 합니다.
제품 사용하기 전에 컨셉에 대한 점수(평가)를 먼저 하신 후 제품을 사용해주세요.
제품을 먼저 사용 후 컨셉을 평가하시면 절대 안 됩니다.
(가급적 제품을 받자마자 컨셉을 읽고 평가를 하세요.)

A1_ 귀하께서는 이 컨셉의 내용이 얼마나 마음에 드십니까?

전혀 마음에 들지 않는다	별로 마음에 들지 않는다	보통이다	마음에 든다	매우 마음에 든다
1	2	3	4	5

A2_ 귀하께서는 이 컨셉의 제품이 대형마트 혹은 홈쇼핑에서 판매된다면 구입하실 생각이 얼마나 있으십니까?

절대 구입하지 않을 것이다	아마도 구입하지 않을 것이다	보통이다	구입할 의향이 있다	반드시 구입할 것이다
1	2	3	4	5

A2-1_ (1, 2, 3번 응답자의 경우) 이 제품을 구매하지 않으려는 이유는 무엇인가요? 구체적으로 적어주세요.

____

A2-2_ (4, 5번 응답자의 경우) 이 제품을 구매하고 싶다고 생각하시는 이유는 무엇인가요?

A3_ 제품 컨셉을 종합적으로 고려해 볼 때, 이 컨셉의 제품에 대해서 어떻게 생각하시는지 다음 항목별로 얼마나 동의하시는지를 각각 표시해주세요. [컨셉 보드만 보고 아래 항목 평가] (1~7번까지 모두 점수를 주셔야 합니다. 해당되는 점수에 동그라미 해주세요)

	전혀 아니다	아니다	보통 이다	그렇다	매우 그렇다
이 제품은 평소 필요로 했던 제품이다.	1	2	3	4	5
이 제품은 기존 유사한 제품 대비, 독특하다.	1	2	3	4	5
이 제품에 대해 믿음/신뢰가 간다.	1	2	3	4	5
이 제품을 사용해보고 싶다는 호기심이 생긴다.	1	2	3	4	5
이 제품은 지불 가치가 있는 제품이다.	1	2	3	4	5
이 제품을 사용하면 컨셉에 제시된 것처럼 피부가 개선될 것 같다.	1	2	3	4	5

⁂ 각 주요 측정 항목에 대한 이유 파악 즉, Why를 통한 캐묻기는 매우 중요하므로, 샘플에 제시된 구입 의향 문항 외에도 연구자가 필요하다고 생각하는 모든 문항에 대해 이를 파악하는 것이 중요함.

Part 2 시제품(prototype) 사용성 평가

지금부터는 보내드린 제품을 직접 사용하시면서 제품 평가를 진행하도록 하겠습니다. 동봉해 드린 설명서의 순서에 맞춰 제품 사용 및 평가를 진행해 주시기 바랍니다.

주의사항

• 시제품 사용관련, 소비자가 미리 주의해야 할 사항을 정리해서 미리 고지할 것.

1. 제품 사용 후 일시적인 트러블이 발생하면 피부 적응기간을 위해 3일 정도 중단 후 피부 상태가 안정되면 다시 사용해 줍니다. 해당 성분이 고농도로 함유되어 초기반응이 나타날 수 있으나 피부에 이상 없으니 안심하고 사용을 지속해 주세요.
2. 낮은 피하고 반드시 밤에만 바르십시오(자외선에 노출될 경우 피부트러블의 원인이 될 수 있습니다.).
3. AHA/BHA 및 미백 제품과 함께 사용을 금합니다.
4. 제품 사용기간 중 과도한 필링 및 피부과 시술은 금합니다.
5. 제품 사용 한달간 고온의 목욕, 사우나는 삼가해 주세요.
6. 보관조건 10~30도, 직사광선은 피해서 보관해 주세요.

평가(제품A) 10일차 평가

A (사용하기 전) 제품 제형 평가

얼굴에 바르기 전에 먼저 제품을 조금씩 손등에 덜어보시고, 제품의 제형을 각각 평가해 주시기 바랍니다.

A1_ 제품 제형 전반에 대해 얼마나 마음에 드십니까?

전혀 마음에 들지 않는다	별로 마음에 들지 않는다	보통이다	마음에 든다	매우 마음에 든다
1	2	3	4	5

A2_ 이 제품의 향(향취)의 강도는 어디에 해당되나요?

매우 약하다	약간 약하다	적당하다	약간 진하다	매우 진하다
1	2	3	4	5

B2-1_ 지금 선택하신 향 강도에 대한 만족도는?

매우 불만족	약간 불만족	보통이다	약간 만족	매우 만족
1	2	3	4	5

A3_ 이 제품의 점도(농도) 정도 어디에 해당되나요?

매우 약하다	약간 약하다	적당 하다	약간 진하다	매우 진하다
1	2	3	4	5

B3-1_ 점도(농도)도에 대한 만족도는?

매우 불만족	약간 불만족	보통 이다	약간 만족	매우 만족
1	2	3	4	5

B 사용감 평가

지금부터는 제품을 얼굴에 바를 때의 사용감에 대해 평가하도록 하겠습니다. 제품을 10일 동안 모두 사용하신 후에 평가가 가능하며 각 제품을 충분히 바르고 난 후에 평가해주시기 바랍니다.

B1_ 귀하께서는 제품에 대해서 전반적으로 얼마나 만족하십니까?

전혀 마음에 들지 않는다	별로 마음에 들지 않는다	보통이다	마음에 든다	매우 마음에 든다
1	2	3	4	5

B1-1_ (1, 2, 3번 응답자의 경우) 이 제품에 대해 만족하지 않는 이유는 무엇인가요? 구체적으로 적어주세요.

____

B2-2_ (4, 5번 응답자의 경우) 이 제품에 대해 만족하는 이유는 무엇인가요?

____

B3_ 제품의 부드럽게 발리는 정도는?

전혀 부드럽지 않다	별로 부드럽지 않다	중간 이다	약간 부드 럽다	매우 부드 럽다
1	2	3	4	5

B3-1_ 발림성에 대한 만족도

매우 불만족	약간 불만족	보통 이다	약간 만족	매우 만족
1	2	3	4	5

B4_ 바른 후 흡수되는 정도는?

전혀 흡수되지 않는다	별로 흡수되지 않다	중간 이다	흡수 잘 된다	매우 흡수 잘 된다
1	2	3	4	5

B4-1_ 흡수력에 대한 만족도

매우 불만족	약간 불만족	보통 이다	약간 만족	매우 만족
1	2	3	4	5

B4-2_ 흡수력에 대한 만족도는?(제품을 사용하고 난 뒤 화장이 밀리지 않는가)

화장이 매우 밀린다	화장이 조금 밀린다	보통이다	화장이 약간 밀린다	화장이 밀리지 않는다
1	2	3	4	5

B5_ 바른 후 수분감 정도는?

전혀 촉촉하지 않다	별로 촉촉하지 않다	중간이다	촉촉하다	매우 촉촉하다
1	2	3	4	5

B5-1_ 수분감 정도에 대한 만족도

매우 불만족	약간 불만족	보통이다	약간 만족	매우 만족
1	2	3	4	5

B6_ 바른 후 탄력(쫀쫀함) 정도는?

전혀 가볍지 않다	가볍지 않다	중간이다	가볍다	매우 가볍다
1	2	3	4	5

B6-1_ 탄력(쫀쫀한) 정도에 대한 만족도

매우 불만족	약간 불만족	보통이다	약간 만족	매우 만족
1	2	3	4	5

B7_ 바른 후 촉촉함(보습감) 지속력 정도는?

전혀 지속되지 않다	별로 지속되지 않다	중간이다	지속된다	매우 지속된다
1	2	3	4	5

B7-1_ 촉촉함(보습감)지속력 정도에 대한 만족도

매우 불만족	약간 불만족	보통이다	약간 만족	매우 만족
1	2	3	4	5

B8_ 다음 각 속성별로 얼마만큼 동의하시는지, 평가해주세요.(10일 후 평가)

	전혀 아니다	아니다	보통이다	그렇다	매우 그렇다
1. 눈가주름 개선효과를 느꼈다.	1	2	3	4	5
2. 팔자주름 개선효과를 느꼈다.	1	2	3	4	5
3. 안면 리프팅 개선 효과를 느꼈다.	1	2	3	4	5
4. 전체적으로 피부가 단단해짐을 느꼈다.	1	2	3	4	5
5. 전체적으로 피부가 탱탱해짐을 느꼈다.	1	2	3	4	5
6. 전체적으로 피부가 매끄러워짐을 느꼈다.	1	2	3	4	5
7. 전체적으로 피부가 생기 있어 보임을 느꼈다.	1	2	3	4	5

B9_ **본 제품에 대해 직접 돈을 주고 구입하실 의향은 다음 중에 어디에 해당되시는지요?(가격 노출 전) 우선 가격과 상관없이 제품력만으로 제품을 구입하고 싶으신 의향을 말씀해 주시면 됩니다.**

전혀 구입하고 싶지 않다	별로 구입하고 싶지 않다	보통이다	구입하고 싶다	매우 구입하고 싶다
1	2	3	4	5

B9-1_ (1, 2, 3번 응답자의 경우) 이 제품에 대해 구입하고 싶지 않은 이유는 무엇인가요? 구체적으로 적어주세요.

B9-2_ (4, 5번 응답자의 경우) 이 제품에 대해 구입하고 싶은 이유는 무엇인가요?

B10_ **제품을 사용해 보신 후 이 제품의 개선되어야 할 점이 있다면 무엇인지 모두 말씀해 주시기 바랍니다.**

스몰데이터에 대한 못다 한
Q&A

Q&A

Q1 본문에 소개된 스몰데이터를 얻는 방법 중에서 가장 추천할 것은 무엇인가요?

인간이 완벽할 수 없듯이, 어느 한 가지 방법론만으로 완벽할 수 없다. 하지만 모든 방법론 중에서 **가장 기본이 되는 것은 인터뷰 방법이다. 왜냐하면 인간은 본질적으로 말을 하는 동물이기 때문이다.** 현실적으로도 우리는 남태평양에 거주하는 원주민을 대상으로 연구하는 것이 아니지 않는가.

- 모든 연구에는 브리콜라주(Bricolage) 또는 삼각기법(Triangulation)의 특성을 활용해야 한다. 한 가지 방법론으로는 충분하지 않으니, 각각의 방법론이 지닌 장단점 및 개인의 역량 혹은 조직 내 상황 등을 고려해서 선택하고 융합하는 것이 필요하다. 일종의 삼각기법과 브리콜라주의 개념을 이해하고 임하는 것이 필요하다.
- 책은 스몰데이터를 얻는 방법 위주이지만 당신이 가지고 있는 빅데이터 및 각종 2차 자료를 함께 믹스해서 결국에는 총체적 관점(Holistic Perspective)에서 소비자를 이해하는 것이 필수이다.

삼각기법

캠벨(D. T. Campbell)이 제안한 연구방법으로, 어떤 한 주제를 규명하기 위해서 서로 다른 세 가지의 조작적 정의에 입각한 자료수집 방법을 동원하는 연구이다. 삼각연구법, 다각화(多角化)라고도 한다.

브리콜라주

'어떠한 재료든 창조적이고 값지게 활용하여 마침내 예술로 완성시키는 것'을 뜻한다.

이 단어는 원시부족사회 문화를 설명하기 위해 프랑스의 인류학자 클로드 레비스트로스가 자신의 저서 〈야생의 사고〉에서 처음 사용했다. 필요하고 원하는 모든 것이 제공되지 않는 현실을 정확히 인지하고 인정하여, 그에 합당한 창의성을 발휘함으로 주어진 자원의 최대치를 이끌어내는 것을 의미한다. (네이버 지식백과)

Q2 제시한 방법론 중에서 가장 까다로운 방법론은 무엇인가요?

가장 난이도가 높은 방법론은 Z-MET이다. 고도의 정신적 노동력과 지적 수준, 소비자 말 그대로의 분석(Verbatim), 캐묻기(Probing) 기술 등의 종합 예술체라고 할 수 있다. 이 방법론에 앞에서 제시한 브리콜라주 혹은 삼각기법의 개념이 녹아 있다. 하지만 해당 방법론은 그만큼 당신에게 만족할 만큼의 결과물을 가져다 줄 확률이 높다.

만약, 당신이 이 방법론을 통해 학술 논문을 쓰는 것이 아니라면, 앞서 제시한 10단계를 모두 거칠 필요는 없고, 당신이 적절하게 취사 선택해도 무방할 것이라고 본다.

필자의 경험상 Z-MET을 좀 더 실무에서 쉽게 활용할 수 있는 내용을 다음과 같이 정리했으니, 10단계의 모든 프로세스를 거치는 것이 부담되는 경우에 참고해도 좋을 것이다.

Z-MET 방법론의 간략 버전

실제 이해를 위해 아래와 같이 가상의 프로젝트를 세팅하겠다.

프로젝트명: 밀레니얼 세대의 모바일 폰 사용과 관련된 Pain Point 도출

Step 1 신규 핸드폰의 예상 소비자 타깃을 선정하라.

예상 소비자 타깃을 선정할 때, 아래의 내용을 참고하라. 성별/나이/거주 지역/경제적 소득/직업 등의 사회적 지위와 같은 인구 통계적 구분 기준은 필수이다. 가능하다면 핸드폰에 관한 관심의 정도를 상/중/하 정도로 구분해도 좋다. 관여도가 높으면 좋은 의견을 많이 줄 가능성이 커지기 때문이다.

Step 2 타깃 소비자에게 사전 과제를 제시하라. 수행 기간은 최소 3~4일 정도는 주자. 그들의 생각이 여물 수 있는 기간을 주는 것이다.

'핸드폰 하면 연상되는 이미지를 인터넷, 잡지, 광고물, 유튜브, Pinterest 등에 서

5-10장 정도 준비해 주세요. 그 이미지는 자연, 사람 (유명인, 연예인, 일반인 등등), 패션 아이템, 광고의 카피, 건축물, 자연, 인공적 산물 등 무엇이든 상관이 없습니다. 긍정적 이미지 혹은 부정적 이미지, 중립적 이미지 모두 해당합니다.'라는 식으로 과제를 주면 된다.

Step 3 소비자가 선택한 이미지를 그들과 함께 보면서 Why와 관련된 질문을 계속하자. 당신의 궁금증이 풀릴 때까지.

핸드폰 하면 왜 이런 이미지가 생각이 났는지요? 이 이미지는 핸드폰을 사용하는 당신의 일상과 어떤 연관이 있는지요? 이 이미지는 어떤 상황 (혹은 느낌 등의 감정 상태)을 묘사한 것인가요? 제가 요청한 주제와 어떤 상관이 있다고 생각하는지 말씀해 주세요' 등으로 이래저래 질문을 굴리고 돌려 보는 것이다. - 처음에는 가볍게 말을 트는 정도로 시작하자. 그런 다음 소비자가 응답하는 내용에서 당신의 귀에 마음에 꽂히는 단어 혹은 느낌을 잡아내라. 이후 그 주요 포인트별로 Why를 이용해서 일종의 캐묻기(Probing)를 하는 것이다. 앞서 소개한 Why 질문법과 일맥상통하는 대화의 룰이다.

Step 4 Why Probing이 완료된 후에는 (물론, 소비자가 답변한 내용을 참고해서) 이를 여러가지 차원으로 분류해보자.

기본적 분류 기준은 '부정적' vs '긍정적' 이미지의 축이다. 다음에는 긍정적 vs 부정적인 이미지 간의 단순한 분류를 넘어서는 것이다. 긍정적인 이미지(혹은 부정적 이미지) 들도 다시 또 다양한 축으로 구분될 수 있다. 그러므로 소비자가 가져온 이미지들을 보다 세심하게, 유사한 것끼리 구분해 보라. 다양한 범주로 구분이 될 것이다. 그 다음에는 그 범주를 대표할 수 있는 일종의 키워드를 만들어 보라. 그러는 가운데 각 범주를 구분할 수 있는 대표적이며 중심이 되는 이미지 혹은 핵심 단어를 확보할 수 있다. 여기서 소비자가 어떤 것들을 상대적으로 더 중요하게 인식하고 있는지 혹은 그들 생각의 핵심을 파악할 수 있을 것이다.

Q3 스몰데이터를 수집하는 데 있어서 샘플 수는 어느 정도 수준이 좋은가요?

이 부분에 대한 정확한 답은 없다. 실제로 FGD의 경우 1그룹에서 혹은 10그룹 이상 진행하는 경우도 있다. 여기서 가장 중요한 것은 샘플 수가 여러분들이 원하는 예상 타겟과 관련된 세분화를 다 커버하느냐의 문제이다.
또한 샘플 그룹 구성 시, 가장 중요한 것은 샘플 간 상호 배타적이면서 연구 목적의 전반적인 타겟을 포괄하는 것이다.

상호 배타적이되 집합적으로 완전함 (Mutually Exclusive and Collectively Exhaustive)

그룹내 동질성 그룹간 이질성 확보가 중요하다. 바로 세분화의 원칙이기도 하다.

예를 들어 보자. 술을 마시는 집단과 마시지 않는 집단, 그리고 술 마시는 30대 남자 직장인과 여자 대학생, 맥주를 일주일에 한 번 정도 먹는 사람과 한달에 한 번 정도 마시는 여자, 이런 경우에는 샘플 구성이 비교적 명확하다.

하지만, 이번 경우에는 어떻게 할까. 아모레 퍼시픽에서 나오는 샴푸를 사용하는 그룹과 엘지 생활 건강에서 나오는 샴푸를 사용하는 그룹, 물론 보기에는 '브랜드'를 기준으로 언뜻 보기에는 명확해 보인다. 하지만, 일반 마트 혹은 약국에서 판매되는 매스 상품(Mass Product)의 경우에는 특정 한 브랜드만을 고수하는 충성도 있는 집단이 현실 세계에서는 드문 편이다. 가격 및 각종 프로모션에 소비자들이 몇 가지 브랜드들을 스위칭하는 경우가 많기 때문이다. 필립 코틀러도 일찍이 아르마니 옷을 입으면서 양말은 대형 마트에서 구입하는 일종의 크로스쇼퍼(Cross Shopper)를 언급한 바 있듯이. 이런 경우에는 MECE를 충족시키기가 현실적으로 힘들다. 이럴 때는 최근 1년 혹은 6개월간의 샴푸 구매 브랜드를 다 확인하고 또 향후에 주로 구입하고 싶은 브랜드를 확인하고, 혹시 다른 생활용품은 어떤 브랜드를 주로 사용하는지를 확인하는 등의 여러 단계를 거쳐서 해당 소비자가 어떤 브랜드에 좀 더 치우쳐 있는가를 보는 것도 하나의 방안이다. 샘플 구성이라는 것이 실제 소비자들의 구매와 관련된 현실을 무시할 수는 없기 때문이다.

에스노그래피나 Z-MET의 경우에는 여러 학자들이 경험의 법칙(A Rule of Thumb)에 의거, 10-14명 사이가 적절한 샘플 수라고 이야기 한다. 필자의 경험상 제대로 된 Z-MET을 진행하려면 12명 정도의 샘플 수를 지킬 것을 권한다. 에스노그래피의 경우,

실제로 10인 이상의 샘플 수를 대상으로 프로젝트를 수행하는 것은(특히, 에이전시와 할 경우, 비용적 부분)에서 쉽지 않다. 그러므로 앞서 언급한 MECE를 준수해서 대상 간 변별력을 확보하는 것이 무조건 샘플 수를 많이 하는 것보다 더 바람직할 수 있음을 유념하자. 실제로 글로벌 브랜드의 경우, 아시아 리전의 헤드급이 한국에 출장올 때가 있다. 이때, 한국 사람들이 자신의 브랜드를 어떻게 구비하고 살고 있는지를 Home Visiting 1-2그룹 정도 빨리 보고 귀국한다. 그리고 이 사람들은 직접 한국 소비자와 이런 저런 이야기를 하고 싶어 하는 면도 상당히 강하다. 이럴 경우에는 리쿠르팅을 신경써서 그 브랜드를 대표하고 또 한국을 대표할 수 있는 적절한 조건들을 지니고 있는 좋은 소비자(Respondent 혹은 Informant) 확보가 더 중요한 요소가 되지 않을까 한다. '융통성 is 모든 것'이 그리고 여기에 경험이 주는 직관력 및 통찰력이 가미되어야 한다.

• 그리핀과 하우저(Griffin and Hauser)는 20명의 타겟 소비자를 인터뷰하면 모든 니즈의 80%를 파악할 수 있고, 30명의 타겟 소비자를 인터뷰하면 모든 가능한 니즈의 90%를 파악할 수 있다고 했다(Griffin, Abbie, and John R. Hauser. "The voice of the customer." Marketing science 12.1 (1993): 1-27.) 하지만 실무에서 한 프로젝트당 In-depth Interview를 2-30명 진행하는 것은 쉽지 않은 일이다. Mutually Exclusive and Collectively Exhaustive에 입각하여 10인 정도 진행하는 것도 경험상 만족할 만한 결과를 얻는 데 도움이 된다는 것을 참고하길 바란다.

Q4 스몰데이터는 빅데이터와 달리 결과 해석에 있어서 의견이 분분할 것 같은데 어떻게 하는 것이 좋은가요? 연구자 혹은 브랜드 담당자마다 의견이 다를 경우도 많을 것 같은데, 이럴 경우에는 어떻게 해야 하나요? '수치'로 계량화 할 수 없는 데이터에 대해서 그 결과를 신뢰할 수 있을지도 솔직히 걱정됩니다.

악마의 변호인(Devil's Advocate)'이란 말 아는가?

어떤 사안의 결함을 찾기 위해 일부러 반대 의견을 내는 사람을 말한다.

의도적으로 선의의 비판을 가하면서 열띤 논의가 이뤄지도록 유도하며, 이들은 모두가 찬성할 때 반대의 목소리를 내는 비판자 역할을 하면서 다른 대안이 있는지를 모색한다. 다수 의견에 맞서 반론을 펴면서 조직 내부 의사결정이 일방적으로 흘러가는 것을 막아 합리적인 결론을 도출하는 데 도움을 준다.

중세 가톨릭교회는 성인(聖人)을 추대할 때 후보자의 결함을 찾아내는 '악마의 변호인'을 임명했다. 이는 의사결정 과정에서 의도적으로 반대 입장을 취하는 사람을 두어

출처: 구글 이미지 검색

내부 비판과 견제 역할을 맡도록 하기 위해서다.

해당 프로젝트의 담당자들끼리 악마의 변호인이 되어 열띤 토론을 하는 것이 좋다.

안심해도 되는 것은 이러한 스몰데이터를 분석하다 보면, 일정한 경향성이 발견이 된다. 물론 수치로 계량화할 수는 없어 대표성은 없다. 하지만 잘 활용된 'Why Probing'의 결과 내용을 유추하다 보면, 대부분이 유사한 방향으로 담당자들 간의 의견일치가 형성된다. 그래서 특정 이슈에 대해 다른 해석으로 고생한 경우는 드문 것 같다. 이렇게 의견이 다른 결과가 나오면 그 결과 그대로 이중적으로 해석해서 수용하다. 다른 결과 또한 하나의 사실이다. 모두가 의견 합의를 봐야만 훌륭한 결과가 도출되는 것이 절대로 아니다.

하지만 여기서 결과를 해석하는 담당자들은 반드시 주의를 해야 한다. 인간의 뇌는 본질적으로 최소의 노력으로 최대의 효과를 얻고자 한다. 일명 우리는 **모두 인지적 구두쇠(Cognitive Miser)이다**. 그래서, 정보를 처리할 때 **자기 중심성(Egocentrism)**의 원칙을 자신도 모르게 사용하게 된다. 즉, 외부의 정보를 접할 때, 자신이 좋아하는 정보는 중요하게 처리하고 그렇지 않은 경우는 무시하게 되는 것이다. 우리는 **선택적 주의(Selective Attention)**, **선택적 왜곡(Selective Distortion)**, **선택적 기억(Selective Retention)**에 노출되어 사는 것을 인정하자.

또 유사한 것으로는 **확증 편향(Confirmation Bias)** 즉, 자신의 신념과 일치하는 정보는 받아들이고 신념과 일치하는 정보는 무시하는 경향으로 정의할 수 있다. 이러한 다양한 심리적 기제로 인해 자신이 세운 가설, 사전 지식과 다소 다른 결과가 나오면 이에 대해 다소 편파적인 성향을 보일 수 있으니, 이 부분은 조심하라.

위와 유사한 관점에서 우리가 스몰데이터 연구 결과를 해석할 때, 우리 자신을 잘 컨트롤해야 하는 부분이 또 있다. 일명, 편리하고 빠르지만 너무나도 위험한 생각습관으로 불리는 **휴리스틱(Heuristic)**이다. 이는 인간이 일상적인 의사 결정과 판단을 내

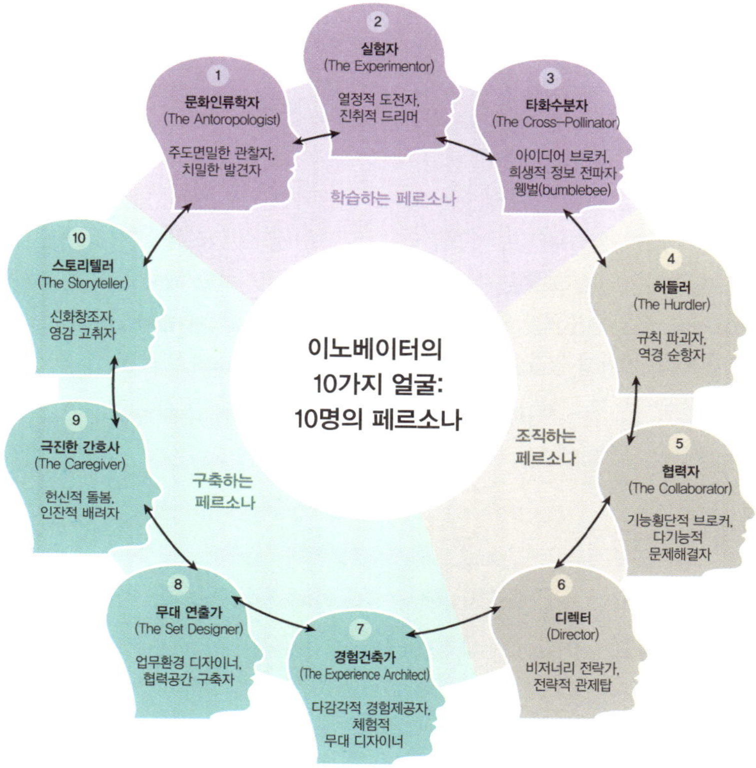

문화인류학자 – 조직에 새로운 학습과 통찰을 가져오는 사람

- 실험자 – 끊임없이 프로토타이핑 하고 모험적인 실험을 하는 사람
- 타사수분화 – 새로운 영감과 통찰을 기업의 필요와 접목시키는 사람
- 허들러 – 장애물을 극복, 제거하기 위한 기술을 개발하는 사람
- 협력자 – 그룹 간에 새로운 형태의 협력을 이끌어 내는 사람
- 디렉터 – 사람들을 모으고 창의적인 재능에 불꽃을 일으키는 사람
- 경험연출가 – 아주 깊은 수준에서 고객의 발현된 혹은 잠재적 욕구를 충족시키는 사람
- 무대연출가 – 물리적 환경을 이노베이션의 강력한 도구로 바꾸는 사람
- 케어기버 – 서비스 차원을 넘어 고객의 필요를 충족시키는 사람
- 스토리텔러 – 기업문화를 강화하는 감동적인 이야기를 개발하는 사람

릴 때 사용하는 인지적 경험법칙이자 우리 마음 속에 내재된 정신적 지름길이라고 한다. 레이 허버트(Wray Herbert)라는 과학 저널리스트는 이의 종류를 20가지나 나열하고 있다. 바쁘고 여러가지 업무를 한번에 핸들링 해야 할 때도 있고 하면, 우리의 뇌는 새로운 인사이트에 대한 갈구보다는 그냥 나 편한 대로 습관에 충실할 수 있다. 휴리스틱 충동을 자제하는 최선책은 이걸 알아채는 것이라고 한다. 다행히 최상의 고등동물

인 인간에게는 잘못된 사고를 알아차리면서 더 나은 사고를 할 수 있도록 스스로 설득할 수 있다고 한다. 바로 **메타인지(Metacognition)를 자주 작동시켜야 한다.**

그러므로 스몰데이터를 다루기 위해서는 담당자의 분석적 사고 능력이 뛰어나야 한다. 여기에 유연성도 함께 있어야 한다. 소비자와의 직접적인 만남을 통한 데이터 수집에 있어서 진행 스킬 및 결과 해석에 대하여 논리적으로 일관성이 있는 태도를 유지하고 때로는 이에 자신의 경험의 법칙을 양념처럼 믹스할 수 있어야 하는 것이다.

결국 연구자의 통찰력 혹은 직관이 스몰데이터를 분석하고 해석하는 데 있어서 매우 중요하다. 하지만 인간은 완벽할 수 없기 때문에 프로젝트 수행 초기 세팅 단계에서 '이노베이터의 10가지 얼굴'을 활용하여 각각이 악마의 변호인 역할을 하도록 하는 것도 한 가지 방향으로 편향되고 왜곡된 결과로 치달을 수 있는 위험을 방지할 수 있다.

Q5 라포(Rapport) 형성이 매우 중요하고 언급했는데, 이를 좀 더 자세히 알고 싶어요.

이는 편안한 분위기를 만드는 것이다. 이를 마음이 따뜻하고 느긋해져서 안정된 기분이 드는 즉, 따뜻한 온천 물에 몸을 푹 담그면서 '아 좋다' 하는 탄성과 함께 온 몸의 긴장이 풀릴 때와 같은 것이라고 한다. 일본의 뉴스 캐스터인 고나시 미호는 인터뷰를 진행할 때, **게스트와 편안한 대화의 온도를 맞추는 데 신경을 많이 쓴다고 한다.** 그는 '저는 생방송이 시작되기 전 게스트를 만나는 순간부터 편안한 분위기를 만들기 위해 노력합니다. **오직 게스트를 편안하게 해주고 거리를 좁혀 가면서 솔직한 이야기를 이끌어 내는 데만 의식을 집중합니다.**'라고 한다. 많은 게스트들이 그 앞에서는 마음 편하게 술술 속 마음을 풀어낸다고 한다. 이처럼 편안한 분위기는 상대방과 이야기할 때, 자연스럽게 대화를 유도하는 특효약이라고 한다. (참고: 불편한 사람과 편하게 대화하는 법/고나시 미호) 우리도 서로 긴장이 풀리지 않은 상태에서 너무 구체적인 이야기 혹은 사생활과 직결된 이야기, 단도직입적 형식의 질문을 받으면 제대로 답하기 꺼려지지 않던가.

연구자는 이 부분은 자신의 관찰과 느낌으로 커버할 수 있다. 즉, 그룹 특성에 따라서 스타일을 바꾸어라. 화장품 신제품 개발과 같이 트렌디한 여성들을 만나는 경우에는 옷이나 화장도 소위 좀 해야 한다. '저는요, 같은 여자라도 화장 안 하고 얼굴에 파운데이션 잘 안 먹어서 둥둥 떠 있고 외모에 신경 안 쓴 사람하고는 말하는 게 꺼려져요.' 라고 소비자들의 속마음을 대놓고 드러내며 때문이다. 즉, 미러링이 적용되는 것이다.

즉, TPO에 맞게 자신을 꾸미는 것과 동일하게 이해하면 될 것 같다. 이러한 디테일한 신경 씀이 편안한 분위기를 유도하는 것에 도움을 줄 수 있다. 상대가 나와 취미나 사는 것이 유사할 때, 그 사람에게 그 상황에 보다 편안함을 느끼게 된다. 편안한 분위기를 만든다는 것 자체가 쉬운 일이 아니니까, 여러 가지를 고민해서 본인만의 편안한 분위기, 본인만의 라포 형성 방법을 터득하는 것도 필요할 것 같다.

Q6

래더링 기법(Laddering Technique)에 대해서 좀 더 자세히 알고 싶어요. Z-MET뿐 아니라 다른 스몰데이터 방법론에서도 활용도가 높다고 하셨기 때문에 더 궁금해지네요. 음, 그냥 응답자 답변에 꼬리에 꼬리를 물면서 왜 그러셨어요?라고 질문하면 되는 것인가요? 꼬치꼬치 캐묻는다면 응답자들이 싫어하는 모습을 보일 것 같아요. 특히, 남자들은 여친이나 와이프에게 마치 추궁당한다고 생각할 수 있을 것 같아요. ㅠㅠ 어찌할까요?

솔직히 만만한 질문법은 아니다. 질문을 하는 사람의 스킬과 상관없이 응답자에게 문제가 있을 수도 있기 때문이다. 이러한 형태의 질문법에 굉장히 힘들어 하는 사람들이 보통이다. 그래서 이러한 유형의 테크닉을 활용할 예정이면, 처음부터 좋은 응답을 해줄 것 같은 좋은 소비자들을 리쿠르팅하는 것이 매우 중요하다.

즉, 래더링 과정에서 부딪히는 문제점은

- 응답자가 정말로 해답을 알지 못하는 경우 과감히 포기하라! 답이 없다.
- 응답자가 래더링 과정, 즉 추상적 개념 수준을 거쳐감에 따라, 인터뷰 방향이 점점 개인적으로 되면서, 민감한 주제에 대해 응답을 회피하거나 애매한 반응을 보이는 경우도 있다.
- 상황에 따라 인터뷰 진행이나 연구자에 대해 부정적이거나 적대적인 행동을 보임으로써 비협조적인 태도를 보이는 경우가 있다.

이와 같은 상황에 보다 적절히 대응하면서 인터뷰를 이끌어 가는 데는 몇 가지 팁이 있다.

(1) 제3자에 의한 실험

응답자들이 자신들의 동기를 확인하거나 분명하게 말하기 어려울 때, 그들이 아는 제3자가 유사한 상황에서 어떻게 느끼는가를 질문함으로서 응답자의 반응을 파악하는 방법이다. 교묘하게 돌려서 질문하는 것이다.

(2) 부정적 래더링

대부분의 경우, 래더링 과정은 응답자가 행동하는 것과 응답자가 느끼는 방식을 조사함으로써 진행된다. 하지만 어떤 경우에는 응답자들이 어떤 것을 행하지 않은 이유를 물어봄으로써 알 수 있다. 이 기법은 특히 응답자들이 그들이 행동하는 것들을 왜 하는지 분명히 말할 수 없을 때 효과적이다. 본론에서 소개한 일종의 Why Not과 유사한 것이다.

(3) 과거와 비교해서 질문하기

응답자로 하여금 과거를 회상하게 하는 것은 응답자가 현재의 자신의 느낌이나 행동을 비판적으로 생각하며 말할 수 있도록 고무하는 방법이다.

(4) 선호 제품이 없어지는 상황을 가정해서 질문

응답자들이 어떤 수준을 넘어서지 못할 때 그들이 응답하는 범위를 확대하거나 심화시키기 위해, 선호 제품이 없어지는 상황을 가정하고, 그 상황에서 어떤 식으로 행동하고 느낄지를 질문하는 방법이다. 이를 조문법(Obituaries)이라고 한다. 조문이라는 것은 우리가 평소에 우리가 잘 알고 지내던 사람을 떠나 보낼 때, 떠나 보냄을 아쉬워하고 명복을 빌어주는 글을 쓰는 것이다. 조문은 일반적으로 그 사람의 행적이나 인품에 따라 다르게 쓰기 때문에 당연히 다양한 이야기가 나올 수 있다.

(5) 상황적 전후 관계 이용 기법

응답자들로부터 제품의 소비와 가장 밀접하게 관련된 경우를 파악하고 이를 인터뷰 소재로 이용하는 기법이다. 6하 원칙을 중심으로 질문을 구성할 수 있다.

하지만 중요한 것은 인터뷰 참여자들이 내 마음같지 않은 경우가 더 많다. 그래서 양질의 응답을 해줄 것 같지 못한 느낌, 이야기 자체가 비생산적인 것 같은 느낌이 들면, 주저하지 말고 적절한 선에서 마무리하라. 다음 단계로 넘어가서 다른 질문이라도 건지는 것이 훨씬 현명한 전략이다.

Q7 스몰데이터 전문가에게 가장 필요하면서 중요한 자질은 무엇이라고 생각하세요?

이는 마케팅을 하는 모든 사람들에게 필요한 자질이라고 본다. 필자도 아직 충분하지 않기 때문에 의식적, 무의식적으로 부단히 노력하고 있는 부분이다.

첫 번째 공감의 능력이라고 본다. 오래 전 광고의 문구를 활용하고자 한다. 그 내용을 요약하면 다음과 같다. 옥션 직원인 듯한 남성 모델이 마치 IT 기기를 잘 모르는 여성의 심정에 대해 공감하는 내용이다. IT에 둔감한 여성의 마음이 되어 보니, 인터넷 쇼핑몰 사이트에서 디지털 카메라를 구입하는 것이 얼마나 힘든 것인지 알게 되어, Auction 인터넷쇼핑몰 사이트를 모델별 최저가 검색으로 재구축했다는 것이다.

이런 카피 문구가 나온다.
'당신이 되어 본다!
카메라를 사려는 여자가 되어 본다! (실제로 나는 카메라를 잘 하는 남자이지만)
물어 볼 남자 없이 혼자 해 본다
뒤죽박죽 막막하다 (기존의 검색이 어려운 쇼핑몰 화면이 제시된다)
당신의 심정이 되어 본다.
그래서 옥션은 쉬워졌다.
당신이 되어 본 후에.

출처: 구글 이미지 검색

필자는 이 광고를 보면서, 가장 완벽한 이해는 '자신이 이해하고 싶은 것이 되었을 때'라는 문구가 떠오르면서, 바로 이거야 하는 생각이 들었다.

(당시에 나름 유머스러운 패러디로도 꽤 많이 회자된 광고이다. 그리고 최저가 편에 출연한 모델은 당시 40:1의 사내 오디션을 통해 선발된, 실제 옥션 직원이라고 한다.)

필자는 마케터의 자세 중에 가장 중요한 것이 이것이라고 본다. 당신이 스몰데이터를 통해서 소비자를 이해하는 과정에서 중요한 것은 그들에 대한 Empathy 즉, 공감 능력이다. Empathy는 1909년에 같은 뜻의 독일어를 영어로 번역하기 위해 만든 신조어라고 한다. 타인의 감정(Pathy=Pathos) 속으로 들어가는(Em=Into) 능력으로도 풀이된다.

즉, 자신이 그 제품의 소비자가 되어 보는 것이다. 때로는 해당 제품에 대한 본인 자신의 인식과 행동을 객관적으로 이해할 수 있어야 하며, 자기 자신을 관찰할 수 있어야 한다. 내가 어떤 부분에 돈을 쓰고 싶어 하는지, 어떤 때 이 제품을 남들에게 추천하는지, 어떤 때 이 제품에 대해 아쉬운 마음이 드는지 등 여러가지 차원이 있을 수 있다. 여러분들이 남들과 다른 심각한 변종적 특징을 지니고 있지 않다면 이는 매우 효과적이라고 본다.

어떤 측면에서는 공감이라는 것 자체가 일종의 감정이입과 유사할 수 있다. 그렇기 때문에 명확하고 논리적 사고가 필요한 마케팅 종사자가 가져야 할 것이라니! 좀 비과학적이지 않아? 라고 반문하실 수도 있을 것이다.

오랫동안 아프리카에서 침팬치를 관찰한 제인 구달(Jane Goodall)은 감정이입을 익히게 되면 이는 대단히 요긴한 과학연구의 도구가 된다고 이야기했다.

'침팬지가 보여주는 행동은 우리 인간의 행동과 깜짝 놀랄 정도로 유사하다. 일단 감정이입을 하게 되면 다른 침팬치에 대한 태도나 기분상의 작은 변화를 나타내는 미세한 신호를 보다 더 잘 감지하게 된다. 이는 복잡한 침팬치 사회의 흐름을 이해하는 데 큰 도움이 된다. 즉, 직관적인 해석은 연구 대상에 대한 감정이입으로 가능해 진다, 물론 추후에 객관적인 관찰 데이터와의 대조는 필요하다.'라고. 야생 비비원숭이 연구로 유명한 셜리 스트럼(Shirley G. Strum)은 Almost Human이라는 저서에서 **'감정과 과학은 상호 배타적이지 않다, 감정은 과학을 억압하지 않는다. 감정 이입은 과학의 성과를 보다 크게 만들어 준다. 앎은 느낌을 통해서 돈다, 그럼에도 불구하고 오는 것이 아니다'** 라고 하면서 감정이입의 중요성을 언급했다.

혹시라도 어떻게 고릴라, 원숭이랑 인간을 비교하냐고 반론하는 사람이 있다면 그냥 묵비권 행사하겠다.

두 번째 필요한 자질은 유추 능력이라고 본다. 물론 절대적으로 필자의 개인적 의견이다. 스몰데이터는 광대하거나 딱딱 정확하게 떨어지는 숫자를 다루는 데이터와는 결이 다르기 때문이다. 물론 빅데이터 분석에 있어서도 큰 흐름 안에 숨어 있는 보석을 가려내는 힘이 남과 다른 결과를 보장해 준다고 믿는다. 같은 데이터라도 남과 다른 그 무엇을 읽는 힘이 반드시 필요하다. 특히, 스몰데이터의 결과를 해석하다 보면 처음에는 너무 힘이 든다. 도대체 그 많은 말과 이미지를 어떻게 구분해야 하는지, 여기서 버려야 할 카드와 취해야 할 에이스는 무엇인지, 어떤 인사이트를 도출해야 할지, 대표성이 없는 방법론을 통해서 그래도 자신 있게 믿고 밀고 나가야 하는 포인트는 무엇인지.

출처: 구글 이미지 검색

여기서 필자는 Good vs Great를 구분지을 수 있는 한끝 차이의 역량이 '유추'라고 본다.

유추란 둘 혹은 그 이상의 현상이나 복잡한 현상들 사이에서 기능적 유사성이나 일치하는 내적 관련성을 알아내는 것을 말한다. 이는 우리가 지니고 있는 기존 지식 세계에서 새로운 이해의 세계로 도약할 수 있도록 도와주는 힘을 지니고 있다고 한다.

예를 들어 보자. 헬렌켈러는 오로지 감촉, 맛, 냄새만으로 보는 것과 듣는 것으로 세계를 알 수 있었던 사람이다. 즉, (비록 장애를 지니고 있었지만) 자신이 보고 들을 수 없었던 것과 '맛', '냄새', '느낌'으로 알았던 것 사이에서 수많은 연상과 유사성을 이끌어 낼 수 있었다고 한다. 자신이 지각할 수 없었던 광범위한 정보를 습득할 수 있는 주요 도구가 '유추'였던 것이다.

우리는 소비자의 모든 것을 알 수 없다. 그렇기 때문에 우리가 확보한 자료를 통해서 더 많은 것을 더 깊게 이해하기 위해서는 확보한 자료들 간의 유사성과 관련성을 찾아내야 더욱 더 깊은 통찰을 할 수 있다는 관점에서 필자가 유추하는 능력의 중요성을 언급하는 것이다.

헬렌 켈러(Helen Keller)는 자신의 유추 작업에 대해 이렇게 표현했다.

'나는 관찰한다. 나는 느낀다, 나는 상상한다, 나는 셀 수 없을 만큼 다양한 인상과 경험, 개념을 결합한다. 이 가공의 재료를 가지고 내 머릿 속의 하나의 이미지를 만들어 낸다… 세계의 안과 밖 사이에는 영원히 마르지 않는, 닮은 것들도 가득찬 바다가 있지 않은가…

내가 손에 들고 있는 꽃의 신선함과 내가 맛 본 갓 딴 사과의 신선함이 닮았다. 나는 이러한 유사성을 이용해서 색에 대한 개념을 확장한다. 내가 표면과 떨림과 맛과 냄새의 특질에서 이끌어낸 유사성은 보고 듣고 만져서 찾아낸 유사성과 같은 것이다.

이 사실이 나를 견디게 했고, 눈과 손 사이에 놓인 간극에 다리를 놓아주었다.'

필자는 이 문장이 바로 스몰데이터의 결과를 해석하는 데 많은 도움이 된다고 본다. 필자 또한 처음부터 의식적으로 유추를 활용하면서 결과를 해석하지 않았지만, 어느 순간 이러한 방식을 통해서 결과를 해석하고 있는 스스로를 발견했다.

세 번째 필요한 자질은 집중력이다. 조금 뜬금없다고 생각되는가? 예를 들어, 통상적으로 2시간 정도 진행되는 FGD에 보통 6–8명의 소비자가 참석한다. 앞서 말했듯이 개성 강한 사람들도 구성된다. 특히, 이러한 유형의 방법론을 사용하는 이유는 소비자들의 활발한 의견 개진 및 새로운 아이디어를 도출하는 것이 주 목적인 경우가 많아서 일종의 오피니언 리더적 '성향'(즉, 실제로 오피니언 리더가 아닌 그러한 성향을 지닌 사람)을 지닌 사람들로 구성되는 경우도 꽤 있다. 그러한 개별 소비자 한 명 한 명의 의견과 특성, 그리고 가이드라인에 따른 질문 외에 추가적 캐묻기가 필요한 상황, 혹은 예기치 않은 상황, 참석자 개인별 특성을 파악해서 때로는 맞춤별 질문이 필요하다.

소비자의 이야기를 '그냥 듣는 것'과 '주의 깊게 듣는 것'에는 큰 차이가 있다. 게다가 이는 하나의 실시간으로 생중계 되는 일종의 생방송이다. 여기서 연구자의 집중력이 떨어지면 마치 앵무새처럼 질문하게 된다. 그러면 당연히 질이 저하된다. 그러므로 진행 전에 당신만의 가벼운 힐링 타임 혹은 명상 타임을 가지고 임하라. 혼자 음악 듣고 혼자 가만히 눈 감고 있자. 예상보다 100배 이상 다양하고 가끔은 이해하기 힘든 소비자들을 만날 때가 많을 수 있다.

가끔은 스몰데이터를 얻는 방법론을 사용하는 그 상황이 전쟁터같이 느껴질 수도 있다. 전쟁터에 들어가지 전에 좀 쉬자! 나의 최고의 컨디션을 유지해서 최고의 집중력을 발휘하고자 하는 것이 필요하다.

Q8 관찰기법에서 필요한 자질이 더 있다면, 무엇일까요?

본 것을 본 것에 그치지 않고, 들은 것을 들은 것에 그치지 않고, 맛 본 것을 맛 본 것에 그치지 않고 코를 통해 맡은 것을 맡았다는 것에 그치지 마라. 또 말한 것을 말했다는 사실에 머물지 않아야 할 것이다. 이 모든 오감을 동원해서 스스로 결합하고 여기에 육감도 더할 수 있어야 한다. 단지 관찰이라는 단어의 프레임 안에 본인을 가두지 마라. 눈으로만 하는 것이 관찰이 아니다. 즉, 한 가지 감각에 의존하지 않아야 한다.

그래서 이러한 방법론을 다루는 것이 쉽지 않다. 노련함과 경험이 필요한 이유도 다 있다. 하지만, 하다 보면 답은 반드시 나온다. 스스로 '지적 정성'을 기울이시는 만큼.

수동적인 보기가 아니라 적극적인 관찰을 해야 한다. 그래서 행동의 패턴들을 구분해 내고, 여기서부터 원리를 추출해야 한다. 각 소비자들의 다양한 행동이 지닌 특징에서 유사성을 이끌어 내야 한다. 그래서 그나마 들이밀 수 있는 즉, 대표성이라는 표현을 사용하기는 좀 그렇지만 적어도 어떤 특징이 좀 더 광범위한 범위에도 적용 가능한 그 무엇을 만들어 내는 것이다.

알베르트 스젠트 기요르기

발견은 모든 사람들이
보는 것을 '보고'
아무도 생각하지 않는 것을
'생각하는' 것으로 이루어져 있다.

Discovery consists of seeing what everybody has seen and thinking what nobody has thought.
– Albert Szent–Gyorgyi –

헝가리의 생화학자인 알베르트 스젠트 기요르기(Albert Szent–Gyorgyo)가 일상적인 관찰을 통해 비타민 C를 발견한 이야기를 보자. 그는 1937년에 비타민 C를 발견했다.

그의 발견은 관찰이 눈으로 보는 것을 넘어선 생각의 힘, 통찰력 등과의 결합체임을 증명해준다.

'나는 컬러를 좋아한다. 컬러는 나를 어린아이처럼 즐겁게 만든다. 나의 첫 번째 의문은 왜 바나나가 상하면 껍질이 갈색으로 변하는가였다.' 자, 여기까지는 그냥 눈으로 본 것에 지나지 않는다. 그는 여기서 식물이 함유하는 폴리페놀이라는 화합물이 산소와 작용하면 일종의 딱지인 갈색 혹은 검은색 물질을 만들어 낸다는 것을 규명했다.

두 번째로 그가 한 사고는 다음과 같다.

'식물은 두 종류가 있다. 상하면 검게 변하는 것과 상해도 색의 변화가 일어나지 않는 것이다. 그렇다면 왜 상해도 색이 변하지 않는 식물이 있을까?' 답은 그 식물 안에 당과 같은 화합물인 비타민 C가 있기 때문이다. 이런 식물이 지닌 비타민 C는 폴리페

놀이 산소와 작용해서 산화되는 것을 막아준다. 그래서 겉이 상했을 때, 바나나처럼 색이 변하는가 혹은 오렌지처럼 변하지 않는가를 단순히 보는 것만으로도 과일들의 비타민 C 함량을 대략 추측할 수 있다. 그는 위와 같은 사고를 통해 비타민C를 발견한 것이다.

결국은 날카로운 사고의 힘, 유추 능력, 그리고 Why에 대한 철저한 분석(Deep Dive)가 관찰의 결과를 해석해 주는 좋은 사례라고 생각된다.

Q9 본론에서 Z-MET을 설명하실 때, 구성 개념(즉, Key Word)라고 표현하신 것에 대해 심화 학습을 하고 싶습니다.

이 부분은 Z-MET을 정확한 프로세스에 의거해서 진행하고 분석하지 않을 독자들은 깊게 이해를 하지 않으셔도 된다는 점, 미리 언급하겠다.

Z-MET의 최종 산물은 한 페이지로 표현이 가능한 공유 개념도이다. 이 공유 개념도를 구성하는 중요한 요소가 바로 구성 개념이라고 일단 쉽게 직관적으로 이해하자. 이 부분은 간단히 소개하겠다. 학문적으로 너무 깊이 들어가지는 않겠다는 것이다.

Z-MET 연구자들은 앞에서 소개한 각 단계별 과정을 통해 **소비자 행동에 대한 동인을 이해해야 한다. 그래서 소비자들의 사고를 포착하고 이를 표기하기 위한 일종의 라벨 작업이 필요한데, 이를 인지학자들은 구성 개념(Construct)라고 지칭했다. 이는 소비자들의 실제 사고나 행동에 대한 연구자의 주관적 해석에 가깝다.** 보통 이러한 구성 개념을 도출하기 위해서는 Z-MET 인터뷰 내용을 일종의 귀납적 방법으로 분류, 축소, 유목화하는 과정을 거쳐야 한다. 이러한 코딩에 있어서 Z-MET 방법론에 참여한 응답자들의 말에 기반하되, 분석 중인 각각의 코딩들이 응답자들의 의견을 정확히 반영하는가 그리고 혹시 다른 의미로 해석될 수 있는가에 대한 엄격하고 정당한 사유를 부여하면서 분석을 진행해야 한다(Christensen and Olson, 2002). 특히, **이때 소비자가 처해 있고 경험하는 물리적/사회적 환경에 따라 동일한 용어에 대해서도 다른 의미가 부여될 수 있기 때문에 응답자들의 사고, 감정 및 행동이 어떤 맥락(context)에서 발생하는가에 대한 부분을 유념해야 한다**(Fodor, 2001).

이러한 구성 개념은 다른 구성 개념과 상호 작용이 증가할수록 다면적 구조를 지니면서 연계 구조를 형성하게 된다. 이는 바로 소비자 행동의 유발 요인이 분리된 것이 아니라, 구성 개념간의 네트워크라는 점을 암시하게 된다.

앞에서 공유 개념도를 다시 한번 보자. 그 다양한 구성 개념들이 모두 일종의 선으로 연결되어 있음을 볼 수 있을 것인데, 바로 그 의미이다. 그래서 공유 개념도가 구성 개념 간의 연계 구조를 제시하는 것이다. 이러한 구성 개념의 숫자는 정해진 것은 아니지만, 즉 프로젝트마다 달라지기는 하지만 응답자들이 표현한 핵심적 개념의 90% 정도는 공유 개념도에 표현된다. 학자들은 특정 기준치(Cut-off Level)를 중심으로 응답자들이 언급한 구성 개념 간의 연결성(Connection)이 표현된다고 주장한다. 이러한 기준치가 좀 더 증가할수록(즉, 다소 엄격해질수록) 어떤 결과가 나타날까? 당연히 이러한 기준치가 증가할수록 연결성과 구성 개념이 사라질 것이다. 그렇게 되면 소비자들의 의식 구조(Mental Structure)에 대한 공유 개념도 해석이 좀 더 용이하게 되는 원리이다. 이러한 기준치는 연구자의 해석이나 통찰력에 따라서 달라질 수 있는데 보통 경험의 법칙(A Rule of Thumb)에 의해 전체 응답자들의 1/4–1/3 이상 링크시킨 구성 개념을 기준치로 사용하라고 학자들이 주장한다. 정성적 결과이지만 나름의 정량적 법칙을 적용하는 것이라고 이해하자. Z–MET을 통해서 도출된 다양한 구성 개념들을 활용하고 탈락시키는 기준은 반드시 필요하다.

Q10 혹시 이 책에서 다루지 못한 방법론이 있는지요?

실무에서 종종 사용되는 창의 워크숍(Creative Workshop), 전문가를 대상으로 하는 델파이 기법, KJ 기법 등이 있다. 본문에 소개한 심층 인터뷰(In–depth Interview)는 사회자와 응답자가 1:1이냐 혹은 응답자가 2인(Duo Interview)이냐로 구분할 수 있지만, 본질은 유사하기 때문에 특별히 구분할 이유는 없다고 본다.

델파이 기법은 전문가들 간의 상이한 의견을 다시 조율하는 과정이 포함되어 그 과정이 다소 까다롭고 시간이 많이 소요되기 때문에 실무에서는 많이 사용하지 않는 편이고, 소비자 중심적 방법론과는 다소 거리감이 있다.

1:1 심층 인터뷰는 1명의 참석자를 대상으로 1시간에서 1시간 30분 정도로 진행된다. 이는 소비자대상 연구 외에도 전문가 혹은 평소 만나기 힘든 사람 혹은 비밀스러운 사생활에 관련된 유형에도 적합하다.

2인 인터뷰는 2명의 참석자가 주제에 대해 상반된 의견을 보일 경우, 다양한 자료를 얻을 수 있는 장점이 있는 것으로 알려져 있다. 예를 들어, 특히 보험가입, 투자신탁상품 등 금융에 관련된 주제일 경우에, 부부를 함께 진행하면 성별로 나누어서 진행했을 때와 다른 결과를 얻을 수 있지 않을까 한다.

창의 워크숍은 본 콘텐츠에서는 완전히 생략을 했다. 일종의 확장된 창의 그룹(Extended Creative Group)의 일종으로 8~10명을 대상으로 최소 3시간 이상 혹은 하루 종일 혹은 1박 2일 이상 시간이 투자되는 방법론이다. 집단역학(Group Dynamics)이라고도 한다. FGD가 중간에 휴식시간이 없이 진행되는 데 비해, 이는 중간에 1-2번의 휴식시간도 있다(쉼없이 이야기하다 보면 모든 사람들이 혈당 딸려서 다크 서클 내려오고, 지친다. 이런 상태에서는 서로 말 시키는 것이 민폐이니 적당한 쉬는 쉬간 그리고 중간중간 오락적 요소를 가미하기도 한다. 마치 IMB에서 행해지는 JAM 스타일의 아이디어 워크샵처럼. 고깔모자도 준비하고 조별 대항을 시켜서 상품 걸고 경쟁심도 유발시키고). 또, FGD와 달리 진행자가 모든 시간을 다 진행하기보다는 참석자가 진행자가 되어 일정 시간 이끌어가기도 한다. 주로 신제품 아이디어 개발 단계에서 많이 사용된다.

이의 가장 중요한 사항은

① **참석자의 수준→정말 말 그대로 창의적인 아이디어를 개진할 수 있는 능력자들인가의 여부를 지속적 확인한다.**

② **아이디어 개진을 자극할 수 있는 다양한 자극물의 유형 그리고 아이디어 도출 방법론의 적절한 활용에 따라 결과물의 수준이 달라진다.**

혹시라도 이에 대해서 궁금한 것들이 많으신 분들은 IDEO에서 행해지는 것을 참고하라고 조언드린다. 이 회사는 브레인스토밍이 생활화되어 있는 기업이다. 실제로 특정 PJ를 수행하기 위해서 7일간의 창의 워크숍을 진행하기도 하고, 그만큼 실적도 놀랍다.

Q11 투사기법에서 브랜드를 의인화해서 그들에게 대화를 했는데, 이의 응용 방안에는 무엇을 있을까요?

우리는 타인을 표현할 때 무엇으로 하는가? 그 사람은 몇 살이고 무슨 일을 하고 성격은 어떻고, 꼭 누구랑 비슷한 느낌이 있어 라는 식으로 표현한다. 브랜드도 이렇게 살아 숨쉬는 사람으로 묘사할 수 있다.

즉, 이를 **브랜드 개성(Brand Personality)-'브랜드에 부여된 인간적 특징'이라고 한다. 특정 브랜드를 사람으로 생각했을 때, 이가 지닌 '인간적 특징'이라고 볼 수 있다. 이에는 성별, 연령, 사회계층, 개인의 성격과 관련된 것들이 포함된다.**

여러분들의 아이디어가 고갈될 때, 혹은 매출이 생각처럼 오르지 않아서 어떤 결단이 필요할 경우에 활용해 보라. 여러분들이 타겟으로 삼는 해당 그룹을 대표하는 가상의 인물을 만들어 보는 것이다. 즉 사용자 이미지(User Image)이다. 우리 제품을 이런 유형의 사람들이 사용하면 좋을 것 같아 하면서 말이다.

브랜드 개성(Brand Personality)은 이론적으로 소비자의 자아 개념(Self-Concept)과 연관된다. 소비자들은 브랜드를 통해서 자신의 자아를 표현할 수 있다고 생각하기 때문에 자신의 현재 자아 혹은 자신이 이상적으로 생각하는 자아 개념(Ideal Self Concept)과 유사하다고 생각하거나 부합되는 제품(브랜드)를 구입하는 경향이 있기 때문이다. 즉, 브랜드와 소비자와의 감정 결속(Emotional Bonding)을 더욱 단단하게 한다. 브랜드 개성을 강조하는 마케팅을 'Brand Persona Marketing'이라고도 한다.

브랜드 개성의 5가지 차원

진실성 (Sincerity)	활동성 (Ruggedness)	능력 (Competence)	세련됨 (Sophisticated)	흥미 (Excitement)
– 현실적인 – 우수어린 – 가정적인 – 건강한 – 친근한 – 소도시의 – 독창적인 – 정직한 – 즐거운	– 야외를 좋아하는 – 거친 – 남성적인 – 억센 – 서구적인	– 믿을 만한 – 기술적인 – 자신있는 – 열심인 – 성공적인 – 안전한 – 조직의 일원인 – 지적인 – 선도적인	– 상류층의 – 여성적인 – 매혹적인 – 부드러운 – 잘생긴 – 매력있는	– 과감한 – 침착한 – 첨단의 – 젊은 – 독립적인 – 짜릿한 – 상상력이 풍부한 – 현대적인 – 활기찬 – 독특한

참고로 데이비드 아커(David A. Aaker)라는 유명한 학자의 딸인 제니퍼 아커(Jennifer Aaker)는 브랜드에 적용할 수 있는 브랜드 개성의 5가지 차원을 개발하기도 했다. 이의 종류에는 진실성(Sincerity), 흥미(Excitement), 능력(Competence), 세련됨(Sophistication), 활동성(Ruggedness)이 있다.

여러분들이 개발하고 싶은 새로운 제품을 위와 같은 브랜드 개성에 대입시켜 보면 어떨까. 우리도 친해지고 싶은 사람, 닮고 싶은 사람, 이상형, 멀리하고 싶은 사람, 꼴 보기 싫은 사람이 있듯이 마찬가지로 특정 제품들도 브랜드 개성으로 연결시켜 보면, 우리의 인간관계 구성과 비슷할 것 같지 않은가? 이와 같이 브랜드 퍼스넬리티는 브랜드와 소비자와의 인간적인 느낌과 태도와 관련되는 중요한 개념 중 하나이다.

브랜드 개성(Brand Personality)은 다양한 프레임 내에서 활용이 가능하다고 본다.

만약, 여러분들의 현재 제품이 경쟁사와 비교해서 어떤 장점과 단점을 보유하고 있는지 혹은 소비자 인식상에 어떻게 포지셔닝 되어 있는지 궁금하지 않은가? 이럴 때, 경쟁사 제품과 자사 제품의 개성를 확인해 보라. 여기서 여러분 제품이 가야 할 방향성을 찾을 수 있을 것이다. 특히, 감성적 측면에서.

질문 방법은 간단하다. 해당 제품을 사람으로 묘사해 달라, 그 사람의 나이는? 직업은? 성격은? 어떤 브랜드를 좋아할 것 같니? 주말에는 어떤 취미 생활을 할 것 같니? 인상 착의는 어떨 것 같니? 어떤 인생관을 지니고 있을 것 같니? 하는 식으로 사람과 관련된 모든 속성에 대해 질문하라. 하지만, 소비자 입장에서 이에 대한 대답은 간단하지 않을 수 있다. 이럴 때는 유명인(영화배우, 스포츠 선수, 모델, 개그맨, 아나운서, 정치인 등) 혹은 드라마/소설/만화의 캐릭터를 연상해 보라고 해 보라.

Q12 소비자와 직접 만나는 스몰데이터 방법론을 진행하다가, 내가 준비하고 있는 프로젝트에 대해서 부정적인 의견을 지닌 소비자를 접할 때도 있을 것 같아요. 이런 경우에는 어떻게 대처하는 것이 필요한가요?

컨셉 혹은 브랜드 이미지에 대한 평가에 대한 소비자의 솔직한 속마음을 바로 그 현장에서 접할 때는 연구자 및 브랜드 관련 담당자들의 마음이 당연히 민감해진다. 내가 밤새워 만든 것인데 소비자 반응이 안 좋으면 얼마나 속상하겠는가. 여기서 중요한 것은 이에 대한 태도이다.

가끔 소비자들의 부정적 반응 혹은 평가에 대해 인정하고 싶어 하지 않는 사람들도 종종 있다. '다 아는 이야기야! 나도 이미 알고 있었어, 하지만 객관화할 수 없고, 그냥 이야기는 이야기인 것뿐이지'라고 하는 마케터도 있다. 그래서 결국 다른 소비자들이 좋은 의견을 상대적으로 많이 개진하면 '것 봐, 이 소비자들이 더 똑똑한 거야. 이 말이 맞는 것이지'라고 직접 눈으로 본 실제 의견(Real Voice)을 무시하고 혼자만의 세계에서 결론 내리는 경우도 있다. 물론 어떤 것이 옳은 해석과 판단인지는 신제품을 출시하고 어느 정도의 시간을 보내지 않고는 절대 모른다.

하지만 **나의 가설과 다르다고 은근히 배척하고 내 가설과 맞는 내용만을 수용하고자 하는 것이 바로 조심해야 할 인지적 구두쇠인 것이다.** 그럴 바엔 이런 방법론을 왜 사용하는 것인가! 당신이 하고 싶은 대로 하면 편한 것을.

내 예상과 다른 평가를 어찌 개선해야 할까! 그럼에도 불구하고 우리의 강점은 무엇일까 하는 태도를 지닌 마케터는 최종적으로 다른 매출 혹은 다른 성과, 남다른 성공을 경험할 것이다. **소비자가 말하는 내 브랜드의 민낯에 대해 어떤 태도를 취하느냐에 따라 그 브랜드의 흥망과 연결되는 경우를 많이 접해왔다.**

예를 들어 보겠다. 아주 오래 전 일이다.

미샤라는 화장품은 기존 화장품 시장의 패러다임 변화(Paradigm Shift)를 이끌면서 혜성처럼 나타나 승승장구했다. 하지만 미샤가 추구한 '저가/합리적 가격'이라는 장점 외에도 '뷰티 분야에서의 정서적, 상징적 가치'를 함께 추구하는 많은 경쟁 브랜드의 출현으로 인해 미샤의 입지가 약해졌다. 그래서 미샤는 브랜드 활성화(Brand Revitalization)가 필요했다. 스몰데이터 방법론을 진행하는 가운데 모든 소비자들의 반응은 상상하기 힘들 정도로 너무 부정적이었다.

가장 적나라한 표현은 '내 남자친구가 나에게 미샤를 선물하면 그건 저한테 헤어지자는 이야기예요.(여대생)' '미샤 제품은 품질은 좋은데 로고가 촌스러워요. 남들에게 쪽 팔려서 샤넬 케이스에 덜어서 다녀요.' (시간이 지나면서 미샤 직원들이 스스로 웃으면서 언급하곤 한다. 다 옛날 이야기이고, 지금은 다시 성공했으니까.)

여기서 중요한 것은 미샤 마케팅 담당자들의 태도였다(아마 이들의 진심 어린 태도가 미샤를 다시 살렸다고 생각된다).

이때 그들은 소비자들이 하는 이야기를 겸허하게 인정하고, 나쁜 이야기더라도 '**소비자들이 하는 이야기이다 하면서 우리가 수용하고 변해야 한다**'라고 했다. '오히려 바닥을 치는, 끝까지 가는 부정적 이야기를 들어서 속이 시원하다. **우리의 저조한 매출은 저들의 의견이 반영된 것이다.**'라고 하면서.

소비자들의 진짜 속마음을 이 회사의 마케터들은 잘 수용했고, 이를 이후 전략에 반영하여 해당 브랜드가 발전하게 되는 소중한 계기가 되었다. 이 데이터를 바탕으로 광고(김혜수가 골드색 드레스를 멋지게 입고 광고에 등장)/ 제품(패키지 디자인 등)/ 매장 정체성 등을 모두 소비자 의견대로 수용해서 다시 정상에 올랐다.

Epilogue

데이터에 대한 균형 감각,
소비자 삶의 맹점(Blind Spot)에 대한 예리하고 따뜻한 공감에
꼭 필요한 존재 스몰데이터의 매력

이 책은 빅데이터가 많은 것을 말해준다고 믿는 '불완전성'에 대한 아쉬움에서 시작했습니다.

많은 것을 이야기해주는 것과 성공을 좌우하는 모든 것을 혹은 숨어 있는 결정적인 2%까지 이야기해 주는 것은 엄연히 다르지 않은가요. 아직까지는 이가 지닌 숨은 매력 대비 상대적으로 중요성이 덜 부각된 스몰데이터에 대한 가치를 누군가는 이야기해 주어야 한다고 생각합니다.

결국, 제가 강조하고 싶은 것은 다양한 유형의 데이터에 대한 균형감각이기도 합니다. 물론, 더 강조하고 싶은 것은 당신만의 직관, 통찰력이지만요.

몇 년 전 이와 같은 제목의 기사를 접한 적이 있습니다.

'성공한 CEO는 데이터 달인? 직관의 달인? 데이터 넘쳐나지만 시간 지나면 변해, 슐츠 · 손정의 · 베조스도 직관 매니아'

대략의 내용은 다음과 같습니다.

회계법인 프라이스워터하우스쿠퍼스(PricewaterhouseCoopers LLP)는 고위 경영진들에게 미래를 예측하는 데 컴퓨터가 만들어준 분석에 대한 의존도를 질문한 결과, 다음과 같은 결론에 이릅니다.

'예전보다 훨씬 더 많이, 하지만….'이었다고 합니다. 고위 경영진들에게는 데이터가 넘쳐납니다. 이제는 분명히 어림짐작이 아닌 정확한 통계의 역할이 더욱 중요해진 것이 사실이지만, 이와 같은 데이터의 증가가 직관의 본능을 완전히 묻히게 만들었다는 것을 의미하지는 않는다고요.

예를 들어, 쿠팡의 지원자였던 소프트뱅크 그룹의 창업자 손정의 회장의 접근 방식은 데이터에 의존하는 워런 버핏보다는 자신의 재능에 더 의존하는 스타일로 알려져 있습니다. 그는 '어떤 기(氣)를 느끼는 것(Feel The Force)'을 좋아한다고까지 이야기합니다.

구글의 최고 의사결정 과학자(Chief Decision Scientist)인 캐시 코지르코프는 최근 하버드 비즈니스 리뷰에 게재한 기고문에서 '데이터는 완벽할 수 없다'고 경고했습니다. 왜냐하면 직관이 그런 것처럼, 데이터도 변할 수 있고 기존의 편견을 확증하기 위해 왜곡될 수도 있기 때문입니다.

> 또한 직원들에게 충분한 데이터에 기반한 의사 결정의 중요성을 강조하는 아마존의 창업자 제프 베조스조차도 한 연설에서 '분석을 통해 결정할 수 있다면 그렇게 해야 한다. 하지만 인생에서 가장 중요한 결정은 항상 본능과 직관, 취향, 그리고 마음이 원하는 대로 이루어진다는 것을 알게 되었다'고 말했습니다.

결국 Prologue에서 언급한 것처럼 '직관'의 중요성은 데이터의 중요성과 함께 매우 중요한 역할을 합니다. 특히 당신이 소비자를 대상으로 마케팅을 하는 사람이라면 스몰데이터를 반드시 다룰 줄 알아야 합니다. 왜냐하면 많은 전문가들이 이미 입증한 바, 이를 다루는 과정에서 당신의 직관은 더욱 더 놀랍게 성장할 것이기 때문입니다.

아인슈타인이 '직관은 이전의 지적 경험의 결과물'이라고 했습니다. 이 책에서 소개한 방법론을 계속 경험해 보세요. 그러면서 내가 구상하는 제품/서비스가 어떻게 하면 더 바람직한 방향으로 발전할 수 있을까에 대한 고민을 스스로에게 던지세요.

작게는 '내 타겟 소비자의 삶'이 크게는 '전 인류의 삶'이 더 좋아지는 방향으로 나아가는 길목에 스몰데이터라는 도구를 잘 쓰는 마케터가 되시길 바랍니다. 하지만 당신이 끝까지 목표로 삼아야 하는 것은 '소비자의 삶'이지 스몰데이터가 그 자체가 아니라는 점도 잊지 마시길 바랍니다. 그 어떤 데이터도 목적이 아닌 당신을 도와주는 도구일 뿐입니다.

2021년 여름날

Consumer Insight Consultant 박 소 윤 드림

참고문헌

김근배(2018). **끌리는 컨셉 만들기**. 중앙북스.
김철수(2015). **인사이트, 통찰의 힘**. 비즈니스북스.
로버트 루트번스타인, 미셸 루트번스타인(2007). **생각의 탄생**. 박종성 역. 에코의서재.
류랑도(2013). **첫 번째 질문**. 에이트 포인트.
마틴 린드스트롬(2017). **스몰데이터**. 최원식 역. 로드북.
문병준(2011). **경쟁우위 창출을 위한 마케팅전략**. 비즈프레스.
박소윤, 문병준(2017). 은유추출기법(Z-MET)을 활용한 편의점 자체 브랜드(PB) 소비에 관한 질적 분석. **소비자학연구, 28**(1), 77-115.
박소윤, 문병준(2017). 유통업체 브랜드 소비가치에 관한 에스노그래픽 연구. **마케팅연구 32**(1), 29-66.
박소윤(2020). **AI도 모르는 소비자 마음**. 레모네이드앤코.
서용구, 구인경(2015). **브랜드 마케팅**. 학현사.
김경민, 박정은, 김태완(2019). **고객가치기반 신제품 마케팅전략**. 박영사.
안광호, 하영원, 유시진, 박흥수(2018). **마케팅원론**. 학현사.
에릭 리스(2012). **린 스타트업**. 이창수, 송우일 공역. 인사이트.
제럴드 잘트먼(2004). **HOW CUSTOMERS THINK**. 노규형 역. 21세기북스.
톰 켈리, 조너선 리트먼(2012). **유쾌한 이노베이션**. 이종인 역. 세종서적.
톰 켈리, 조너선 리트먼(2007). **이노베이터의 10가지 얼굴**. 이종인 역. 세종서적.
하이 매리엄폴스키(2012). **마케터를 위한 에스토그라피**. 이용숙 역. 일조각.
Christensen, Glenn L., and Jerry C. Olson. "Mapping consumers' mental models with ZMET." *Psychology & Marketing 19*.6 (2002): 477-501.
Fodor, J. A. (2000). *The mind doesn't work that way: The scope and limits of computational psychology*. MIT press.
Griffin, Abbie, and John R. Hauser. "The voice of the customer." *Marketing science 12*.1 (1993): 1-27.
MacMillan, I. C., & McGrath, R. G. (1997). Discovering new points of differentiation. *Harvard business review, 75*, 133-145.
Philip T. Kotler, Pearson Education.
Zaltman, G. (2003). *How customers think: Essential insights into the mind of the market*. Harvard Business Press.
Zaltman, G., & Coulter, R. H. (1995). Seeing the voice of the customer: Metaphorbased advertising research. *Journal of Advertising Research, 35*(4), 35-51.
http://www.econovill.com/news/articleView.html?idxno=375506
http://www.kjdaily.com/read.php3?aid=143263953134961114
http://www.mbest.co.kr/studyinfo/upup/thema/yth/yth_story45_p01.asp
http://blog.naver.com/businessinsight/22106616047
http://worldbranddesign.com/turn-sausages-into-balloons-limited-promotional-packaging-design
http://www.artinsight.co.kr/news/view.php?no=41423
http://www.mk.co.kr/news/business/view/2012/03/184632/
http://www.mk.co.kr/news/business/view/2016/04/274322/
http://www.wikitree.co.kr/main/news_view.php?id=1618

- 참고문헌에 수록되지 않은 내용은 작가가 수행하고 연구한 자료를 작가의 통찰 및 책의 주요 목적에 의거, 재가공한 자료이므로 출처는 생략함.
- 출처가 없는 나머지 이미지는 구글에서 검색한 이미지임.

신제품 마케팅을 위한 Small Data

박 소 윤

1판 1쇄 인쇄 2021년 9월 1일
1판 1쇄 발행 2021년 9월 5일

발행인 회장 박 철 용
대표 박 세 원

발행처 학 현 사
우. 10881 경기도 파주시 직지길 522 파주출판도시
전 화 031) 955-8700(대표)
팩 스 031) 955-8705
메 일 hhspub@chol.com
http://www.hakhyunsa.com

출판등록 1992년 6월 20일
등록번호 제 406-2004-000033호
ISBN 978-89-5853-568-3
정가 23,000원